Tessin –
Wanderungen in Gebirgstälern

Josef Ernst Riedl

Tessin
Wanderungen in Gebirgstälern

36 Touren

Mit 101 Farbfotos, 33 Kartenskizzen,
einer Regionen- und einer Übersichtskarte

Bruckmann

Einband/Vorderseite:
Blick von Brione sopra Minusio auf den Lago Maggiore

Einband/vordere Klappe:
Lombardisches Landhaus in Riva S. Vitale

Einband/Rückseite:
Val Verzasca. Im Hintergrund der Ponte dei Salti

Seite 2/3:
Blick vom Monte Brè auf den fjordartigen Auslauf des Luganer Sees. Rechts im Vordergrund der Monte S. Salvatore.

Bildnachweis:
Alle Aufnahmen stammen von Josef Ernst Riedl, Pullach.
Die Kartenskizzen zu den Touren, die Regionenkarte und die Übersichtskarte auf den Einband-Innenseiten zeichnete Eugen E. Hüsler, Dietramszell.

Die Zusammenstellung und Beschreibung der Touren erfolgte mit größtmöglicher Sorgfalt und nach bestem Wissen und Gewissen des Autors. Eine Gewähr für die Angaben wird nicht gegeben. Die Begehung der Touren nach den Vorschlägen in diesem Band geschieht auf eigene Gefahr.

Gedruckt auf chlorarm gebleichtem Papier

Die Deutsche Bibliothek – CIP-Einheitsaufnahme
Riedl, Josef Ernst:
Tessin : Wanderungen in Gebirgstälern ; 36 Touren / Josef Ernst Riedl. – München : Bruckmann, 1992
(Erlebnis Wandern)
ISBN 3-7654-2560-5

Herstellung: Bruckmann, München
Printed in Germany
ISBN 3-7654-2560-5

Inhaltsverzeichnis

Einleitung

Der Zauber des Tessin liegt in den Gegensätzen wechselnder Landschaften, in der artenreichen, teilweise exotischen Vegetation und im mediterranen Klima. Was das Tessin, das Land südlich der Alpen, zwischen Schnee und Palmen, so liebenswert macht, ist seine mittelländische, lombardisch beeinflußte Lebenslust, die den Besucher umfängt.

Oben, in den engen, oft bizarren Tälern, die sich vom Nufenen, Gotthard und Lukmanier zum Süden hinunterziehen, dominiert die prächtige Bergwelt der schneebedeckten Dreitausender mit grandiosen Wasserfällen, rustikalen Häusern aus Granit oder dunklem Holz. Die verschiedenen Bergketten werden von 25 größeren und vielen kleineren Tälern durchzogen, die zum Teil wildromantisch sind. Oft müssen die ungebärdigen Gebirgsflüsse noch auf alten Steinbogenbrücken überquert werden. Die rauhen und von steilen Bergen flankierten Alpentäler Centovalli, Valle Maggia und Val Verzasca, die fächerförmig hinter Locarno und Ascona nach Norden und Westen ansteigen, beeindrucken durch den starken Kontrast zur mediterranen Landschaft und zu den exotisch bewachsenen Parks des südlichen Tessin.

Dort, wo die Erhebungen sanfter werden, erwarten uns die palmenbestandenen Paradeseen. Hier, inmitten der Sonnenstube des Tessin, wird die Vegetation üppiger und vielfältiger, das Klima fast tropisch. An den sonnigen Abhängen wechseln Edelkastanienwälder mit Weinbergen, Feigen- mit Nußbäumen, Palmen mit Mimosen, Kamelien mit Magnolien, Oleander mit Rhododendren und Pfirsich- mit Zitronenbäumen, um nur einige Vertreter dieser reichen Pflanzenwelt zu erwähnen. Von Berggipfeln, Höhenwegen und Aussichtsplätzen über Luganer und Langensee können wir herrliche Panoramablicke auf die traumhaft schöne Landschaft genießen. Besonderen Reiz haben auch die Täler nördlich des Luganer Sees.

Hermann Hesse, der viele Jahre seines Lebens hier verbrachte, hat einmal gesagt: »Wenn ich diese gesegnete Gegend am Südfuß der Alpen wiedersehe, dann ist mir immer zumute, als kehre ich aus der Verbannung heim [...] hier wächst Kastanie und Wein, Mandel und Feige [...]. Setze dich nieder, wo du willst, auf Mauer, Fels oder Baumstumpf, auf Gras oder Erde. Überall umgibt dich ein Bild und Gedicht.«

Wo die Bergketten auslaufen, nimmt der lombardische Einfluß zu, das mit Stukkaturen, geschwungenen Balkonen und Arkaden geschmückte Landhaus wird öfter angetroffen, das nahe Italien spürbarer.

Neben all den Naturschönheiten dürfen wir das vielfältige Kunstangebot nicht vergessen, dem man auf Schritt und Tritt im ganzen Land, bis hinauf in die entlegensten Bergdörfer, begegnet. Herrliche alte Palazzi sprechen uns ebenso an wie die vielen Kirchen aller Epochen und Stilrichtungen. Besonders hervorzuheben sind die noch zahlreich erhaltenen romanischen Gotteshäuser und Bergkirchen mit wunderschönen Fresken, die bis ins erste Jahrtausend zurückreichen. Aus dem südlichen Landschaftsbild des Tessin sind die hoch aufragenden Campanile mit ihren offenen Glockenstühlen, die alten Bildstöcke und Kapellen am Wege nicht wegzudenken.

Die mächtige Alpenkette hält die vom Norden kommende kalte Luft zurück. In den nach Süden geöffneten Seengebieten und Tälern herrschen mediterrane Wettereinflüsse vor. Das Klima im Tessin ist gekennzeichnet durch lange Sonnenscheindauer, geringe Temperaturschwankungen und kurze, aber heftige Regenschauer. Gerne wird die Italienische Schweiz wegen ihrer Sonnenintensität als »Sonnenstube Tessin« bezeichnet.

Dieser Kanton ist auch reich an Tradition, Kultur und Denkmälern. Er blickt auf eine lange und bewegte Geschichte zurück. Das Gebiet des heutigen Tessin ist schon etwa 1000 v. Chr. von Ligurern besiedelt worden. Bereits 600 Jahre danach wanderten auch keltische Lepontier und Insubrer aus der Lombardei ein. Um die Zeitenwende waren es die Römer, die dieses herrliche Land besiedelten. Im Mittelalter rangen die Bischöfe von Como und Mailand um die Vorherrschaft im südlichen Tessin, bis die Schweizer Eidgenossen 1403 begannen, den Herzögen von Mailand die Macht abzunehmen. Es vergingen aber noch 400 Jahre, bis 1803 das ganze heutige Tessin freier und autonomer Kanton der Schweiz wurde. Seinen Namen hat dieser südlichste Schweizer Kanton vom Fluß Tessin, der am Nufenen entspringt, durch die Leventina, die Riviera und das Magadino in den Lago Maggiore fließt und in Italien in den Po mündet. Kantonshauptstadt ist Bellinzona. Das Tessin ist mit 2811 Quadratkilometern der fünftgrößte von 22 Schweizer Kantonen. Da seine Staatsgrenzen im Südosten, Süden und Südwesten an Italien anschließen, ist die offizielle Amtssprache Italienisch. Trotzdem verstehen oder sprechen 85 Prozent der Ticinesen auch Deutsch. Einheimische unterhalten sich gerne in einem lombardischen Dialekt. Der Schweizer Kanton Tessin hat deshalb den Beinamen: Italienische Schweiz. Seine 247 Gemeinden mit etwa 280 000 Einwohnern sind acht Verwaltungsbezirken zugeordnet. Jeder der acht Bezirke entsendet einen Abgeordneten in den Schweizer Nationalrat nach Bern.

Das Tessin ist ein hervorragendes Wandergebiet, und wer einmal den Reiz seiner Gebirgstäler, die Üppigkeit und Farbenvielfalt der Vegetation an den Ufern des Luganer und des Langensees erlebt hat, kehrt immer wieder zurück in dieses von der Natur gesegnete Land. Die Lust am Wandern nimmt in weiten Kreisen der Bevölkerung ständig zu. Wandern ist zeitgemäß, denn Bewegung durch aktives Gehen in sauerstoffreicher Luft ist ein großer Beitrag zur Gesunderhaltung und Lebensfreude. Wandern ist schon in jungen Jahren interessant, wird aber mit zunehmendem Alter, besonders im nachberuflichen Lebensabschnitt, immer wichtiger. Einem großen Teil der Wanderlustigen geht es aber nicht um den Leistungssport des stundenlangen Bergsteigens, sondern er bevorzugt den genußvollen, abwechslungsreichen Fußmarsch. Die in diesem Buch angebotenen, besonders schönen Wanderungen in Tessiner Gebirgstälern sind so angelegt, daß lange und größere Steigungen vermieden werden und die Freude des Wanderns in der wunderschönen Landschaft der Italienischen Schweiz zum wahren Erlebnis wird. Nur demjenigen, der die Täler und Höhen zwischen Gotthard und der südlichen Seenplatte selber erwandert, erschließt sich der ganze Zauber des Tessin.

Gewandert wird häufig auf alten Saumwegen durch traditionsreiche, sehr oft noch in ihrer alten Form erhaltene Bergdörfer in rustikaler Granitbauweise, vorbei an Wasserfällen zu grandiosen Aussichtsplätzen. Gastfreundliche Grotti in uriger Aufmachung bieten dem Wanderer überall im Land den herrlichen einheimischen Nostrano oder den bekömmlichen Tessiner Merlotwein zusammen mit hervorragenden Landesspezialitäten zur Stärkung an. Ein ausgeklügeltes Verkehrsnetz trägt dafür Sorge, daß man pünktlich und sicher an seine Ausgangsposition und vom Zielort wieder zurückgebracht wird.

Josef Ernst Riedl

Die fünfzehn touristischen Regionen des Kantons Tessin

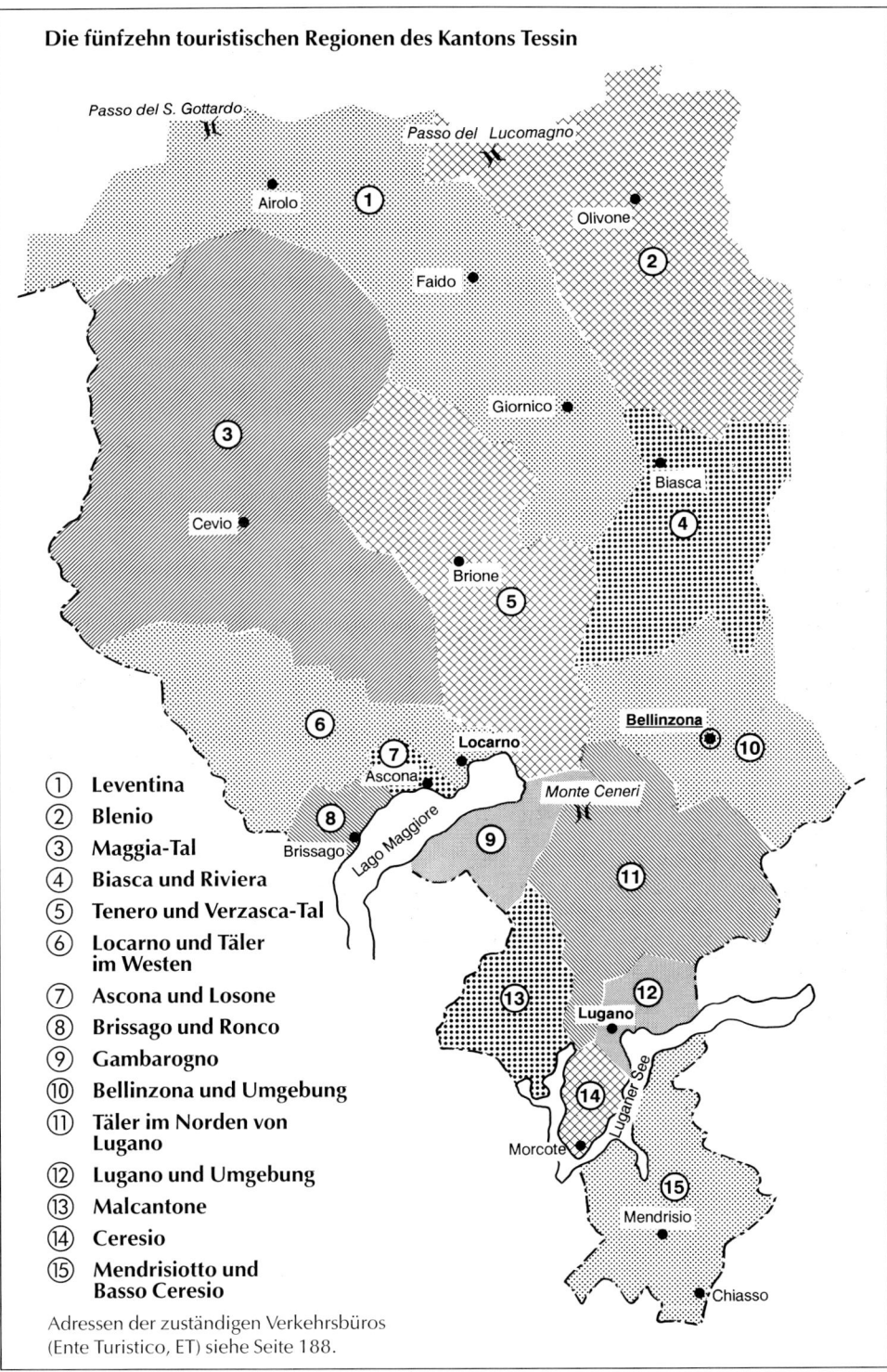

① Leventina
② Blenio
③ Maggia-Tal
④ Biasca und Riviera
⑤ Tenero und Verzasca-Tal
⑥ Locarno und Täler im Westen
⑦ Ascona und Losone
⑧ Brissago und Ronco
⑨ Gambarogno
⑩ Bellinzona und Umgebung
⑪ Täler im Norden von Lugano
⑫ Lugano und Umgebung
⑬ Malcantone
⑭ Ceresio
⑮ Mendrisiotto und Basso Ceresio

Adressen der zuständigen Verkehrsbüros
(Ente Turistico, ET) siehe Seite 188.

Traumhafter Luganer See

Am Ende der letzten Eiszeit bewegte sich ein mächtiger Gletscher vom Gotthard abwärts in den Süden des Kantons Tessin. Zur gleichen Zeit stieß vom Rheinwaldhorn (Adula-Alpen) der Adda-Gletscher in dieses Gebiet vor. Dort, wo sich beide Gletscher vereinigten, entstand der damals noch wesentlich größere Luganer See. Heute hat der See eine Wasseroberfläche von 48,7 Quadratkilometern und eine maximale Tiefe von 299 Metern. Ceresio ist eine noch ältere Seebezeichnung, die vermutlich aufgrund der vielen verzweigten Ausläufer des Sees vom keltischen Wort »keresios« (= der Gehörnte) abgewandelt wurde. Die vom See umgebene südwestliche Landzunge von Lugano trägt noch heute den Namen Ceresio. Die Moränen beider Gletscher schufen das Hügelland Capriasca und Mendrisiotto. Waldreiche Hanglagen und Bergrücken mit Steilhängen umrahmen den Luganer See. Vorwiegend sind es Eichen, Kastanien und Buchen, die die großen Laubwälder rund um den See bilden. Auf Bergwiesen, in Parkanlagen und in Gärten finden wir eine mediterrane bis exotische Flora, die selbst Botaniker erstaunen läßt.

Der idyllische Luganer See strahlt unbeschwerte Heiterkeit aus und wird wegen seiner landschaftlichen Schönheit, der leuchtenden Farbenpracht seiner Pflanzenwelt, wegen des Sonnenreichtums sowie seiner milden, tagsüber ziemlich gleichbleibenden Temperaturen gerne als traumhaft bezeichnet. Beim Anblick des Monte S. Salvatore und des Monte Brè vergißt man bei einem Spaziergang an den herrlichen Seepromenaden unter Zypressen und Palmen schnell die Hektik des Alltags. Der südliche Landschaftscharakter und das harmonische Ortsbild tragen zum Charme von Lugano wesentlich bei. Die Stadt stand wohl auch Pate bei der heutigen Namensgebung des Sees. Sehr lohnend sind Schiffsfahrten auf dem Luganer See zu den Orten Bissone, Brusino-Arsizio, Campione, Capolago, Caprino, Castagnola, Figino, Gandria, Melide, Morcote, Paradiso und Ponte Tresa.

Der See wird überwiegend von den nördlichen Zuflüssen Magliasina, Vedeggio, Cassarate, Rezzo und Cuccio gespeist und nach Westen durch die Tresa zum Lago Maggiore entwässert. Der überwiegende Teil des Luganer Sees gehört zum Tessin, lediglich der nordöstliche Seearm und das äußerste Südwestufer sind italienisches Territorium. An seinen Ufern siedelten schon Etrusker und Kelten, später Römer, Langobarden und Franken. Im Mittelalter gab es zahlreiche kriegerische Auseinandersetzungen — wie zum Beispiel zwischen Mailand und Como — um die Vorherrschaft dieses schönen Gebietes. Weitgehende Entspannung der politischen Lage trat erst nach der Eroberung durch die Eidgenossen im Jahre 1512 ein, die lediglich in der napoleonischen Zeit vorübergehend gestört wurde.

Luganos nahe Umgebung und Ceresio

Die reizvolle Bezirkshauptstadt Lugano ist die bedeutendste unter den Tessiner Städten. Sie schmiegt sich um die ausgedehnte Bucht, die von Paradiso bis zur Mündung des Cassarate-Zuflusses und Castagnola am Nordufer des Luganer Sees reicht. Wegen der herrlichen landschaftlichen Lage, der umliegenden malerischen Dörfer, der Felder mit Mandel-, Pfirsich-, Zitronen- und Olivenbäumen sowie der Weingärten und der lieblichen, bewaldeten Berghänge, von den beiden Wächtern S. Salvatore und Monte Brè behütet, ist Lugano zu einem der beliebtesten Schweizer Ferienorte avanciert. Ohne das strahlende südländische Flair von Lugano zu schmälern, ist die Stadt auch zu einem Mittelpunkt der Finanz- und Wirtschaftswelt geworden. Über 80 Banken, Tabak- Textil- und Schokoladenfabriken und die berühmte Herbstmesse beweisen diesen Schwerpunkt.

Die verkehrsfreie Altstadt von Lugano mit schützenden Winkeln und Arkaden, umgeben von historischen Gebäuden früherer

Jahrhunderte, die sich um die Piazza della Riforma, die Piazza Rezzonico und die Piazza Manzoni formiert, trägt wesentlich zum Liebreiz dieser Stadt bei. Der Wochenmarkt von Lugano hat seit dem 9. Jahrhundert überregionale Bedeutung. Auch der prächtige Parco Civico im Osten der Altstadt und ausgedehnte Seepromenaden mit Palmen, Oleander, Magnolien, Mimosen, Kamelien und anderen exotischen Pflanzen, Sträuchern und Bäumen in großer Zahl mehren das Wohlbefinden der Besucher und Bewohner von Lugano. Besonders die prachtvollen Farben der Pflanzenwelt im Frühling und im Herbst sind Höhepunkte im Jahreszeitenwechsel.

Kunstliebhabern wird ein reiches Angebot gemacht. An erster Stelle muß hier die berühmte Sammlung des Barons Thyssen-Bornemisza in der Villa Favorita in Castagnola genannt werden. Auch wenn 1992 ein Teil der Meisterwerke nach Spanien geht, wird das Ausstellungsprogramm unvermindert fortgeführt. Es sind aber auch viele alte Paläste, wie der Palazzo Riva, die Villa Ciani, die Villa Heleneum, und viele Kirchen, darunter die auf einer Terrasse oberhalb der Altstadt gelegene Renaissance-Kathedrale S. Lorenzo oder die ehemalige Klosterkirche S. Maria degli Angioli, sowie das Kapuzinerkloster S. Trinità an der Salita dei Frati mit umfangreicher Bibliothek zu bewundern.

Die zauberhafte Strandpromenade von Paradiso mit Blick auf Lugano und die schneebedeckten nördlichen Bergketten.

Stadtpanorama von Lugano.

Ein sehr gutes Verkehrskonzept mit regem Schiffsverkehr und sieben Bergbahnen, darunter die historische, schon 1890 eröffnete Zahnradbahn zum Monte Generoso, ermöglichen einen problemlosen Besuch der vielfältigen Ausflugsziele in die nahe Umgebung. Besonders hervorzuheben sind Gandria und Morcote, die in der Publikumsgunst etwa gleichwertig eingestuft sind. An zweiter Stelle der Beliebtheit steht der wunderschöne Bergrücken des Ceresio mit dem Monte S. Salvatore und dem goldenen Hügelland Collina d'Oro an seiner Westseite. Das Hinterland von Lugano umfaßt von Osten nach Westen die Capriasca mit Tesserete, Val Colla, die reizvolle Vedeggio-Ebene zwischen Agno und Monte Ceneri und das zerklüftete Malcantone, das durch Kastanien- und Mischlaubwäldern sowie eine Reihe prachtvoller Dörfer charakterisiert ist.
Lugano bietet Sportbegeisterten fast aller Disziplinen von Golf, Tennis, Reiten bis Wasserski beste Möglichkeiten. Die Touren 1 bis 4 führen uns durch die schönsten landschaftlichen Gebiete der nahen Umgebung von Lu-

gano; weitere sieben in die nördlichen Täler von Lugano und ins Malcantone. Damit haben Wanderfreunde des Tessin ein ausführliches Tourenspektrum durch die schönsten Teile dieser Regionen.

Touristische Angaben

Anfahrt: Von Südwestdeutschland über Basel, Vierwaldstätter See, durch den Gotthardtunnel (mit 16,9 km längster Straßentunnel der Welt) und Bellinzona nach Lugano.
Aus Süddeutschland bestehen mehrere Möglichkeiten der Anreise. Darunter die Strecke München–Lindau auf der derzeitig erst teilweise fertiggestellten Autobahn, durch den Pfändertunnel, bei Diepoldsau auf die Schweizer Autobahn über Chur, S.- Bernardino-Tunnel, Bellinzona nach Lugano. Alternativ über das Inntal, Engadin, St. Moritz, Malojapaß, Chiavenna, Menaggio nach Lugano.
Parkmöglichkeiten: Parkhäuser am Rande der Altstadt von Lugano. Unproblematisch und kostenlos kann man am großen Stadion (Stadio) im Nordteil der Stadt, Richtung Tesserete, parken. Von dort gehen Stadtbusse ins Zentrum von Lugano bis zu den Abfahrtsplätzen der ARL-Busse und der PTT-Postbusse

am Autosilo (Via Balestra) sowie der Stadtbusse am Piazza Manzoni gegenüber der
Schiffsanlegestelle.

Verkehrssystem: Lugano hat ein ausgeklügeltes Verkehrssystem in Zusammenwirkung
verschiedener Verkehrsträger. Die Stadt Lugano sorgt durch ein Netz von Stadtbussen
und Standseilbahnen für den innerstädti-
schen Verkehr bis zu den naheliegenden
Vororten. Ergänzt wird das Verkehrssystem
durch einen Regionalverkehr mit ARL-Bus-
sen (Autolinee Regionali Luganesi) und einen
kantonalen Verkehr mit FFS-Bahnlinien und
PTT-Postbussen (Automobili Postali). Fahrpläne für die Region Lugano liegen im offi-
ziellen Verkehrsbüro Ente Turistico Lugano e
dintorni auf. Nachfolgend einige Auszüge:
Trolley-Busse: Linien 1 bis 6 von Lugano
Centro, Piazza Manzoni zu den Vororten
Castagnola, Paradiso, Bregazona, Pregassona, Massagno, Vezia.
Stadtbusse: Linien 9 und 10 von Lugano Centro, Piazza Manzoni zu den Vororten Corna-
redo, Viganello, Paradiso, Stazione FFS.
Linien 11, 12 und S von Lugano Centro,
Piazzetta della Posta (PTT) zu den Vororten
Ruvigliana, Brè Paese und Stadio.

S-Bahn (Ferrovia): Lugano, Piazzale della
Stazione nach Ponte Tresa.
PTT- und ARL-Busse: Abfahrt vom Tiefge-
schoß des Autosilos an der Via S. Balestra
nach Comano, Tesserete, Sonvico, Agra,
Muzzano, Carona, Morcote, Astano, Figino.
Abfahrt vom Busbahnhof Tesserete nach Go-
la di Lago, Sonvico.
Abfahrt von Magliaso Stazione nach Arosio,
Ponte Tresa.
Abfahrt von Stazione Maroggia nach Arogno.
Fahrpläne: Für Postautobusse Orario Auto-
postali Lugano e dintorni und spezieller Fahr-
plan für den Regionalverkehr (ARL).
Standseilbahnen (Funicolare): Von Lugano,
Piazza Cioccare (Altstadt) zum Piazzale della
Stazione. Von Cassarate auf den Monte Brè.
Von Paradiso auf den Monte S. Salvatore.
Verkehrsbüro: Ente Turistico Lugano e din-
torni, Riva Albertolli 5, CH-6901 Lugano,
Tel. 091/21 46 64.
Ente Turistico di Ceresio, Via Pocobelli 14,
CH-6815 Melide, Tel. 091/68 63 83.

**Schiffsanlegestelle an der prächtigen Riva
Vela in Lugano. Dominierend dahinter der
Monte Boglia (1517 m).**

1 Von Ruvigliana über Sasso dei Colombi zum malerischen Gandria und nach Lugano

Aussichtsreicher Höhenweg direkt unter dem Monte Brè und auf sehr schönem Seeweg um die östlichen Buchten von Lugano

> *Gehzeit: etwa 2 Stunden und*
> *10 Minuten.*
> *Höhen- und Seeuferweg im Osten von*
> *Lugano.*
> *Erste Etappe: Höhenwege an den Steil-*
> *hängen des Monte Brè.*
> *Zweite Etappe: Zauberhafte, gepflegte*
> *Wege unmittelbar am Luganer See.*
> *Im malerischen Gandria romantische*
> *Gassen und Winkel. Großartige Ausblik-*
> *ke und interessante Kirchen am Höhen-*
> *weg und in Gandria.*

Oberhalb von Castagnola finden wir die Barockkirche S. Giorgio aus dem 17. Jahrhundert in herrlicher Aussichtslage. Auf dem Friedhof können wir – neben anderen bekannten Persönlichkeiten – das Grab des berühmten Autorennfahrers Caracciola (1901 bis 1959) besuchen. 500 Meter weiter westlich steht oberhalb des Parco S. Michele die Capella di S. Pietro. Sehenswert sind darin die Fresken vom Anfang des 16. Jahrhunderts. Der Park S. Michele wurde 1963 von der Gemeinde Castagnola erworben. Er bie-

tet dem Besucher auf 12 000 Quadratmetern einen Rundgang durch Laubenwege, Palmen, Zypressen, vorbei an plätschernden Brunnen und Skulpturen sowie einer Flora von Glyzinien, Hibisken, Oleander und einer Aussichtsterrasse mit einmaligem Panoramablick.

Die Häuser im weltberühmten Gandria sind zusammengeschachtelt und übereinandergebaut, mit engen Treppengassen und verwinkelten Bogengängen verbunden. Gandria ist mit seinen weinumrankten Terrassen und freskenbemalten Häusern aus dem 17. Jahrhundert der Inbegriff der Romantik. Sehenswert ist die spätmittelalterliche Kirche S. Vigilio, erbaut im Jahre 1525, mit einer holzgeschnitzten Madonna aus dem Jahre 1666.

Eine Besonderheit auf dem Weg von Gandria nach Castagnola ist der dicht bewachsene Flaumeichenwald, wie man ihn sonst nur an der spanischen oder türkischen Mittelmeerküste antrifft. Für Naturfreunde ist der Olivenpark (Parco degli Ulivi) mit dem Charakter eines Botanischen Gartens interessant. Er wurde von der Stadt Lugano am Steilhang des Monte Brè auf einem 1871 geschenkten, 20 000 Quadratmeter großen Grundstück angelegt. Zahlreiche Olivenbäume, Zypressen, Oleander, Lorbeer- und Rosmarinsträucher wurden gepflanzt. An besonders schönen Aussichtsplätzen sind Ruhebänke und Granittische in die Anlage integriert.

Unweit davon befindet sich am wunderschönen Uferweg nach Castagnola inmitten eines schönen Parks die Villa Heleneum, die dem Versailler Trianon-Schlößchen nachempfunden ist.

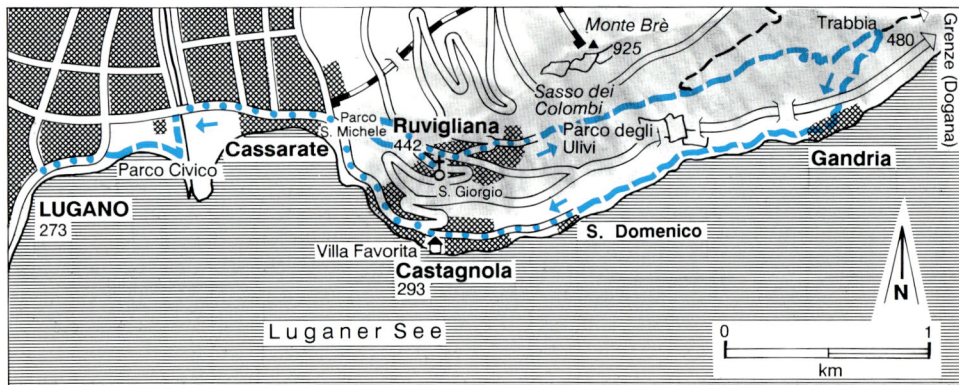

Hoch über Gandria geben Kamelie und Zwergpalme dem Campanile von S. Vigilio ein südliches Gepräge.

Der vornehme Villenvorort Castagnola gehört mit zu den schönsten Gebieten der Luganer Seenlandschaft. Unter den Hanglagen des Monte Brè wachsen Zitronen- und Orangenbäume. Ein Höhepunkt Castagnolas ist die Villa Favorita. Baron Thyssen-Bornemisza hat dort eine bedeutende Gemäldesammlung europäischer Künstler eingerichtet, die besichtigt werden kann. Die Villa liegt in einem großartigen Parkgelände. Auch wenn 1992 ein Teil der Meisterwerke nach Spanien abwandert, wird das Ausstellungsprogramm unvermindert fortgeführt.

Ein Rundgang durch den prächtigen Stadtpark Civico ist wegen seiner alten Baumbestände und der subtropischen, exotischen Vegetation sehr empfehlenswert. Wir kommen dabei auch zur 1759 erbauten sehens-

werten Villa Ciani, die neben einem Kongreßzentrum auch eine Gemäldesammlung Tessiner Künstler beherbergt. Am Ende des Parco Civico finden wir noch das Kantonale Naturgeschichtsmuseum.

Der Wegverlauf

Von *Lugano* mit dem Stadtbus in *Ruvigliana* bei der Kirche *S. Giorgio* angekommen, besichtigen wir zuerst das sehenswerte Barock-Gotteshaus, genießen den herrlichen Seeblick und gehen von hier weiter westlich, leicht abwärts, in wenigen Minuten zum *Parco S. Michele,* mit ebenfalls herrlicher Rundsicht. Dort können wir noch etwas in der *Capella S. Pietro* verweilen, bevor wir vom Parco S. Michele auf der Via Ceresio in östlicher

Richtung bis zur Endhaltestelle des Stadtbusses in Ruvigliana zurückgehen und dann die *Via Massago* hinaufsteigen, bis wir nach etwa 150 Metern zur *Via Tanello* kommen, die rechts abzweigt. Am Ende der Via Tanello fängt der Sentiero nach Gandria an. Zuerst ist er ein gepflegter Waldweg, der noch leicht bergauf führt und dann zu einem verhältnismäßig schmalen Hangwaldpfad wird. Bald sind wir am Bergrücken des *Monte Brè*, direkt im *Sasso dei Colombi*. Wir gehen etwa 10 Minuten auf einem Pfad an diesem Steilhang, der zum Teil mit Geländern gesichert ist. Der Hang ist überwiegend mit Buchen und Eichen bestanden. Nach etwa 20 Minuten vom Ausgangspunkt in Ruvigliana wird der schöne Pfad wieder breiter und mündet dann in Steintreppen, die in Serpentinen hinunter nach Gandria führen. In *Trabbia* (480 m), bevor es abwärts nach Gandria geht, können Wanderer, die Gefallen an diesem Steilhangpfad gefunden haben, links die Abzweigung bis zur Grenzstation bei Origa nehmen, die die Tour um noch etwa 1 Stunde verlängert (siehe Zusatzmöglichkeiten). Vom letzten Stück des Treppenabganges erblicken wir unter uns die verschachtelten Hausdächer von *Gandria*. Auf der *Seestraße* angekommen, steigen wir gleich gegenüber, etwas rechts, weiter hinab in den malerischen Ort. Der Abstieg bietet immer wieder herrliche Ausblicke auf die Pfarrkirche, viele Gärten mit südlicher Flora sowie den See. Wir steigen den von Mauern gesäumten Treppenweg nun ganz hinunter, bis wir auf den von Castagnola heraufkommenden *Seeuferweg* von Gandria stoßen und gehen nun links in das Fischerdorf hinein. Auf einen Rundgang durch die verwinkelten Gäßchen sollte nicht verzichtet werden, um einen Eindruck von der Romantik dieses beliebten Ortes zu bekommen. Viele Restaurants mit Seeterrassen laden zur Rast ein.
Danach wandern wir auf dem idyllischen Seeuferweg in etwa einer halben Stunde nach *Castagnola*. Im ersten Drittel kommen wir durch Flaumeichenwald, bevor wir auf den *Olivenhain* stoßen, der vom Sentiero von der Seeseite her direkt zugänglich ist. Naturliebhaber sollten sich etwas Zeit nehmen für einen Besuch dieser botanisch interessanten Oase der Ruhe. Treppen aus Granit

führen steil hinauf durch die Anlage zu Plätzen mit wundervoller Aussicht auf den Luganer See. Weiter auf dem Seeuferweg kommen wir nach etwa 200 Metern in den Ort *S. Domenico*. Bald darauf gelangen wir zur *Villa Heleneum* und nach weiteren 300 Metern zum Eingang der *Villa Favorita* mit prächtigem Park. Die Villa Favorita und deren großartige Gemäldesammlung kann von Interessierten besichtigt werden. Von dort können wir auf der Seestraße *Via Riviera* und dann links weiter auf der *Viale Castagnola* stadteinwärts nach *Lugano* gehen, bis wir an die Brücke des *Cassarate*-Zuflusses kommen. Auf der anderen Seite der Brücke taucht der mächtige graue Bau des *Kantonalen Naturgeschichtsmuseums* auf, vor dem wir links in den *Stadtpark Civico* einbiegen und am rechten Ufer des Flusses entlangwandern, bis wir hinunter zur Cassarate-Einmündung gelangen. Wir bleiben auf dem Seeuferweg des prächtigen Civico-Stadtparkes und kommen bald an der wunderschönen *Villa Ciani* vorbei; nach circa 8 Minuten sind wir schon wieder am Parkausgang. Wir setzen unseren Weg auf der *Uferpromenade* an der nun sehr verkehrsreichen *Riva Giocondo Albertolli* fort. Von der Cassarate-Einmündung benötigen wir bis zur *Piazza A. Manzoni*, der Schiffsanlegestelle Giardino im Zentrum von Lugano, nur noch eine knappe Viertelstunde.

Touristische Angaben

Talorte: Lugano (273 m), Castagnola (293 m), Gandria (292 m).
Ausgangspunkt: Ruvigliana, Kirche S. Giorgio (442 m).
Anfahrt: Über die Nord-Süd-Verkehrsachse der Gotthardroute oder über die gut ausgebaute S.-Bernardino-Straße bis zur Ausfahrt Lugano. Am Rande der Altstadt von Lugano befinden sich große Parkhäuser. Eine bessere Parkmöglichkeit ist die am großen Luganer Stadion, das wir in Richtung Tesserete/Sonvico erreichen. Von dort gehen ständig Busse zur Innenstadt. An der Zentralpost nehmen wir den Stadtbus nach Ruvigliana bis zur Haltestelle S. Giorgio.
Weglänge: Gesamtstrecke von S. Giorgio in Ruvigliana über Gandria nach Lugano 9 km;

S. Giorgio–Parco S. Michele/Capella S. Pietro 0,5 km; Parco S. Michele–Ruvigliana, Via Tanello 1 km; Ruvigliana, Via Tanello über Sasso dei Colombi–Gandria 3,5 km; Gandria–Castagnola 2,5 km; Castagnola über Parco Civico–Piazza A. Manzoni in Lugano 1,5 km.

Gehzeiten: Gesamtstrecke von Ruvigliana über Gandria nach Lugano 2 Std. 10 Min. (ohne Parkrundgänge, Villen- und Ortsbesichtigungen); S. Giorgio – Capella S. Pietro 7 Min. – Ruvigliana, Via Tanello (442 m) 13 Min. – Trabbia (480 m) 35 Min. – Gandria, oberer Ortsteil (340 m) 15 Min. – Castagnola (293 m) 30 Min. – Parco Civico (273 m) 20 Min. – Lugano, Piazza A. Manzoni (273 m) 10 Min.

Wegverhältnisse: Gepflegte Wege, nur mäßige Steigungen. Keine besondere Ausrüstung erforderlich.

Einkehrmöglichkeiten: Restaurant in Ruvigliana und verschiedene Gaststätten, direkt am Seeufer von Gandria.

Karten: Topografische Wanderkarte 1 : 25 000, Valli di Lugano, hrsg. vom Verkehrsverein der Region; Kompass-Wanderkarte 1 : 50 000, Blatt 91 Lago di Lugano.

Zusatzmöglichkeiten: Verlängerung der Wanderung von Trabbia auf Hangpfaden oberhalb von La Madonna (463 m) über die Schlucht von Ova Partùs durch den Bosco di Béllarma zur Grenzstation (279 m) um etwa 45 Minuten. Von dort entlang der Seestraße zurück nach Gandria.

Sehr empfehlenswert ist auch der Seeuferweg von Cantine di Gandria nach Cantine di Caprino. Wir erreichen Cantine di Gandria am gegenüberliegenden Seeufer mit dem Linienschiff von Gandria nach Lugano. Der etwa 3,5 km lange Seeuferpfad, der direkt unter dem Monte Caprino entlang geht, nimmt eine knappe Stunde Zeit in Anspruch. Von Caprino geht das Linienschiff wieder nach Gandria zurück.

Eine weitere Möglichkeit ist der lohnende Aufstieg in etwa 1½ Std. von Cassarate auf den Monte Brè (925 m). Wir nehmen von Cassarate den Treppenweg Salita di Vallée nach S. Michele und gehen von dort auf dem Sentiero Trona – ebenfalls einen Treppenweg – nach Aldesago zum Monte Brè hinauf.

Frühlingsstimmung am Treppenweg zum alten Fischerdörfchen Gandria.

2 Vom Monte Brè in die östlichen Hanglagen des vorderen Capriasca-Tales zur Alpe Bolla und durch das Val di Varod nach Cadro

Zu prachtvollen Ausblicken auf den Luganer See

Gehzeit: 2 Stunden und 50 Minuten. Durchwanderung dreier Täler in den Hanglagen unter dem Sasso Rosso. Teilweise ebene oder abwärts führende Wege mit zwischendurch geringen Steigungen; Ausnahme der Anstieg zur Alpe Bolla. Herrliches See-, Tal- und Bergpanorama von vielen Aussichtsplätzen.

Von Cassarate, einem östlichen Luganer Stadtteil, führt eine Standseilbahn (Funicolare) zur Bergstation des Monte Brè, die in zwanzig Minuten einen Höhenunterschied

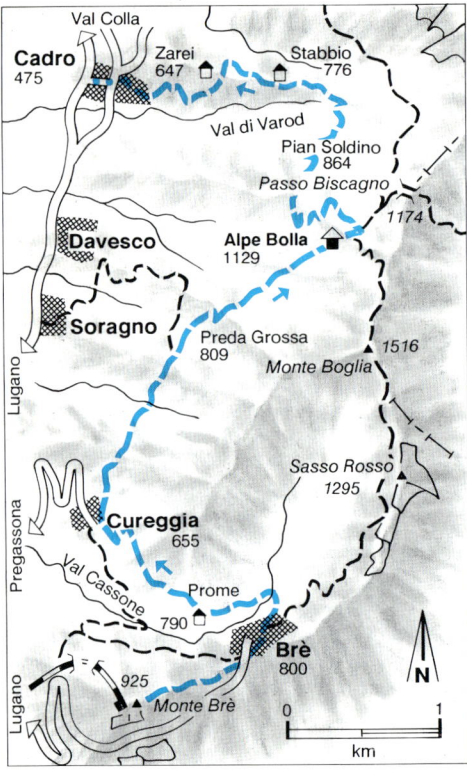

Besonders schön ist die Sicht vom Monte Brè, wenn der »Goldene Hügel« zwischen den Ausläufern des Luganer Sees im Abendlicht liegt.

von 625 Meter überwindet. Eine Fahrt mit dem Funicolare ist für den Bergbesucher eine bequeme, aussichtsreiche und insbesondere für den Nichtkenner sehr interessante Art der Personenbeförderung. Schon 1908 baute man in Lugano die steil aufwärts führende Standseilbahn auf den prachtvollen Aussichtsplatz des Monte Brè. Von hier hat man

nicht nur einen herrlichen Seeblick, sondern kann auch ein einzigartiges Bergpanorama genießen, das Fernblicke bis zu den Berner und Walliser Alpen ermöglicht. Der Monte Brè wird als der Schweizer Berg mit der längsten Sonnenscheindauer gerühmt und ist Ausgangspunkt für viele schöne Berg- und Talwanderungen. Obwohl man diesen beliebten Aussichtsberg auch mit dem Auto erreichen kann, ist für unsere ausgewählte Tour 2 die Bergfahrt mit dem Funicolare empfehlenswert. 125 Meter unter dem Berggipfel liegt das Dorf Brè in prächtiger Aussichtslage.

Im Mittelpunkt des alten Bergdorfes mit seinen verwinkelten Gassen steht die bereits 1591 urkundlich erwähnte Pfarrkirche SS. Simone e Fedele.
Die Wanderung führt vom Berggipfel zum Dorf Brè und von dort durch drei Täler an den westlichen Hanglagen der mächtigen Bergkette, die sich vom Sasso Rosso über den Monte Boglia zum Sasso Grande hinaufzieht und gleichzeitig das Tessin zu Italien abgrenzt. Sehr viele Stellen dieser Hanglagen zeichnen sich durch eine gute Sicht auf Lugano, den See und den Monte S. Salvatore aus.

So entstanden hier an den schönsten Aussichtsplätzen viele Bergdörfer, wie Cureggia, Cadro, unser Wanderziel, Dino und Sonvico. Ein Höhepunkt dieser Wanderung ist sicher die Alpe Bolla, die sich in unmittelbarer Nähe des Passes Biscagno befindet.

Der Wegverlauf

Eingeleitet wird diese herrliche Höhenwanderung durch eine Bergfahrt mit der Standseilbahn auf den *Monte Brè* (925 m). Nach ausreichendem Genuß des traumhaft schönen Rundblickes auf den Luganer See, den S. Salvatore und den Monte Generoso machen wir uns auf den Weg hinab zum 125 Meter tiefer liegenden Dorf Brè. Wir steigen den Osthang des Monte Brè durch Wald und Wiesen mit immer wieder schöner Seesicht abwärts und erreichen den Ort *Brè* (800 m) leicht in einer Viertelstunde. Vom Parkplatz in der Nähe der Kirche gehen wir nördlich zunächst ein Stück auf dem schmalen, mäßig fallenden Sträßchen weiter hinunter und überqueren nach wenigen Minuten den Wildbach *Cassone*, der in Pregassona in den Cassarate mündet, um nun wieder in westlicher Richtung, auf nahezu ebenem Weg, in nochmals einer Viertelstunde nach *Prome* (790 m) zu kommen. Von der Alp Prome geht ein Fußweg mit Ruhebänken geradeaus, hoch über dem Val Cassone, und dann über steile Felsabbrüche *(Sassi)* nordwestlich in mehreren weitschleifigen Serpentinen, in etwa 20 Minuten, hinab nach *Cureggia* (655 m). Das erstmals 1329 erwähnte Bergdorf Cureggia mit der Pfarrkirche S. Gottardo aus dem 16. Jahrhundert liegt hoch über dem vorderen Capriasca-Tal. Direkt unterhalb der östlichen Grenzberge Sasso Rosso (1295 m) und Monte Boglia (1516 m) führt uns der nun leicht ansteigende Wanderweg in etwa einer halben Stunde nach *Preda Grossa* (809 m). Von dort gehen zwei Wege weiter, der eine links hinunter nach Davesco-Soragno, der andere hinauf zur Alpe Bolla. Wir nehmen den rechts hinauf zur Alp führenden Bergweg und erreichen *Alpe Bolla* (1129 m) in ca. 40 Minuten. Wir haben auf dieser Strecke etwa 320 Höhenmeter zu überwinden. Dafür werden wir – auf der Alp angekommen – wieder durch eine herrliche Aussicht auf das Capriasca-Tal, Lugano, den See und den S. Salvatore belohnt. Ein Berggasthof lädt hier zur

Von Cassarate, einem Stadtteil Luganos, führt in 20 Minuten eine Standseilbahn hinauf zum beliebten Aussichtsberg Monte Brè.

Stärkung ein. Von der Alp nochmals ein wenig bergauf schwenken wir kurz vor dem Passo Biscagno – der italienischen Berggrenze – in Serpentinen wieder abwärts zur Lichtung von *Pian Soldino* (864 m), die wir in ca. 20 Minuten erreichen. Wir überqueren dann auf schön angelegtem Weg bald den Tobel eines neuen Bergflusses, der durch das Val di Varod fließt, und gelangen schon in 10 Minuten nach *Stabbio* (776 m). Über einen bewaldeten Rücken steigen wir wiederum in 10 Minuten abwärts nach *Zarei* (647 m), wo wenige Berghöfe stehen. Auf einem alten Saumweg, der später in eine steil abwärts führende Straße mündet, geht es nun in 10 Minuten hinab nach *Cadro* (475 m). Dort leitet uns ein Wegweiser über eine Treppe hinunter, die in der Nähe des Friedhofs endet. Wir können von hier mit dem öffentlichen Linienbus nach Lugano zurückfahren.

Touristische Angaben

Talort: Lugano (273 m), Cadro (475 m).
Ausgangspunkt: Monte Brè (925 m), auf den die Standseilbahn vom Luganer Stadtteil Cassarate führt.

Sonnenuntergang am Monte Brè.
Die prächtige Rundsicht reicht bis zu den
Bergketten der Walliser und der Berner Alpen.

Anfahrt: Von Lugano in den östlichen Stadtteil Cassarate zur Talstation der Monte- Brè-Standseilbahn.Vom Zentrum Lugano erreicht man die Talstation mit dem Stadtbus Brè-Linie nach Cassarate.
Höhendifferenzen: Aufstieg: Cureggia–Alpe Bolla 474 m.
Weglänge: Gesamtstrecke vom Monte Brè nach Cadro 11,5 km; Monte Brè–Cureggia 3,8 km; Cureggia–Preda Grossa 1,5 km; Preda Grossa–Alpe Bolla 2 km; Alpe Bolla – Pian Soldino 1,8 km; Pian Soldino–Zarei 1,4 km; Zarei–Cadro 1 km.
Gehzeiten: Gesamtstrecke vom Monte Brè nach Cadro 2 Std. 50 Min.; Monte Brè (925 m) – Dorf Brè (800 m) 15 Min. – Prome (790 m) 15 Min. – Cureggia (655 m) 20 Min. – Preda Grossa (809 m) 30 Min. – Alpe Bolla (1129 m) 40 Min. – Pian Soldino (864 m) 20 Min. – Stabbio (776 m) 10 Min. – Zarei (647 m) 10 Min. – Cadro (475 m) 10 Min.

Wegverhältnisse: Gute Bergwanderwege, zum Teil Pfade, die mit gutem Schuhwerk und leichter Bergausrüstung von März bis Ende November problemlos begehbar sind. Achtung: Pässe müssen mitgeführt werden, da wir uns im grenznahen Bereich bewegen.

Einkehrmöglichkeiten: Bar, Osteria und Restaurant mit Aussichtsterrasse an der Bergstation des Monte Brè, Gasthöfe in Cureggia, Alpe Bolla und Cadro.

Karten: Topografische Wanderkarte 1:25000, Valli di Lugano, hrsg. vom Verkehrsverein der Region; Kompass-Wanderkarte 1:50000, Blatt 91 Lago di Lugano.

Wegvariante: Ab Cureggia Abstieg nach Pregassona und über Viganello nach Lugano.

Zusatzmöglichkeit: Herrliche Bergwanderung über die aussichtsreichen italienischen Grenzberge Sasso Rosso (1295 m) und Monte Boglia (1516 m). Monte Brè – Sasso Rosso 2 Std. – Monte Boglia 40 Min. – Alpe Bolla 40 Min. – Cadro 40 Min.

3 Von Agra um den Monte Croce nach Montagnola, S. Abbondio, Gentilino und Paradiso

Im Schmuckkästchen des Tessin auf der Halbinsel Ceresio durch schöne alte Orte und die Kastanienwälder der Collina d'Oro

> *2stündige Wanderung über den Goldenen Hügel des Ceresio.*
> *Hangwaldpfade und Wanderwege mit herrlichen Ausblicken, unter anderem auf den nahen S. Salvatore. Kunstgenuß bieten die Kirchen S. Tomaso in Agra sowie S. Abbondio.*

Die Halbinsel Ceresio, die vom Luganer See umgeben ist, teilt sich durch die Ebene des Flüßchens Scairolo in einen größeren östlichen Teil mit dem Monte S. Salvatore und

Von Agra aus führt dieser zauberhafte Wanderweg um den Monte Croce nach Montagnola.

den Bergrücken Arbòstora und in ein westliches sonniges Hügelland, die reizvolle Collina d'Oro (Goldener Hügel). Diesen landschaftlich sehr schönen, größtenteils bewaldeten Berg, der auch zu geruhsamen Spaziergängen einlädt, wollen wir bei dieser Tour etwas näher kennenlernen. In Agra, Montagnola und Gentilino können wir – manchmal etwas abseits der Kantonsstraße – romantische Gassen, Hinterhöfe und Palazzi entdecken, die noch ihr ursprüngliches Erscheinungsbild trotz der regen Bautätigkeit bewahrt haben. Die Collina d'Oro gegenüber dem nahen Monte S. Salvatore gehört auch heute noch zu den Glanzstücken Luganeser Wandergebiete.

Auch Kunst am Wege wird hier reichlich geboten. Die Pfarrkirche S. Tomaso in Agra ist bereits 1298 erwähnt, an der Stirnfront des Chors ist der hl. Thomas (um 1660) dargestellt. Ebenso ist die Sonnenuhr aus dem 17. Jahrhundert sehenswert. Rund um die Pfarrkirche schmücken alte Brunnen und die stuckierten Portale mancher Häuser den Dorfkern.

Inmitten des Goldenen Hügels liegt Montagnola, ein kleines Städtchen mit herrlichen Ausblicken, das auch Sitz der Amerikanischen Schule ist und in vergangener Zeit Wohnstätte vieler Künstler war, darunter der deutsche Dichter und Nobelpreisträger Hermann Hesse, der hier im Palazzo Camuzzi von 1931 bis 1962 lebte.

Die Kirche S. Abbondio wurde schon 1372 erwähnt, aber erst 1530 zur Pfarrkirche erhoben. Schöne Zypressen-Alleen, die aus zwei Richtungen zur Kirche führen, sowie der freistehende spätromanische Campanile mit oktogonalem Aufsatz ergeben ein eindrucksvolles Gesamtbild. Da sie in einmaliger Lage gegenüber dem Monte S. Salvatore auf einer Anhöhe steht und weithin sichtbar ist, gehört sie mit zu den meistfotografierten Objekten der Luganer Seenlandschaft. S. Abbondio, das ursprünglich romanisch war, wurde im 16./17. Jahrhundert barockisiert. Vor der Kirche befindet sich ein Beinhaus, dessen vier Arkadennischen mit barocken Fresken geschmückt sind. Auf dem nahen Friedhof ruhen viele prominente Persönlichkeiten, darunter der Schriftsteller Hermann Hesse, der Dirigent Bruno Walter und der Dichter

Hugo Ball. Mehrere Grabmale wurden von dem bekannten Bildhauer Vincenco Vela aus Ligornetto gestaltet.

Der Wegverlauf

Vom Parkplatz unter der Kirche S. Tomaso in *Agra* (552 m) gehen wir zuerst zum südlichen Ortsausgang. Beim sehr gepflegten *Ristorante S. Gottardo* steigen wir den breiten Waldweg etwa 25 Meter hinauf und sind nach etwa sieben Minuten an der ersten Abzweigung, wo sich der obere und der untere Bergrundweg teilt. Wir nehmen den geradeaus führenden *Giro Basso* durch die Collina d'Oro nach Posmonte, der uns rund um den Monte Croce bringt. An vielen Stellen erwarten uns herrliche Seeblicke, zuletzt der auf die Bucht von Ponte Tresa. Der Weg wird bald schmäler, bleibt aber ein sehr gepflegter Hangwaldpfad, der uns schon einmal etwas bergab- und dann wieder hinaufsteigen läßt. Hin und wieder lädt eine Ruhebank ein, den schönen Ausblick zu genießen. Nach Umrundung des Monte Croce erblicken wir auf der linken Seite einen Turm, der in früheren Zeiten dem Vogelfang diente. Bei einer Lichtung wird der Weg wieder breiter, es geht vorbei an alten Eichen und Lorbeersträuchern zur Abzweigung *Posmonte* (564 m). Von hier gibt es die Möglichkeiten, in 45 Minuten hinunter zu gehen nach Agnuzzo oder weiterzulaufen nach Bigogno. Unsere Tour geht nach *Bigogno*, das wir schon in 12 Minuten erreichen. Dort halten wir uns abwärts, bis wir die *Via Collina d'Oro* erreichen, auf der wir in einer Viertelstunde hinab nach *Montagnola* (467 m) wandern. Wir kommen an vielen interessanten Villen vorbei und können in Montagnola in der Osteria Bellavista bei ausgezeichneter Küche, aufmerksamer Bedienung und schöner Aussicht gute Einkehr halten. Dann geht's von der *Osteria Bellavista* ein paar Meter zurück in die *Via dei Camuzzi* und gleich danach links in den Weg *Ra Cürta*, vorbei an einem alten, sehenswerten Palast, hinab nach *Certenago* (431m). Bald wechseln wir in die *Via Poporina* und dann in die *Via Pugnál*, hinab in knapp 30 Minuten zur bekannten Kirche *S. Abbondio* (404 m). Wir gehen durch die schöne Zypressen-Allee zur bereits 1372 erwähn-

Eindrucksvoll der zypressengesäumte Zugang zur Kirche S. Abbondio, die einsam zwischen Montagnola und Gentilino an der Collina d'Oro steht.

ten Kirche und schauen eventuell nochmals kurz in den *Friedhof,* wo die Gräber von Hermann Hesse und der Stukkateurfamilie Camuzzi zu finden sind. Links vom Friedhof geht's in die *Via Bosca di Besa,* vor der in der ersten Kurve links der Sentiero nach Figino abzweigt. Wir gehen aber von der Kirche S. Abbondio an der Straße weiter hinab nach *Gentilino* (388 m). Bei der Post in Gentilino biegen wir vor der Metzgerei rechts in die *Ca di Sotto* ein, gehen weiter in die *Via Chioso* und gleich wieder rechts hinab durch einen von Steinmauern gesäumten romantischen Weg, der in eine weiter abwärts führende Straße ausläuft. Unten angekommen, unterqueren wir die Straße, biegen dann links ein und sind bald am Ortsbeginn von *Paradiso* (273 m). Von hier können wir mit dem Trolleybus nach *Lugano* zurückfahren.

Touristische Angaben

Talort: Paradiso (273 m).
Ausgangspunkt: Agra (552 m).
Anfahrt: Von Lugano, Zentraler Busbahnhof an der Via S. Balestra (Autosilo, Tiefgeschoß), mit dem PTT-Bus Lugano–Agra.
Rückfahrt: Von Paradiso mit dem Trolleybus nach Lugano, Piazza A. Manzoni.
Weglänge: Gesamtstrecke von Agra nach Paradiso 8 km; Agra–Montagnola 3,7 km; Montagnola–S. Abbondio 1,4 km; S. Abbondio–Paradiso 2,9 km.
Gehzeiten: Gesamtstrecke von Agra nach Paradiso 2 Std.; Agra (552 m) – Posmonte (564 m) 30 Min. – Bigogno (542 m) 12 Min. – Montagnola (467 m) 15 Min. – Certenago (431 m) 18 Min. – S. Abbondio (404 m) 10 Min. – Gentilino (388 m) 10 Min. – Paradiso (273 m) 25 Min.

Wegverhältnisse: Äußerst gepflegte Waldwege, teilweise gepflasterte Ortsdurchgänge,
geringe Strecken an der nicht sehr befahrenen Via Collina d'Oro.
Einkehrmöglichkeiten: Ristorante S. Gottardo am südlichen Ortsende von Agra und
Osteria Bellavista in Montagnola.
Karten: Topografische Nationalkarte
1 : 25 000, Blatt 1353 Lugano; Kompass-
Wanderkarte 1 : 50 000, Blatt 90 Lago di
Maggiore.
Zusatzmöglichkeit: Von Montagnola sehr
schöner Hangwaldweg hinab nach Carabiet-
ta und Figino, 1 Std. 30 Min. Von Figino ent-
weder mit dem Bus oder mit dem Schiff zurück nach Lugano.

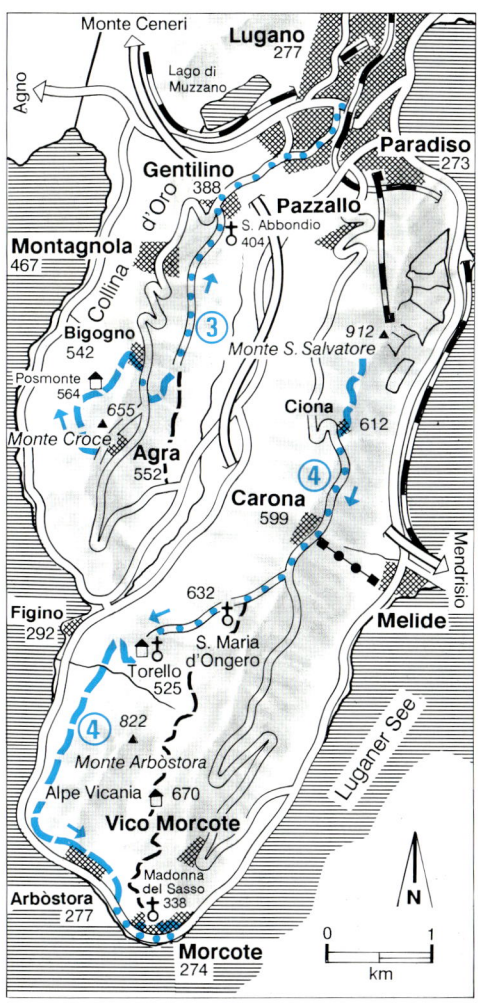

4 Vom Monte S. Salvatore über Ciona, Carona, S. Maria d'Ongero, Arbòstora nach Morcote

Panoramablicke und Kunstgenuß im
südlichen Ceresio auf Wegen durch
die Hänge des Arbòstora

*3stündige Wanderung über den Höhen-
rücken des südlichen Ceresio.*
*Vom Monte S. Salvatore in vielen Serpen-
tinen auf schmalen Pfaden verhältnismäßig steil abwärts nach Ciona. Dann bis
Carona auf ebener aussichtsreicher Höhenstraße. Von hier gepflegte Waldwege,
später Hangwaldpfade, ständig leicht abwärts. Höhepunkte des Kunstgenusses erleben wir in der barocken Pfarrkirche von
Carona und der Chiesa Madonna del Sasso in Morcote.*

Vom Gipfel des Monte S. Salvatore hat man
eine unvergleichbar schöne Rundsicht auf
den gesamten Luganer See und seine vielen
Buchten sowie die herrliche Landschaft, in
die unzählige malerische Dörfer eingebettet
sind. Überwältigend ist das prächtige Bergpanorama, das im Westen bis zum fernen
Monte Rosa und im Osten bis zu den Gipfeln
der Bergamasker Alpen reicht. Die Standseilbahn, die uns von Paradiso auf den Monte S.
Salvatore bringt, ist 1658 Meter lang und
überwindet in 10 Minuten einen Höhenunterschied von 601 Metern. Sie wurde schon
am 17. März 1890 in Betrieb genommen.
Der östliche Rücken des Ceresio fällt zum
See hin steil ab. Zwischen Ciona und Carona
verläuft etwa 330 Meter über dem Luganer
See eine aussichtsreiche Höhenstraße mit
Sicht auf die Enklave Campione d'Italia, dem
dahinter liegenden Monte Sighignola und
gleich anschließend dem mächtigen Generoso-Massiv. Die Höhenstraße ist von vielen
schönen Villen gesäumt. Das malerische alte
Dorf Carona liegt auf einem Hochplateau
zwischen dem Monte S. Salvatore und dem
Monte Arbòstora und hat sein spätmittelalter-
liches Ortsbild gut erhalten. Gräberfunde bei
Ciona belegen, daß die Umgebung von Ca-

rona schon zur Eisenzeit besiedelt war. Der Ort ist unter dem alten Namen Ca launa bereits 926 erwähnt. Carona war im Mittelalter eine eigenständige Republik, das auch in der Eidgenossenschaft noch manches Privileg beibehalten durfte. Viele Künstlerdynastien wie Aprile, Casella, Petrini und Solari sind in Carona beheimatet. Bei einem Dorfrundgang stoßen wir auf die mit Fresken, Reliefs und Stukkaturen versehenen Bürgerhäuser Casa Andreoli, Casa Constanza und Casa Solari. Wir kommen auch zu einem Antiquitätenladen, der als umgebautes Bauernhaus wohl mit zu den am meisten fotografierten Objekten dieser Gegend gehört. Mitten im Dorf steht die stattliche Pfarrkirche S. Giorgio, die erstmals 1425 erwähnt ist. Vom Kirchenvorplatz hat man einen einzigartigen Panoramablick auf den Luganer See, das Malcantone und die umliegenden Bergketten. Sehenswert sind in der Kirche die großen Wandgemälde von Domenico Pezzi (1580) mit dem Jüngsten Gericht, das stark an das Werk Michelangelos in der Sixtinischen Kapelle im Vatikan angelehnt ist. Die Motive »Kalvarienberg« und »Disputà« hat Pezzi in Nachahmung Raffaels geschaffen.

Oberhalb von Carona erstreckt sich an einem Hang der sehenswerte Botanische Garten S. Grato. Ebenfalls in unmittelbarer Nähe befindet sich die barocke Wallfahrtskirche S. Maria d'Ongero aus dem 18. Jahrhundert. Sie beherbergt Kunstwerke von Alessandro Casella (Mosesstatue, 1646, sowie Stukkaturen) und Giuseppe Antonio Petrini (Wandgemälde, 1750) aus Carona. Die von Kreuzwegstationen flankierte Waldkirche ist ein Meisterwerk barocker Baukunst. Vom Kirchenvorplatz sieht man auf die gegenüberliegende Collina d'Oro.

Am Westhang des Arbòstoras liegt einsam das bereits 1389 aufgehobene Augustinerchorherrenstift Torello. Die dazugehörige Kirche S. Maria Assunta ist ein spätromanischer Bau, der zu dem 1217 durch Bischof Guglielmo della Torre von Como gegründeten Stift gehörte. Die ehemaligen Konventgebäude, die bis heute in mailändischem Privatbesitz sind, wurden zu landwirtschaftlichen Zwecken verpachtet.

Morcote am südlichen Ende des Arbòstoras zählt wegen seiner reizvollen Lage und dem geschlossenen Stadtkern zu den malerischsten Orten der Schweiz. Das frühere Fischer-

Romantisches Tessiner Landhaus in Carona.

Von Morcote führen einladende Treppenwege hinauf zur Wallfahrtskirche Madonna del Sasso.

dorf wurde als Burgus de Morcoe erstmals 926 erwähnt und im 14. Jahrhundert zum Städtchen erhoben. Wie Carona hatte auch Morcote gewisse Privilegien wie Zollfreiheit, eigene Gerichtsbarkeit und Fischereirechte, die auch unter den Eidgenossen nach 1513 weitgehend gewahrt wurden. In Morcote ziehen sich Häuser mit schönen alten Fassaden in weitem Bogen um das Ufer. Herrschaftliche Palazzi aus der Renaissance- und Barockzeit haben Arkadenbögen, gepflegte Innenhöfe und geschwungene Loggien.

Über einen langen monumentalen Treppenaufgang erreicht man die in einzigartiger Aussichtslage über dem Städtchen thronende Wallfahrtskirche Madonna del Sasso. Ein freistehender Campanile gibt der bedeutenden Kirche das charakteristische Aussehen. Das Gotteshaus geht auf das 13. Jahrhundert zurück und wurde 1462 im Stil der Renaissance umgebaut und 1758 barockisiert. Hervorragende Fresken verschiedener Künstler und eine kostbare Orgel machen auch den Innenraum interessant.

Vom Schiffslandesteg etwa 300 Meter in Richtung Figino befindet sich der Parco Scherrer, der vom Textilhändler Arturo Scherrer 1930 angelegt wurde. In dem terrassenförmigen Park sind zwischen Zedern, Pinien, Magnolien, Eukalyptus, Palmen, Azaleen und Bambusstauden architektonisch interessante Kunstwerke aus aller Welt aufgestellt. Darunter ist ein Siamesisches Teehaus, der Tempel der Nofretete, der Sonnentempel

Casa Araba, die Palazzina und viele Statuen. Besonders beeindruckend sind die herrlichen Ausblicke auf den Luganer See.

Der Wegverlauf

Vom *Monte S. Salvatore* (912 m) auf rasch abwärts führendem schmalen Bergpfad in 30 Minuten nach *Ciona* (612 m). Der serpentinenreiche Pfad ist teilweise durch Stufen und Treppen unterstützt, sehr steinig und von Baumwurzeln durchzogen. Er führt durch dichten Buchenwald und läuft schon nach 20 Minuten Abstieg in einen breiteren, nun gepflegten Weg aus. Nach dem Ortsdurchgang von Ciona wandern wir links auf der aussichtsreichen Höhenstraße in 25 Minuten zur Pfarrkirche nach *Carona* (599 m). Auf halbem Weg nach Carona sehen wir am gegenüberliegenden Ufer die italienische Enklave Campione direkt unter dem Monte Sighignola. Der Blick zurück eröffnet eine Gesamtschau auf die Bucht von Lugano mit dem Monte Boglia, darunter der Monte Brè. Am Ortsende von Carona, wo sich der Weg gabelt, nehmen wir den rechten schmaleren, der nach *S. Maria d'Ongero* (632 m) im Walde führt. Links ginge es über die Höhenstraße nach Vico Morcote. Wir erreichen die Wallfahrtskirche auf gepflegtem breiten Waldweg, der durch Buchenwälder führt, die mit Lorbeerbüschen durchsetzt sind, in 15 Minuten. Nach kurzem Aufenthalt an der romanischen Waldkirche mit Ausblick auf die gegenüberliegende Collina d'Oro geht's auf ebenso guten Waldwegen in 22 Minuten hinunter zur *Bergkirche Torello* (525 m). 5 Minuten unter der Kirche zweigt unser nun zum Pfad gewordener Weg am *Wegweiser Sotto Torello* (497) links ab. Ab hier hat der Wald ein anderes Gesicht bekommen; die dominierende Baumart ist nun die Eiche, wiederum vermischt mit Lorbeer. Wir folgen dem beständig leicht fallenden Hangwaldweg am Südhang des Arbòstoras und nehmen keinen der rechts steil hinunter fallenden Pfade, sondern bleiben immer auf dem Hauptweg. Nach 8 Minuten kommen wir über einen Steg des *Val Toresello* (475 m), hoch über Figino, und sind von hier schon in einer halben Stunde im Ort *Arbòstora* (277 m) mit vielen prächtigen Villen. Bald sind wir an der See-straße nach Morcote, wo wir am *Parco Scherrer* vorbeikommen, und gelangen nach weiteren 10 Minuten nach *Morcote* (274 m). Wer den Aufstieg zur *Chiesa Madonna del Sasso* über die Salita mit ca. 400 Stufen auf sich nehmen will, wird begeistert sein. Der Auf- und Abstieg kostet nochmals eine knappe halbe Stunde Zeit. Achtung! Der Aufstieg beginnt an der Seestraße vor der starken Krümmung durch ein Steinportal.

Touristische Angaben

Talorte: Paradiso (273 m), Arbòstora (277m), Morcote (274 m).
Ausgangspunkt: Monte S. Salvatore (912 m).
An- und Rückfahrt: Von Lugano, Piazza A. Manzoni mit dem Stadtbus nach Paradiso, Station Scuola. Von dort mit dem Funicolare auf den Monte S. Salvatore. Von Morcote zurück mit dem PTT-Bus oder dem Schiff nach Lugano.
Höhendifferenzen: Abstieg: Monte S. Salvatore–Ciona 300 m; Aufstieg: Morcote–Chiesa Madonna del Sasso 64 m.
Weglänge: Gesamtstrecke vom Monte S. Salvatore nach Morcote 11 km; Monte S. Salvatore–Ciona 1,9 km; Ciona–Carona 1,3 km; Carona–Torello 2,7 km; Torello–Morcote 4,3 km; Morcote–Madonna del Sasso und zurück 0,8 km.
Gehzeiten: Gesamtstrecke vom Monte S. Salvatore nach Morcote 3 Std.; Monte S. Salvatore (912 m) – Ciona (612 m) 30 Min. – Carona (599 m) 15 Min. – S. Maria d'Ongero (632 m) 15 Min. – Torello (525 m) 22 Min. –Sotto Torello (497 m) 5 Min. – Val Toresello in Sopra Figino (475 m) 8 Min. – Arbòstora (277 m) 35 Min. – Morcote (274 m) 25 Min. – Treppenweg zur Madonna del Sasso in Morcote (338 m) 15 Min. – Morcote (274 m) 10 Min.
Wegverhältnisse: Vom Monte S. Salvatore abwärts ca. 20 Minuten verhältnismäßig steiler, steiniger Bergpfad, dann gepflegte Wege, immer leicht bergab. Zwischen Ciona und Carona ebene Höhenstraße. Von Torello bis Arbòstora schöner Hangwaldpfad. Das letzte Stück Seestraße.
Einkehrmöglichkeiten: Ristorante mit Aussichtsterrasse am Monte S. Salvatore, mehrere Gasthäuser in Carona und Morcote.

Madonna del Sasso, das Wahrzeichen des alten Fischerdorfes Morcote.

Karten: Topografische Nationalkarte 1 : 25 000, Blatt 1353 Lugano; Kompass-Wanderkarte 1 : 50 000, Blatt 90 Lago di Maggiore.
Zusatzmöglichkeiten: Von S. Maria d'Onge-ro über Alpe Vicania (670 m), 1 Std. 15 Min., nach Morcote (274 m), 45 Min. Außerdem sehr empfehlenswerter Höhenweg von Caro-na über Vico Morcote nach Morcote.

Täler im Norden von Lugano

Nördlich von Lugano finden wir drei große Täler, das Vedeggio-, das Capriasca- und das Colla-Tal.
Nahe der Stadt Agno, die am westlichen Arm des Lago di Lugano liegt, mündet der Fluß Vedeggio in den See. Hier beginnt das Ve-deggio-Tal, das in den ersten Kilometern nördlich der Stadt Agno auch Val d'Agno ge-nannt wird. Es ist das weitaus längste Tal mit einer mächtigen westlichen Bergkette, die vom Monte Lema (1621 m) über den Monte Gradiccioli (1936 m) bis zum Monte Tamaro (1962 m) reicht. Auf dem Bergrücken im We-sten des Vedeggio-Tales liegt die zum Wan-dern ideale Region Malcantone. Bei Bironi-co/Camignolo schwenkt der Fluß Vedeggio nach Osten ab und leitet das Vedeggio-Tal ins Val d'Isone über.
Direkt in der großen Bucht zwischen Lugano und dem Vorort Cassarate mündet der aus dem Val Capriasca kommende Fluß Cassara-

te in den See. Der vorderste Teil dieses Tales wird häufig auch Cassarate-Tal genannt. Im mittleren Teil Media Capriasca liegt der zentrale Ort dieses Tales, Tesserete, der ebenfalls ein guter Ausgangspunkt für Wanderer ist. Nördlich davon führt das obere Val Capriasca mit dem Fluß Capriasca hinauf bis zum Talabschluß Gola di Lago. Hervorstechende Berge des oberen Talabschnittes sind im Westen der Monte Bigorio (1188 m) und im Osten der Monte della Croce (1381 m).

Zwischen Tesserete und Sonvico biegt der Fluß Cassarate nordöstlich ab und leitet ab hier das Val Colla ein. Im Osten des Val Colla liegt die wohl herausragendste Berggruppe der Denti della Vecchia mit dem Sasso Grande (1491 m). Am Ende des Val Colla überragt der Gazzirola (2116 m) alle anderen Berge dieses Tales. An den Berghängen von Gazzirola, S. Lucio und Monte Cucco entspringen der Cassarate und dessen viele kleine Zuflüsse. Im Norden des Val Colla haben wir ebenfalls eine dominierende Bergkette mit dem Monte Bar (1817 m) und der Cima Moncucco (1725 m) vor uns. Abgeschlossen wird das Val Colla von den Bergdörfern Cimadera (1155 m), Certara (1003 m) und Bogno (975 m).

In den Valli di Lugano und den vielen kleinen Seitentälern treffen wir ein sehr schönes und ausgedehntes Gebiet an, das sich sowohl für Tal- als auch Gebirgswanderungen verschiedener Längen- und Schwierigkeitsgrade bestens eignet.

Das Val d'Isone, eines der Täler Luganos, mit dem Hauptort Isone und dem Camoghè (2228 m).

5 Von Comano zum Höhenheiligtum S. Bernardo, über Vaglio und Ponte Capriasca zum verträumten Lago di Origlio

Rundtour auf dem Höhenrücken zwischen dem Cassarate- und dem Vedeggio-Tal zu aussichtsreichen Plätzen, Naturschutzgebieten, malerischen Winkeln und romantischen Dörfern

> *Die knapp 2¾stündige Rundtour führt durch ausgedehnte Wälder, vorbei an Bergkapellen, zum Origlio-See, einem großartigen Naturschutzgebiet. Waldwege, steile Bergpfade wechseln mit gepflegten Wanderwegen. Eine Tour, die Naturfreunde begeistern wird.*

Comano liegt auf einer fruchtbaren Hochebene zwischen dem Cassarate- und dem Vedeggio-Tal. Dieses Bergdorf soll bis ins Jahr 1110 zurückgehen, wobei die Echtheit der Urkunden angezweifelt wird. Im schönen alten Ortskern steht die Kirche S. Maria. Das Altarbild von Domenico Caresana stammt aus dem 17. Jahrhundert. Die reichen Stukkaturen im Chor aus dem Jahre 1625 schuf Giovanni Antonio Marchi aus Comano.

Das Höhenheiligtum S. Bernardo, hoch über dem Val Cassarate, ist dem heiligen Bernhard von Clairvaux geweiht. Es steht über einem senkrecht abfallenden Felsvorsprung. Das einsame Berggotteshaus enthält ein Fresko von Giovanni Battista Tarilli aus dem Jahre 1574, das den heiligen Bernhard von Clairvaux und die Bekehrung des Herzogs von Gascogne darstellt. Im Jahre 1953, zum 800. Todestag des heiligen Bernhard, wurde sie grundlegend restauriert. Vor langer Zeit gehörte zur Bergkapelle eine heute verfallene Einsiedelei. Von dem nahe der Kapelle liegenden Eisenkreuz haben wir nordöstlich eine eindrucksvolle Bergkette mit dem Gazzirola (2116 m) und dem Monte Stabbiello (2116 m) vor uns. Südlich fällt unser Blick auf die Bucht von Lugano.

S. Clemente, das auf den Ruinen des früheren Dorfes Rede steht, fällt durch zwei alte Bauwerke auf: die Kapelle S. Clemente aus dem 17. Jahrhundert und die Torre Viscontea, einen viergeschossigen Turm, der von einer Wehranlage aus dem 13. und 14. Jahrhundert übrigblieb.

In der Nähe von Tesserete liegt Sala Capriasca mit der Pfarrkirche S. Antonio Abate, die im 17. Jahrhundert barockisiert wurde; der romanische Campanile ist noch erhalten. Im Ort stoßen wir auf ein Wohnhaus mit schönem Marienfresko von 1575. Südwestlich von Sala Capriasca liegt das malerische Dorf Ponte Capriasca. Die dortige Kirche S. Ambrogio beherbergt eine gut erhaltene Kopie des Abendmahles von Leonardo da Vinci, dem wir viele wichtige künstlerische Details über das Original verdanken.

Unweit von Cureglia liegt das Dorf Origlio mit ansehnlichen Villen aus dem 15. bis 17. Jahrhundert, die mit Fresken verziert sind und Loggien aufweisen. Stolz steht hier die im Tessiner Stil erbaute Steinkirche SS. Giorgio e Maria Immacolata aus dem 17. Jahrhundert. Den Kirchenboden ziert ein alter Terrakottabelag. Beachtenswert sind auch die Stukkaturen. Südlich des Ortes liegt mitten in einem Naturschutzgebiet der reizvolle kleine Moorsee von Origlio mit Schilfkolonien und Vogelquartieren.

Der Wegverlauf

Diese schöne Waldwanderung beginnt am oberen Ortsende von *Comano* (505 m). Der gelbe Sentiero-Wegweiser leitet uns rechts hinauf in einen zunächst breiten, steil bergauf führenden Waldweg. Bald wird der Weg schmäler und steiniger; er führt durch dichten Eichen- und Birkenwald in 35 Minuten hinauf zum Höhenheiligtum *S. Bernardo* (707 m). Von oben genießen wir herrliche Berg- und Talblicke. Ein in Serpentinen steil abwärts fallender Treppenpfad bringt uns nun durch überwiegend Buchenwald in 20 Minuten hinunter nach *S. Clemente* (624 m). Der etwas auf- und abgehende Waldpfad führt uns über *Sasso Scuro* (633 m) in einer weiteren halben Stunde bis kurz vor *Vaglio* (549 m). Dort zunächst ein Stück weiter in Richtung Tesserete, zweigt nach etwa 500 Metern der Weg links ab nach *Sala Capriasca*

(548 m). Hier, vom Media Capriasca, leitet uns der Sentiero steil hinab nach *Ponte Capriasca* (447 m), das wir von Vaglio in circa einer halben Stunde erreichen. Nach einer weiteren Viertelstunde sind wir am verträumten und romantischen *Origlio-See*. Ein Rundgang um diesen Moorsee ist unbedingt zu empfehlen. Nachher führt uns der Weg von der Ostseite des Sees durch den Ort hindurch wieder aufwärts in 35 Minuten zurück zum Ausgangspunkt nach *Comano*.

Touristische Angaben

Kartenskizze Seite 38.
Talorte: Comano (505 m), Origlio (422 m).
Ausgangspunkt: Comano (505 m).
Anfahrt: Mit dem PKW von Lugano über Porza nach Comano. Parkplätze am Ortsanfang von Comano. Alternativ mit dem PTT-Bus Lugano–Comano ab Busbahnhof in Lugano Zentrum, Via S. Balestra.
Höhendifferenzen: Aufstieg: Comano–S. Bernardo 202 m; Origlio–Comano 82 m.
Weglänge: Gesamtstrecke von Comano über Vaglio und Origlio zurück nach Comano 9,2 km; Comano–S. Bernardo 1,6 km;

S. Bernardo–Vaglio 2,1 km; Vaglio–Ponte Capriasca 2 km; Ponte Capriasca–Origlio 1,3 km; Origlio–Comano 2,2 km.
Gehzeiten: Gesamtstrecke von Comano über Vaglio und Origlio zurück nach Comano 2 Std. 45 Min.; Comano (505 m) – S. Bernardo (707 m) 35 Min. – S. Clemente (624 m) 20 Min. – Sasso Scuro (633 m) 20 Min. – Vaglio (549 m) 10 Min. – Sala Capriasca (548 m) 15 Min. – Ponte Capriasca (447 m) 15 Min. – Origlio (422 m) 15 Min. – Comano 35 Min.
Wegverhältnisse: Teilweise steinige Bergpfade, größtenteils gepflegte Wege mit wenigen steilen Strecken.
Einkehrmöglichkeiten: Gepflegte Osteria del Centro in Comano und Ristorante am Origlio-See.
Karten: Topografische Wanderkarte 1 : 25 000, Valli di Lugano, hrsg. vom Verkehrsverein der Region; Kompass-Wanderkarte 1 : 50 000, Blatt 91 Lago di Lugano.
Zusatzmöglichkeit: Verlängerung der Wegstrecke um ca. 1 Std.: von Origlio über S. Giorgio (465 m), Brusada (567 m), S. Zenone (562 m), Lamone (321 m) und Cureglia (429 m) nach Comano.

Der Origlio-See mit den Denti della Vecchia im Hintergrund.

6 Von Lamone-Cadempino im Vedeggio-Tal über S. Zenone, Brusada und die Bergkirche S. Giorgio nach Taverne-Torricella

Naturlehrpfad rund um den Hügel S. Zenone, hoch über dem Origlio-See

> *Knapp 2stündige Wanderung durch ein zauberhaftes Naturschutzgebiet im Vedeggio-Tal.*
> *Die Aussichtskanzel S. Zenone und die Terrasse Belvedere bieten großartige Sicht auf die Landschaft rund um den Origlio-See bis hinüber zu den Bergketten des Capriasca-Tales. Im Mittelpunkt dieser Tour steht die Botanik. Auch Tessiner Tradition und Kunst am Wege kommen nicht zu kurz.*

Der Hügel von S. Zenone liegt mitten im Vedeggio-Tal, das sich von der nordwestlichen Bucht des Luganer Sees bei Agno hinaufzieht bis Camignolo; dort beginnt der Oberlauf des Vedeggio, der hier ins Val d'Isone abschwenkt. Dieses Gebiet lag inmitten einer hochalpinen Gebirgslandschaft, die während der letzten Eiszeit durch die nahezu ein Kilometer dicken Eisschichten des Ticino-Gletschers abgerundet und glattgeschliffen wurde. Erst in den letzten Jahrtausenden hat sich die Vegetation langsam entwickeln können. Zuerst siedelten sich um den Hügel von S. Zenone Birken, Eichen, Erlen, Linden und Zirbelkiefern an. Die Römer pflanzten dann in vielen Gebieten des Tessin Edelkastanien, die sich im Laufe der Zeit immer mehr durchsetzten und die anderen Bäume zunehmend verdrängten; deshalb herrscht auch in den Wäldern des Hügels von S. Zenone heute die Edelkastanie (Castanea sativa) vor. Trotzdem existiert hier noch eine große Baum- und Pflanzenvielfalt. Diese Tatsache bewog zwanzig Primarlehrer, unter Mitarbeit der kantonalen Forstverwaltung hier einen Naturlehrpfad rund um den Hügel von S. Zenone anzulegen. Er wurde inzwischen der Öffentlichkeit übergeben, um dieses natürliche Biotop einem breiten Publikum näherzubringen und gleichzeitig für den Schutz der Natur zu werben. Im Verlauf der Tour 6 werden die Stationen drei bis zehn des neuen Lehrpfades besucht.

Zu Füßen des Hügels liegt Lamone, ein malerisches Bergdorf mit einer Reihe der für das Tessin so typischen alten Steinhäuser, die zumeist mit einem Fresko geschmückt sind. Der Dorfkern überrascht durch schöne Plätze und schmale Gäßchen, aber auch durch stattliche Häuser, wie die Casa Ghezzi aus dem 18. Jahrhundert. Wahrscheinlich schon aus dem Jahre 1612 stammt die Pfarrkirche S. Andrea, die allerdings im 19. Jahrhundert umgestaltet wurde. Den beachtenswerten Hochaltar aus Stuck hat Gabriele Quadri 1632 geschaffen.

Auf der höchsten Stelle des Hügels (562 m) steht die Kapelle S. Zenone, mit einem Stuckaltar von Giovanni Ghezzi, dessen schönes Haus in Lamone bewundert werden kann. Der spätmittelalterliche Bau wurde 1827 umgestaltet. Schon in grauer Vorzeit stand hier eine Kapelle, vielleicht lombardischer Gründung. Neben ihr sind noch prähistorische Schalensteine zu bestaunen. Im Jahre 854 gab es hier gemäß alter Aufzeichnungen eine Einsiedelei.

Östlich des Hügels liegt in einer Gletschermulde der stark geschwundene, aber dennoch sehr verträumte Origlio-See, der ebenfalls zu diesem Naturschutzgebiet gehört. Er ist jetzt nur noch 6,5 Meter tief und wird von einem Bächlein gespeist, das an seinem Ende in den Vedeggio abfließt. An den Ufern des Laghetto wachsen die seltenen Flaumeichen und Schwarzerlen, aber auch Schlehen. Hoch über dem hübschen Dorf Origlio steht die Pfarrkirche SS. Giorgio e Maria Immacolata aus dem 17. Jahrhundert. Besondere Beachtung verdienen die Stukkaturen und der originale Terrakotta-Fußboden.

Der Wegverlauf

Wir verlassen die *Bahnstation Lamone-Cadempino* (315 m), gehen unter dem Bahndamm hindurch und ein Stück auf der nach Lamone führenden Teerstraße weiter. Nach etwa 120 Metern zweigt ein Fußweg ab, der allerdings schon kurz vor Dorfbeginn wieder

SS. Giorgio e Maria Immacolata aus dem 17. Jahrhundert, hoch über dem Origlio-See.

in die geteerte Straße einmündet. Bei der Durchquerung von *Lamone* (321 m) fallen uns die hier noch recht zahlreich vorhandenen rustikalen Tessiner Steinhäuser auf, die zumeist freskengeschmückt sind. Wir verlassen das Dorf nordwestlich auf einem markierten Weg in Richtung S. Zenone. Dieser Weg führt zunächst durch einige Rebhänge und fängt bald an zu steigen. Eine Viertelstunde später kommen wir an einer Felsenhöhle vorbei und sind nach einem letzten Stück aufwärts durch den bewaldeten Hang bald bei der altehrwürdigen *Kapelle S. Zenone* (562 m). Hier genießen wir zunächst die herrliche Aussicht auf das Val di Vedeggio, den Lago di Lugano, den Laghetto di Origlio und die Bergketten der mittleren Capriasca, bevor wir uns den Sehenswürdigkeiten von S. Zenone und den prähistorischen Schalensteinen neben der Kapelle zuwenden.

Wir haben im weiteren Wegverlauf nun den schönen Höhenrücken S. Zenone direkt vor uns. Von der Kapelle geht's den Berghang des S. Zenone entlang in knappen zehn Minuten abwärts zur Senke von *Brusada* (470 m). Hier stoßen wir auf die Stationstafel Nummer drei des Naturlehrpfades S. Zenone, bei der wir mit der falschen Akazie oder Robinie (Robinia pseudoacacia) sowie mit dem Besenginster (Sarothamnus scoparius) bekanntgemacht werden. Von Brusada wandern wir wieder etwas ansteigend in weiteren zehn Minuten hinauf zur Station vier, »Ceduo abbandonato«. Das Thema ist hier die weit verbreitete Edelkastanie. Nun geht's fast eben auf dem bewaldeten Bergrücken weiter zur Station fünf des Naturlehrpfades, »Termine«, bei der uns botanische Kenntnisse über das Buschwindröschen (Anemone nemorosa), den gemeinen Sauerklee (Oxalis acetosella), das Salomonssiegel (Polygonatum multiflorum) und die Birke (Betula pendula) vermittelt werden. Wir erreichen als nächstes die Aussichtsterrasse *Belvedere* (517 m), von der wir wunderschöne Ausblicke auf die Denti della Vecchia, den Monte Boglia, den Sighignola und das Generoso-Massiv haben. Die Terrasse Belvedere befindet sich direkt über dem Laghetto di Origlio. Hier an der Station sechs werden wir mit der Familie der Eichen konfrontiert. Dazu gehören die Traubeneiche (Quercus petraea), die Stieleiche (Quercus robur) und die Flaumeiche (Quercus pubescens). Wir verlassen nun den Hö-

henrücken und wandern in Richtung Origlio. Hoch über dem Ort Origlio liegt die Pfarrkirche SS. Giorgio e Maria Immacolata (die Unbefleckte). Wir besichtigen dieses sehenswerte Gotteshaus lombardischer Bautradition, bewundern den ursprünglichen Tonplattenboden und die großartige Kirchenausstattung und wenden uns dann der herrlichen Aussicht auf den Origlio-See und das mittlere Capriasca zu. Außerdem informiert uns hier die Stationstafel Nummer acht über den Lebenszyklus heimischer Pflanzen. Von der Kirchentreppe gehen wir westwärts in den Wald hinein, ein kurzes Stück auf dem Herweg zurück, bis rechts ein Pfad nach Taverne abzweigt. Wir wandern nun um den Hügel *Poreca* (542 m) herum weiter bis Taverne-Torricella. Schon nach zehn Minuten gelangen wir auf nahezu ebenen, eher leicht abfallendem Weg zur Station neun, »Selva castanile«, im Kastanienwald. Hier werden uns die Verwertung der Früchte und des Holzes

Der Hochaltar von SS. Giorgio e Maria Immacolata in Origlio umschließt eine schöne Madonna aus dem Mittelalter.

der Kastanie nahegebracht. In der letzten Etappe des Naturlehrpfades geht's abwärts nach *Tamella* (370 m), der zehnten Station. Botanische Besonderheiten an dieser letzten Informationstafel sind der Mäusedorn (Ruscus aculeatus) und die Stechpalme (Ilex aquifolium). Wir verlassen den schönen und instruktiven Naturlehrpfad und gehen in wenigen Minuten hinunter zum *Bahnhof von Taverne-Torricella* (341), von wo wir Zuganschluß, zum Beispiel zurück nach Lugano, haben.

Touristische Angaben

Talorte: Lamone (321 m); Taverne-Torricella (341 m).
Ausgangspunkt: Lamone-Cadempino Stazione (315 m).

Anfahrt: Mit der Schweizer Bundesbahn, Strecke Chiasso–Bellinzona, z.B. ab Lugano Stazione nach Lamone-Cadempino. Alternativ mit dem PTT-Bus von Lugano, Via S. Balestra nach Lamone Posta. Mit dem PKW von Lugano über Massagno auf der Kantonsstraße Nummer 2 nach Lamone. Bei der Anfahrt auf der Autobahn N2, von Norden kommend, Ausfahrt Rivera, von Süden kommend, Ausfahrt Massagno.
Rückfahrt: Von Taverne-Torricella Stazione mit der Schweizer Bundesbahn, Strecke Bellinzona–Chiasso, z.B. nach Lugano.
Höhendifferenzen: Aufstieg: Lamone–Kapelle S. Zenone 241 m; Brusada (Station 3) – Ceduo abbandonato (Station 4) 70 m; Abstieg: Belvedere–Taverne-Torricella Stazione 176 m.
Weglänge: Gesamtstrecke von Lamone-Ca-

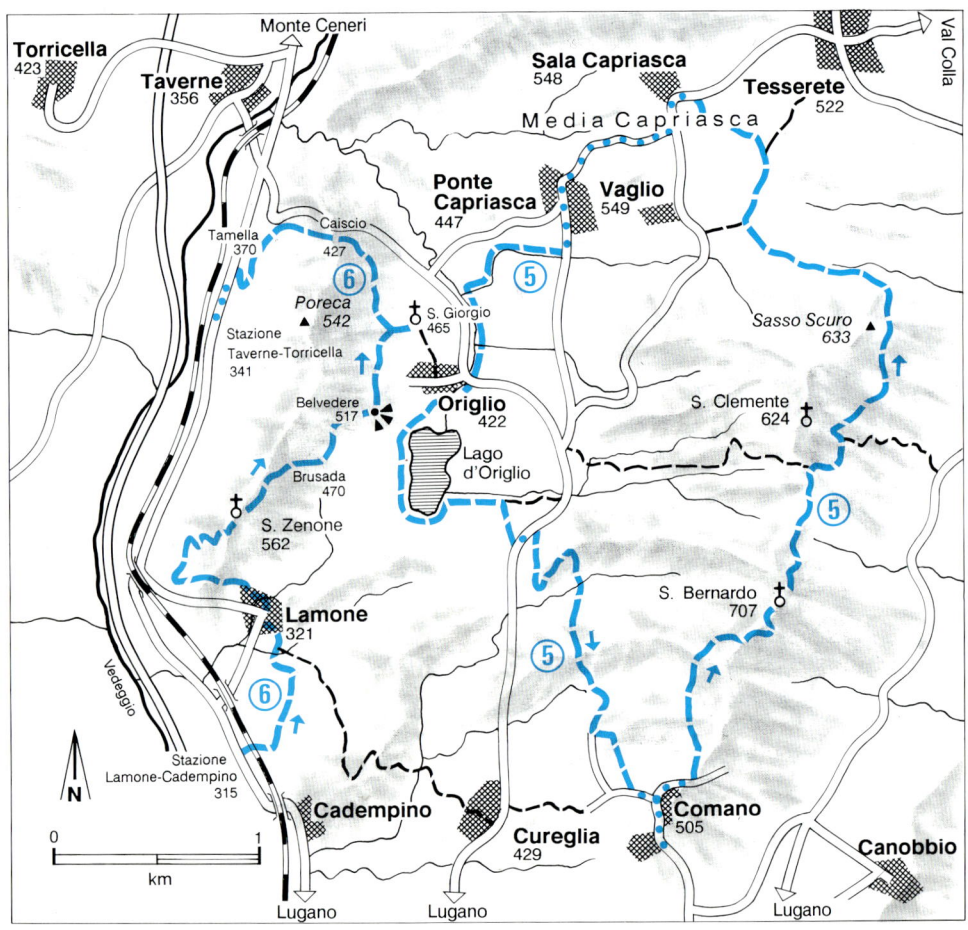

dempino Stazione nach Taverne-Torricella Stazione 6,8 km; Lamone-Cadempino–Lamone 0,9 km; Lamone–S. Zenone 1,6 km; S. Zenone–Brusada 0,5 km; Brusada–Ceduo abbandonato 0,4 km; Ceduo abbandonato–Belvedere 0,5 km; Belvedere–S. Giorgio 1 km; S. Giorgio–Caiscio 0,6 km; Caiscio–Tamella 0,9 km; Tamella–Taverne-Torricella Stazione 0,4 km.

Gehzeiten: Gesamtstrecke von Lamone-Cadempino Stazione nach Taverne-Torricella Stazione 1 Std. 50 Min.; Lamone-Cadempino Stazione (315 m) – Lamone (321 m) 11 Min. – S. Zenone (562 m) 35 Min. – Brusada (470 m) 6 Min. – Ceduo abbandonato (540 m) 8 Min. – Belvedere (517 m) 7 Min. – S. Giorgio (465 m) 13 Min. – Caiscio (427 m) / Selva castanile (430 m) 10 Min. – Tamella (370 m) 14 Min. – Taverne-Torricella Stazione (341 m) 6 Min.

Wegverhältnisse: Schöne Waldwege, aussichtsreiche Plätze, kleine Passagen auf Teerstraßen.

Einkehrmöglichkeiten: Feinschmecker-Restaurant »Motto del Gallo« in Taverne und gutes Restaurant direkt am Origlio-See.

Karten: Topografische Wanderkarte 1 : 25 000, Valli di Lugano, hrsg. vom Verkehrsverein der Region.

7 Vom Höhenrücken Gola di Lago durchs östliche Val Capriasca über Davra, Polairolo, Carnago und Campestro nach Tesserete

Auf romantischen Bergpfaden, vorbei an den »alten Häusern« von Zalto Vecchio, über Wildbäche, durch Kastanien- und Birkenwälder talwärts

> *2½stündige Talwanderung, größtenteils auf weichen Waldpfaden, die ständig leicht fallen; Ausnahme: der Anstieg nach Zalto Vecchio.*
> *Unbeschwerliche, erholsame Route durch eine naturbelassene Berglandschaft. Vom obersten Sattel des zauberhaften Capriasca-Tales auf der Ostseite unter dem Monte della Croce abwärts über viele Tobel und Bergwiesen, vorbei an alten Rustici und Almen.*

Diese Tour führt von Gola di Lago über viele Taleinschnitte mit Wildbächen durch ausgedehnte Wälder von Eßkastanien (Castanea sativa), aber auch offene Bergwiesen, direkt

Bei der Wanderung von Gola di Lago nach Tesserete kommt man durch Davra, wo ein Wildbach schäumend ins Tal hinabstürzt.

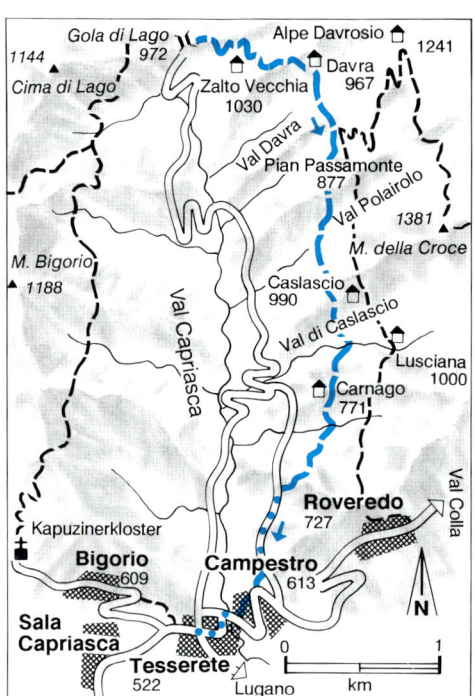

unter dem Monte della Croce, abwärts nach Campestro. Sie dürfte mit zu den schönsten Tessin-Wanderungen gehören. Für diese wild-romantische Tour durchs östliche Capriasca-Tal ist die beste Zeit die der Ginster- und Kastanienblüte (Mai–Juni). Dann führt uns die Wanderung durch ein einziges Blütenmeer. Die Eßkastanien haben grüngelbe, silbrig schillernde, aufrechtstehende Kätzchen. Wir gehen an einer großen Zahl alter Rustici vorbei, die, zum Teil noch im alten Zustand, aber häufig schon zu Ferienhäusern ausgebaut sind. Mitten durch das enge Val Capriasca, das von Bergen eingeschlossen ist, fließt der wilde Bergfluß Capriasca, der im talabschließenden Bergkessel Gola di Lago entspringt. Am Anfang dieses oberen Tales liegt der zentrale Ausgangsort Tesserete. Eine schmale Fahrstraße führt aufwärts bis zum Talsattel Gola di Lago.

Gola di Lago ist heute ein felsiger Paßübergang vom Val Capriasca ins Val di Vedeggio nach Isone. Schon zur Römerzeit soll hier eine Straße über Isone zur Magadino-Ebene geführt haben. Von dem einstigen Bergsee ist nur noch ein ausgedehnter Sumpfboden übriggeblieben. Das jetzige Gola di Lago liegt am damaligen südlichen See-Ende (Gola di Lago = See-Kehle).

Tesserete hat eine ursprünglich romanische Kirche, die im 15. Jahrhundert gotisch erneuert wurde. Nur der weit ins Land schauende, 50 Meter hohe Campanile von S. Stefano mit wohlklingendem Glockenspiel ist noch romanisch.

Einen Kilometer nordöstlich von Tesserete liegt Campestro mit einem äußerst romantischen alten Ortskern. Charakteristisch sind die vielen Treppen, granitbehauenen Brunnen und verwunschenen kleinen Plätze.

Nordwestlich liegt inmitten von Weinbergen, hoch über Tesserete, das Dorf Bigorio, das durch das Kloster S. Maria, das 1535 als erstes Kapuzinerkloster der Schweiz gegründet wurde, bekannt ist. Seine Lage, direkt unter dem Monte Bigorio (1188 m), ist einmalig schön und bietet eine prächtige Aussicht auf den Origlio-See, Tesserete, Sonvico, den Eingang ins Val Colla und den Zusammenfluß von Capriasca und Cassarate kurz vor Sonvico. Die Klosterkirche S. Maria Assunta, die im 18. Jahrhundert umgestaltet wurde, beherbergt noch ein Marienbild aus dem 16. Jahrhundert.

Der Wegverlauf

Ausgangspunkt für diese zauberhafte Tour ist *Gola di Lago* (972 m), das wir von Tesserete am besten mit dem PTT-Bus erreichen. Im obersten Bereich des Bergdorfes Gola di Lago beginnt in östlicher Richtung bergauf strebend unser Sentiero durchs Capriasca-Tal. Wir müssen zunächst auf einem Pfad etwa 60 Meter hinaufsteigen, um zu den »alten Häusern« von Zalto zu kommen. Unser gut markierter Wanderpfad (gelbe Rauten, Wegweiser oder Punkte) schlängelt sich zunächst über einen Graben und kommt dann direkt an den Häusern von *Zalto Vecchia* (1030 m) vorbei. Von da an geht's zunächst auf breiterem Bergweg wieder circa 65 Meter in Serpentinen hinab nach *Davra* (967 m). Kurz vor den wenigen Rustici von Davra überqueren wir den ersten romantischen Wildbach. Ein wenig bergauf, und die ersten Almen liegen vor uns. Von dieser Höhe erspähen wir manchmal tief unten den noch jungen Capriasca-Fluß, und links thront über uns der

Monte della Croce. Bald folgen weitere Wildbäche, die zum Teil auf großen Steinen überquert werden müssen. Die Hänge sind mit Ginsterstauden reich bewachsen, dazwischen immer wieder ein großes Farnfeld. Unser Bergpfad führt zum Teil über weiche Wiesenwege oder Waldboden, ist aber auch ab und zu von Steinen durchsetzt. Nach dem *Val Davra* kommen wir in etwa 15 Minuten nach *Pian Passamonte* (877 m). Hier gabelt sich unser Weg. Der obere führt nach Roveredo, wir nehmen den leicht abwärts führenden nach Carnago. Ein dritter Weg geht links steil aufwärts in 40 Minuten zur Alpe Davrosio (1241 m) und in einer Stunde 15 Minuten weiter zum Monte della Croce (1381 m) oder in 2 Stunden zum Monte Bar (1816 m). An dieser Stelle überschreiten wir den Wildbach *Riale di Frascalina*. Unser Waldpfad fällt von hier stetig abwärts durch überwiegend Kastanienwälder, die mit einigen Birken durchsetzt sind. Nach 10 Minuten kommen wir wieder über einen kleineren Wildbach und sind nun bald am tief eingeschnittenen *Val Polairolo*. Unser romantischer Hangwaldpfad fällt stetig leicht ab, bis wir nach einer weiteren Viertelstunde über das eindrucksvollste Tobel des *Val di Caslasco* kommen. Der Wald lichtet sich kurz danach, und vor uns liegen friedliche Almen, direkt unter dem Monte della Croce. Von hier führt der Weg hinab zu den wenigen Häusern von *Carnago*

Alte Rustici liegen am Wanderweg durchs östliche Val Capriasca.

(771 m). Dann geht's nochmals durch Wald in Serpentinen weiter abwärts und zuletzt über einen Treppenweg nach *Campestro* (613 m). Von hier bis zur Ortsmitte müssen wir mit einem Teersträßchen vorliebnehmen. In der Ortsmitte zeigt der gelbe Wegweiser unseres Sentiero plötzlich rechts durch die Häuser über Treppen, an Brunnen und romantischen Winkeln vorbei, hinab nach *Tesserete* (522 m).

Touristische Angaben

Talort: Tesserete (522 m).
Ausgangspunkt: Gola di Lago (972 m).
Anfahrt: Mit dem ARL-Bus Lugano – Tesserete, ab Busbahnhof an der Via S. Balestra in Lugano. Alternativ mit dem PKW nach Tesserete, Parkplätze am Ortsanfang. Von Tesserete Weiterfahrt mit dem PTT-Bus nach Gola di Lago.
Höhendifferenzen: Aufstieg: Gola di Lago– Zalto Vecchio 60 m.
Weglänge: Gesamtstrecke von Gola di Lago nach Tesserete 7,5 km; Gola di Lago–Davra 1,8 km; Davra–Val di Caslascio 2 km; Val di Caslascio–Tesserete 3,7 km.
Gehzeiten: Gesamtstrecke von Gola di Lago nach Tesserete 2 Std. 30 Min.; Gola di Lago (972 m) – Zalto Vecchio (1030 m) 30 Min. – Davra (967 m) 20 Min. – Pian Passamonte (877 m) 15 Min. – Val di Caslascio 35 Min. – Carnago (771 m) 25 Min. – Campestro (613 m) 15 Min.–Tesserete (522 m) 10 Min.
Wegverhältnisse: Schmale Wald- und Wiesenpfade, zum Teil steinig, über viele Wildbäche, die nicht immer Brücken haben, sondern Trittsteine zur Überquerung. Gute Bergschuhe mit Profilsohlen erforderlich!
Einkehrmöglichkeiten: In Gola di Lago zwei Ristorante und dann erst wieder in Tesserete mehrere Ristorante und Osterias.
Karten: Topografische Wanderkarte 1 : 25 000, Valli di Lugano, hrsg. vom Verkehrsverein der Region; Kompass-Wanderkarte 1 : 50 000, Blatt 91 Lago di Lugano.
Zusatzmöglichkeit: Bei der Abzweigung Pian Passamonte alternative Route eines höheren Weges über Caslascio (990 m), Lusciana (1000 m), Roveredo (727 m) und Campestro (613 m). Von Pian Passamonte nach Tesserete etwa 1½ Std.

8 Rundweg von Sonvico über S. Martino, Monte Roveraccio, Madonna d'Arla und Setalone nach Pönt

Herrlicher Höhenweg durchs Val Colla über dem Cassarate-Fluß mit Durchquerung des Val d'Usin, direkt unter den Denti della Vecchia

> *3¼stündiger Rundweg durchs Val Colla. Ständiger Begleiter unserer herrlichen Hochtalwanderung sind die gespenstisch neben uns stehenden, wildzerklüfteten »alten Zähne«. Ein altes Grotto, eine historische Marienkapelle, herrliche Kastanien- und Birkenwälder, Ginsterfelder und schöne Ausblicke lassen diese Tour zu einem echten Erlebnis werden. Gepflegte Wege wechseln mit der Durchquerung von Wiesenhängen und Wildbächen.*

Sonvico liegt am Eingang zum Val Colla südöstlich des Zusammenflusses von Cassarate und Capriasca. Der in Lugano einmündende Fluß Cassarate kommt aus dem obersten Val Colla, wo er entspringt. Der schöne Ort Sonvico war bereits von Etruskern und Römern besiedelt, im Mittelalter von einer Ringmauer umgeben und mit Wehr- und Wachttürmen befestigt. Im Mittelpunkt Sonvicos stand einst ein stolzes Schloß. Der alte Name Sonvicos, »summus vicus« (=oberstes Dorf), weist auf die lange Tradition und frühe Geschichte des Ortes hin. Im Dorfkern des oberen Ortsteils, in dem man sich in frühere Zeiten zurückversetzt fühlt, kommt die Schönheit alter Tessiner Dörfer noch voll zur Geltung. Trotzdem hat Sonvico heute zum Teil städtischen Charakter angenommen, der durch auffallend herrschaftliche Häuser geprägt wird. Die bereits 1375 erwähnte Pfarrkirche S. Giovanni Battista wurde 1407 neu erbaut und wird Kunstfreunde mit vier großen Tafelbildern an den Seitenwänden erfreuen, die Domenico Caresano 1614 schuf. Über Sonvico herrschte in früher Zeit das Kloster Carpoforo in Como, das nach einer Urkunde von 1043 hier umfangreiche Ländereien und viele Rechte

150 Meter über Sonvico steht das romanische Bergkirchlein S. Martino sul Colle mit freistehendem Campanile. Das Gotteshaus, das am Wanderweg durchs Val Colla liegt, ist eines der ältesten des Tessin.

besaß. Wenn man durch die engen Gassen mit kleinen Plätzen und alten Brunnen sowie Granitträgen nordöstlich aufwärts geht, kommt man an der Kapelle S. Maria di Loreto von 1636 vorbei. 150 Meter über Sonvico thront das romanische Bergkirchlein S. Martino sul colle, das wohl mit zu den ältesten Kirchen Tessins zählt. Dort können mittelalterliche Fresken und ein freistehender Campanile bewundert werden. Neben dem Seiteneingang erblicken wir das spätgotische Bild des heiligen Christophorus. S. Martino ist bereits 1146 erwähnt. Archäologen stellten erst kürzlich fest, daß etwa 750 eine Kirche aus Mauerwerk über einem noch älteren Holzhaus errichtet wurde. Dabei fanden sie auch einen Altar aus dem 5. oder 6. Jahrhundert. Mitten im Val Colla liegt der Wallfahrtsort Madonna d'Arla, der schon ins 15. Jahrhundert zurückdatiert. Das dortige Marienbild stammt aus dem Jahre 1519. Ganz in der Nähe finden wir eines der für das Tessin typischen Grotti. Bei den rund 150 Grotti, die man allein in diesem Kanton antreffen kann, handelt es sich um gemütliche Gartenlokale. Man sitzt im Freien unter alten Bäumen, an Steintischen, genießt traditionelle Hausmannskost und einheimische Weine, wie den herrlichen Tessiner Merlot, bei zuweilen musikalischer Unterhaltung. Unser Grotto, nahe der Wallfahrtskapelle, heißt Grotto d'Arla und liegt in einem Kastanienwald.

Hinter dem Setalone, einem größeren Hügel unter Cimadera, an Petrolzo vorbei, können wir im Gebiet Rosone, unmittelbar vor dem Val d'Usin, einige alte Rustici sehen, die heute zu komfortablen Ferienhäusern umgebaut sind. Leider fallen immer mehr dieser reizvoll in die Landschaft eingebetteten Rustici dem Expansionsdrang der Städter zum Opfer. Das Val d'Usin führt einen der vielen romantischen Wildbäche, der in diesem Fall aus dem Quellgebiet unter dem Passo Pairolo herabkommt. Äußerst beeindruckend sind bei dieser Wanderung im Val Colla die im Osten majestätisch aufragenden Denti della Vecchia, bei denen man wirklich den Eindruck eines stark ausgefransten Bergkammes hat, bei dem sich eine gewisse Ähnlichkeit mit alten Zähnen nicht abstreiten läßt.

Der Wegverlauf

Beginnen wir diese Wanderung bei der Pfarrkirche des heiligen Johannes in Sonvico. Von der *Busstation Sonvico*, die am Westrand des Ortes liegt, müssen wir auf der alten Dorfstraße hinüber zur *Pfarrkirche* gehen. Von dort steigen wir die engen Gassen, der gelben Markierung folgend, hinauf in den oberen Ortsteil von Sonvico. Wir kommen an interessanten alten Häusern und an der Kapelle S. Maria di Loreto vorbei. Auf der Kantonsstraße angekommen, gehen wir drüberhalb bei einer Mauer auf einer Treppe bergauf. Durch Mischwald steigen wir auf einem steinigen, von Wurzeln durchzogenen Pfad in Serpentinen aufwärts. Die Kantonsstraße wird noch zweimal überquert, bis wir nach etwa einer halben Stunde bei dem romanischen Bergkirchlein *S. Martino* (750 m) ankommen. Von dort geht's in nordöstlicher Richtung weiter hinauf zu einer Gruppe von Rustici, die teilweise zu Wohnhäusern umgebaut wurden. Über einen freien Wiesenhügel gelangen wir nach dem letzten alten Steinhaus auf einem Feldweg, vorbei an Birken, Ginster, Farnfeldern und Erika, bergauf in nochmals 35 Minuten zum *Monte Roveraccio* (904 m). Unter dem 1933 aufgestellten Gipfelkreuz befinden sich ausgedehnte Ginsterfelder. Von hier öffnet sich ein Fernblick hinab zur Bucht von Lugano und zum Monte S. Salvatore. Nun wird's gemütlicher, wir haben die großen Höhendifferenzen überwunden und sind auf einem weitgehend baumfreien Höhenrücken angelangt. Nach diesem schönen Aussichtsberg geht's mal auf, mal ab weiter zu den Gehöften von *Fié* (876 m). Rechter Hand haben wir die eindrucksvolle

Eine Holzbrücke im Val d'Usin hilft den Wildbach zu überqueren.

Bergkette Denti della Vecchia mit dem Sasso Grande (1491 m) ständig im Blickfeld; vor uns das weit höhere Bergmassiv des Gazzirola (2116 m), Monte Segor (2097 m) und Monte Stabbiello (2116 m). Am linken Berghang des Val Colla erstreckt sich ein ausgedehnter Birkenwald und am rechten ein ebenso umfangreicher Kastanienwald. Wir gehen auf dem nun links vom Höhenrücken abwärts führenden Feldweg weiter, der ab Fié in ein schmales Asphaltsträßchen mündet, das uns durch Kastanienwald in Serpentinen nach insgesamt 35 Minuten vom Monte Roveraccio hinab zur Kapelle *Madonna d'Arla* (828 m) bringt. In Arla haben wir Gelegenheit zu einer Rast im Grotto d'Arla. Dann steigen wir von Arla auf einem steinigen Pfad durch Buchenwald steil aufwärts und kommen bald auf den ebenen Hangwaldweg, der um den Setalone herumführt. Nach gut 20 Minuten sind wir in *Petrolzo* (920 m) bei der Weggabelung nach Cioascio, Denti della Vecchia und Pairolo. Unser Weg führt von dort bergab an einigen Ferienhäusern vorbei, dann links auf einem Feldweg aufwärts, bis wir nach wenigen Minuten wieder rechts auf einem Treppenpfad hinunter ins *Val d'Usin* (760 m) abzweigen müssen. Wir steigen bald links hinab zum Wildbach, der durch das Tal fließt, und überqueren ein Brücklein, nach dem wir drüben wieder bergauf zu einem Waldweg gehen, der hinab nach *Pönt* (680 m) führt. Von Petrolzo bis Pönt benötigen wir etwas mehr als 40 Minuten. Dann geht's auf einem mit Steinplatten gesäumten schmalen Pfad durch Wiesen hinab zum *Aquädukt Paradiso* und dann auf einem breiteren Weg hinauf zur Kantonsstraße, auf der wir das letzte Stück nach *Sonvico* (597 m) hinunterwandern.

Touristische Angaben

Talort: Sonvico (597 m).
Ausgangspunkt: Pfarrkirche des heiligen Johannes im oberen Ortsteil von Sonvico.
Anfahrt: Von Lugano mit dem ARL-Bus nach Sonvico: Abfahrt am Zentralen Busbahnhof, Via S. Balestra. Wahlweise mit dem PKW über Pregassona, Cadro nach Sonvico. Parkplätze am Ortsbeginn oder beim Postamt nahe der Pfarrkirche.

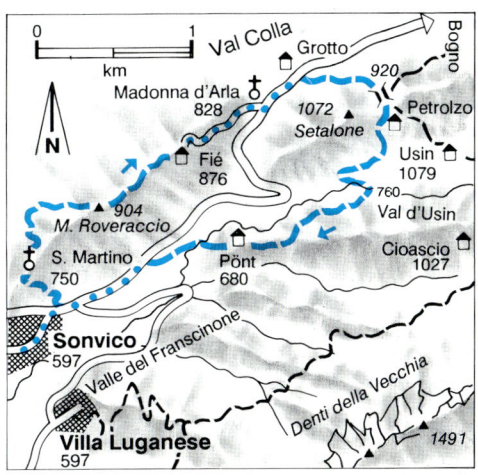

Höhendifferenzen: Aufstieg: Sonvico – S. Martino 153 m; S. Martino – M. Roveraccio 154 m; Madonna d'Arla – Petrolzo 92 m.
Weglänge: Gesamtstrecke 8 km; Sonvico – S. Martino 1,1 km; S. Martino – Madonna d'Arla 2,2 km; Arla – Petrolzo 0,9 km; Petrolzo – Pönt 2,3 km; Pönt – Sonvico 1,5 km.
Gehzeiten: Gesamtstrecke: 3 Std. 15 Min.; Sonvico (597 m) – S. Martino (750 m) 30 Min. – M. Roveraccio (904 m) 35 Min. – Fié (876 m) 25 Min. – Madonna d'Arla (828 m) 10 Min. – Petrolzo (920 m) 23 Min. – Val d'Usin (760 m) 15 Min. – Pönt (680 m) 27 Min. – Sonvico 30 Min.
Wegverhältnisse: Herrliche Höhen- und Waldwege, aber auch steile, zum Teil steinige Pfade. Die gesamte Tour ist mit gelben Rauten oder Punkten bzw. Sentiero-Wegweisern hervorragend und absolut verläßlich markiert. Normale Wanderausrüstung, festes Schuhwerk mit Profilsohle erforderlich.
Einkehrmöglichkeiten: Grotto d'Arla und Osterias in Sonvico.
Karten: Topografische Wanderkarte 1 : 25 000, Valli di Lugano, hrsg. vom Verkehrsverein der Region; Kompass-Wanderkarte 1 : 50 000, Blatt 91 Lago di Lugano.
Zusatzmöglichkeiten: a) Sonvico (597 m) – Villa Luganese (597 m) 20 Min. – Alpe Bolla (1129 m) 2 Std. 10 Min. – Cadro (475 m) 1 Std. 10 Min.
b) Sonvico (597 m) – Arla (828 m) 1 Std. 45 Min. – Cimadera (1087 m) 1 Std. – Certara (1003 m) 40 Min. – Bogno (961 m) 25 Min.

Auf der Rundwanderung durchs Val Colla hat man den zackigen Bergkamm der Denti della Vecchia ständig im Blickfeld.

c) Sonvico (597 m) – Pönt (680 m) 30 Min. – Cioascio (1027 m) 1 Std. – Capanna Pairolo SAT (1344 m) 1 Std. – Cioascio (1027 m) 40 Min. – Villa Luganese (597 m) 1 Std. 20 Min.

Malcantone

Malcantone, sonniges Bergland hinter dem Monte Lema, gegenüber den Luganeser Aussichtsgipfeln. Reizvolle, urwüchsige Dörfchen, vom obersten, Arosio, bis hinab nach Astano, reihen sich wie eine Perlenkette über dem Tal der Magliasina aneinander. Vor langer Zeit war das Malcantone Bergbauland. Wo die Magliasina zu Tal rauscht, wurden Erze (zum Teil Gold und Silber, aber auch Pyrit und Blei) gefunden, die in verschiedenen wassergetriebenen Schmieden (»magli«) weiterverarbeitet wurden. Die Gegend wurde deshalb »cantone dei magli« (Landschaft der Hammerschmiede) genannt, woraus sich der Name Malcantone ableitete. Die noch weitgehend ursprünglich erhalten gebliebene touristische Region Malcantone wird nordöstlich vom Val Vedeggio und südöst-

lich vom Val Tresa begrenzt. Im Westen erstrecken sich die Hanglagen dieses Gebietes bis hinauf zu einer Bergkette, die vom Monte Gradiccioli (1936 m) über den Monte Magno (1636 m), Pne. di Breno (1654 m), Monte Lema (1620 m), Moncucco (1518 m) bis hinab zum Monte Clivio (739 m) reicht. Das Malcantone ist also zwischen dieser Bergkette, dem Luganer See und den Flüssen Tresa und Vedeggio eingebettet.

Herrliches Buschbergland, voll von Eßkastanien, in den Lichtungen Weinberge, Obstgärten rund um die ursprünglich erhaltenen Dörfer und großer Kunstreichtum vervollständigen das Bild des schönen Malcantone. Die Südhänge des Monte Lema waren, wie Grabungsfunde belegen, schon in prähistorischer Vergangenheit von Ligurern, Kelten, Etruskern und Römern besiedelt. In früher Zeit mit Burgen bebaut (Stauferburg in Sessa) und im Mittelalter von Landvögten bevorzugt, auch von langen Kriegen zwischen Mailand und Como hart betroffen, ist das Malcantone ein sehr geschichtsträchtiges Gebiet. Altes Brauchtum und ursprünglich erhaltene Orte mit sehenswerten Palazzi, die nicht nur Landvögten, sondern auch anerkannten Künstlerfamilien gehörten, sind typisch für diese Region. Die berühmten Künstler Domenico Trezzini aus Astano, Luigi Rusca aus Mondonico bei Agno, Luigi Pelli aus Aranno und Francesco Boffa aus Arosio – um nur einige zu nennen – sind alle im Malcantone geboren.

Ein dichtes Netz von gut unterhaltenen schönen Wanderwegen und ein Waldlehrpfad in Cademario geben mannigfaltige Möglichkeiten, diese schöne Region kennenzulernen. Darunter sind so berühmte Wanderrouten wie die 11stündige Tour auf der Strada Verde oder der Wanderweg Sentiero Rosa. Von Miglieglia führt eine 2690 Meter lange Sesselbahn in 18 Minuten auf den Monte Lema. Von hier wird ein überwältigender Rundblick nicht nur auf das darunter liegende Malcantone und den Luganer See, sondern auch auf alle umliegenden Bergketten bis hin zu den Walliser, Berner und Bündner Alpen geboten. Die Aussicht vom Monte Lema braucht Vergleiche mit der Sicht vom berühmten Gipfel des Monte Generoso nicht zu scheuen.

Touristische Angaben

Anfahrt: Von Lugano Richtung Ponte Tresa zu den verschiedensten Ausgangspunkten im Malcantone. Aus dem Gambarogno oder vom Ostufer des Lago Maggiore kommend reist man am problemlosesten über Luino Richtung Ponte Tresa an. Ein gut ausgebautes Straßennetz bringt uns von den verschiedensten Orten im Tal der Tresa oder von der Strecke zwischen Ponte Tresa und Agno zu den wichtigsten Bergdörfern.

Parkmöglichkeiten: Gut parken kann man in Caslano, Magliaso und in allen Bergdörfern. Etwas eng ist es in Ponte Tresa, vor allem entlang des Sees.

Empfehlung: Von Magliaso kommend, vor dem Bahnhof von Ponte Tresa rechts bergauf Richtung Purasca fahren und gleich oberhalb des Ortes, bei der Pfarrkirche S. Bernardino oder beim Friedhof parken. Auf der anderen Seite der Tresa-Brücke befindet sich im italienischen Teil von Ponte Tresa rechts bei den Sportanlagen ein großer Parkplatz.

Verkehrssystem: In alle bedeutenden Berg-

Mit Granitplatten gedecktes und mit Geranien geschmücktes typisches Tessiner Rustico.

orte kann man mit PTT-Postbussen gelangen, die teilweise von Lugano, aber auch von Magliaso oder Agno abfahren. Eine regionale Schnellbahn (Ferrovia), die zwischen Lugano und Ponte Tresa im 20-Minuten-Takt verkehrt, ergänzt die Anreisemöglichkeiten ins Malcantone.

PTT-Postbuslinien (Autopostali) im Malcantone: Von Lugano, Via S. Balestra nach Miglieglia (zum Monte Lema), Aranno, Caslano, Ponte Tresa und Sessa.
Von Magliaso Stazione nach Novaggio und Astano.
Von Agno Stazione nach Neggio, Vernate, Iseo, Aranno und Cademario.
Fahrplan: Orario Autopostali Lugano e dintorni.

Schnellbahn (Ferrovia) ins Malcantone: Von Lugano, Piazzale Stazione nach Agno, Magliaso und Ponte Tresa.

Verkehrsbüro: Ente Turistico Malcantone, CH-6987 Caslano, Tel. 091/71 29 86.

9 Von Caslano zum Seeuferwaldweg zwischen Poncione und Piatta nach Torrazza, Cantonetto, Caslano und Magliaso

Umrundung der Halbinsel von Caslano auf bezaubernden Seeuferwegen im südöstlichsten Teil der Region Malcantone

> *Knapp 1½stündige Wanderung in der Region Malcantone um mehrere Buchten des Luganer Sees.*
> *Nahezu ebene, gepflegte Seeuferwege und teilweise Anliegersträßchen. Romantischer Waldweg, etwa 10 bis 15 Meter über dem See zwischen Poncione und Torrazza.*

Im südwestlichsten Teil des Luganer Sees schmiegt sich in die Buchten von Agno, Ponte Tresa und Caslano eine Halbinsel mit dem 523 m hohen Monte Sassalto und dem 509 m hohen Monte Caslano. Rund um die Halbinsel von Caslano führt direkt am See ein erholsamer Wanderweg. Man geht am besten vom Luftkurort Caslano aus südlich und gelangt bald an die See-Engstelle »Stretto di Lavena«, die die Buchten von Caslano und Ponte Tresa verbindet. Nur schmale Schiffe können diese Seestraße passieren, denn die maximale Breite – mit befahrbarer Tiefe – beträgt nur 10 Meter. Die Seeuferwanderung kann zu einer schönen Höhenwanderung um den Monte Caslano, mit herrlichen Ausblicken auf die rundum liegenden Buchten und Hanglagen des Arbòstora im Osten und des Malcantone im Westen, ausgedehnt werden.

Caslano, ein ehemaliges Fischerdorf mit gut erhaltenem altem Ortskern und hübscher Uferpromenade ist heute zum Luftkurort und zum Hauptort der touristischen Region Malcantone avanciert. Sehenswert sind in dem gern besuchten Ort die Pfarrkirche S. Maria delle Grazie mit alten gotischen Fresken und die Kunstgalerie Castellania im Dorfzentrum. An der Uferpromenade von Caslano gibt es eine Schiffsanlegestelle, die mehrmals täglich, von Morcote oder Ponte Tresa aus, angelaufen wird.

Zwischen den Buchten von Caslano und Agno mündet die vom Malcantone herabkommende Magliasina in den See. Dort kommen wir an einer sehr gepflegten 18-Loch-Golfanlage vorbei, die sich von Magliaso Stazione bis hinüber nach Caslano erstreckt.

Palmen und Glyzinien am gepflegten Seeuferweg in der Bucht von Caslano.

Magliaso, bereits 712 als »Maliace« erwähnt, hatte vor allem im Mittelalter große Bedeutung. Oberhalb des Ortes befand sich eine Burg, die im 11. Jahrhundert erbaut wurde. Im Jahre 1116 ist der hier ansässige Bischof Landolfo von Como meuchlings ermordet worden. Diese Tat löste einen schrecklichen Krieg zwischen Como und Mailand aus, der fast ein Jahrzehnt wütete und mit einem Sieg der Mailänder zu Ende ging. Der Urner Konrad von Beroldingen war seit 1667 einer der letzten Besitzer der Burg von Magliaso, von der heute nur noch interessante Ruinen und ein stark im Zerfall befindlicher Turm mit romanischen Malereien übriggeblieben sind. Die vom damaligen Burgherrn gestiftete Pfarrkirche SS. Biagio e Macario wurde im 17. Jahrhundert an der Stelle errichtet, wo die einstige Burgkapelle stand. In der Kirche werden die Reliquien des heiligen Makarios (Macario) aufbewahrt, die 1687 von Rom hierher überführt wurden.

Der Wegverlauf

Von *Caslano, Schiffsanlegestelle* (272 m), an der kaum befahrenen Seeuferstraße *Via Meriggi*, vorbei an schönen Villen, gelangen wir in 3 Minuten nach *Fornaci* (275 m). Bis zum Ende der Seestraße in *Poncione* (283 m) sind es nochmals 10 Minuten; sie mündet in einen wunderschönen Waldweg, der mit einer in den Fels gehauenen Treppe beginnt und dann etwa 10 bis 15 Meter über dem Luganer

See eben entlangläuft. Er führt durch Kastanien-, Hainbuchen- und zum Teil Pinienwälder. Rechts von uns erhebt sich die steile Felswand des Monte Sassalto. Gegenüber liegt das italienische Ufer des Luganer Sees. Nach einer Viertelstunde endet der schöne Waldweg, und wir kommen nach *Piatta* zur engsten Stelle zwischen der Küste Italiens und des Tessin, der Stretto di Lavena, die zur Bucht von Ponte Tresa hinüberführt.

Wir wandern von hier auf dem schmalen Teersträßchen in 5 Minuten weiter nach *Torrazza* (272 m). Dort lädt die Waldwirtschaft Pescatore mit großer Seeterrasse – direkt gegenüber von Ponte Tresa – zur Rast ein. Nach 10 Minuten bringt uns die verkehrsarme Seestraße zum Yachthafen von *Schivanoia* (275 m). Bald taucht *Cantonetto* (257 m) vor uns auf. Bei einer Weggabelung halten wir uns rechts, leicht bergauf, und sind schon bald am *Hotel Gardenia* und dem *Grotto Valle*. Nun haben wir nur mehr knappe 10 Minuten, bis wir in *Caslano* sind. Wir gehen durch den alten Ortskern, in engen Gäßchen, wieder hinunter zur Bucht von Caslano. Von hier wandern wir in nördlicher Richtung am

Von einem Gartenlokal an der Südwestbucht des Luganer Sees hat man diesen schönen Blick auf Ponte Tresa.

See entlang, bis wir nach gut 10 Minuten zu einer Brücke kommen, die über das vom Malcantone herabkommende Flüßchen *Magliasina* führt, das hier in den See mündet. Nach der Brücke gehen wir noch wenige Minuten in gleicher Richtung weiter, bis unser Weg links, Richtung Magliaso, abbiegt. Von hier sind wir in einer Viertelstunde an der *S-Bahn-Station Magliaso* (290 m).

Touristische Angaben

Talorte: Caslano (275 m), Magliaso (290 m).
Ausgangspunkt: Caslano, Schiffsanlegestelle (272 m).
Anfahrt: Von Lugano mit der Ferrovia nach Ponte Tresa und von dort mit dem Schiff nach Caslano. Alternativ mit dem Schiff von Lugano über Morcote nach Caslano. Bei Anreise mit dem PKW von Lugano Richtung Ponte Tresa, kurz nach Magliaso links nach Caslano abbiegen.
Weglänge: Gesamtstrecke rund um die Halbinsel von Caslano und nach Magliaso Stazione 7 km (ohne Ortsrundgang in Caslano); Caslano, Schiffsanlegestelle—Poncione 1,1 km; Poncione—Torrazza 1,9 km; Torrazza—Cantonetto 1,1 km; Cantonetto—Caslano 0,9 km; Caslano—Magliaso Stazione 2 km.
Gehzeiten: Gesamtstrecke des Rundganges um die Halbinsel von Caslano und zur Ferrovia nach Magliaso 1 Std. 25 Min.; Caslano, Schiffsanlegestelle (272 m) – Fornaci (275 m) 3 Min. – Poncione (283 m) 10 Min – Piatta (275 m) 13 Min. – Torrazza (272 m) 10 Min. – Schivanoia (275 m) 7 Min. – Cantonetto (275 m) 8 Min. – Caslano (275 m) 9 Min. – Magliasina-Delta (277 m) 11 Min. – Magliaso Stazione (290 m) 14 Min.
Wegverhältnisse: Sehr gepflegte, markierte Uferwege, teilweise schmale, wenig befahrene Ufersträßchen, keinerlei Steigungen.
Einkehrmöglichkeiten: Grotto Pescatore und mehrere Ristorante in Torrazza, verschiedene Gaststätten in Caslano und Magliaso.
Karten: Topografische Wanderkarte 1 : 25 000, Malcantone, hrsg. vom Verkehrsverein der Region.
Zusatzmöglichkeit: In Fornaci zweigt rechts ein Weg zum Monte Caslano ab, für den man etwa 1 Std. und 15 Min. einkalkulieren sollte.

10 Im südwestlichen Malcantone von Astano über Sessa hinab nach Bárico und Purasca, hoch über dem Tal der Tresa

Reizvolle Wanderung an den Berghängen von Astano durch die Schlucht von Lisora und über das Tobel des Romanino, vorbei an schönen Tessiner Bergdörfern

In knappen 3 Stunden über bewaldete Höhen, durch Täler und über Flüßchen zu großartigen alten Orten im Malcantone. Auf sehr schönen Waldwegen, über Treppchen geht's ständig talwärts; kleine Anstiege sind die Ausnahme. Zum Ausklang ein Stück herrliche, wenig befahrene Höhenstraße über dem Tresa-Tal.

Bei dieser Wanderung lernen wir das südliche Gebiet des noch weitgehend ursprünglich erhalten gebliebenen Malcantone mit seinen herrlichen alten Dörfern kennen. Das Wandern wird bei den gut markierten und ausgebauten Wanderwegen dieser Region zum wahren Vergnügen.
Astano, der südwestlichste Ort im Malcantone, liegt schon sehr nahe an der italienischen Grenze. Die schönen alten Häuser aus dem 16. und 17. Jahrhundert – Casa Morandi, Cà da Roma und Casa Trezzini – sowie die Barockkirche S. Pietro, die schmalen Gäßchen und die vielen Brunnen führen dem Besucher noch sehr anschaulich den typischen Charakter wohlhabender Tessiner Bergdörfer vor Augen. Die Chiesa S. Pietro thront hoch über dem Ort, wurde 1636 errichtet und im 18. Jahrhundert umgebaut; ein beachtenswerter Kreuzgang mit sehr alten Fresken, der rund um die Pfarrkirche führt, gehört ebenfalls zu den Tessiner Besonderheiten. In Astano gibt es noch ein zweites Kirchlein, das aber wesentlich älter ist, S. Antonio Abate, bei dem sich 1272 bis 1499 ein Humiliatenkloster befand. Im Gebiet zwischen La Costa und Astano wurden ab 1850/60 einige Jahrzehnte goldhaltige Minerale geschürft und in einer

Schmelzerei in Resiga di Monteggio veredelt. Die Goldgewinnung wurde bald wieder aufgegeben, denn sie war nicht sehr ertragreich. Westlich vom Ortskern liegt ein idyllischer Laghetto (kleiner See). Wie so mancher andere Ort im Tessin hat auch Astano einen großen Baumeister hervorgebracht: Domenico Andrea Trezzini (1670–1734), der unter dem Zaren Peter dem Großen an der Erbauung der Petersburg in St. Petersburg wesentlichen Anteil hatte.

Das Ortsbild von Sessa gilt als eines der schönsten des ganzen Tessin. Sessa war einst Sitz eidgenössischer Landvögte und zu dieser Zeit Hauptort des Malcantone. Eine 1240 erwähnte Stauferburg ist inzwischen völlig verschwunden. Am Ortseingang steht die Pfarrkirche S. Martino, die 1609 bis 1630 neu erbaut wurde und einen prunkvollen geschnitzten Hochaltar mit sehenswertem Tabernakelüberbau von 1662 hat. Die Casa dei Landvogti an der Piazza superiore mit einem

Alter Bildstock in Sessa, an dem die Wanderung durchs südwestliche Malcantone vorbeiführt.

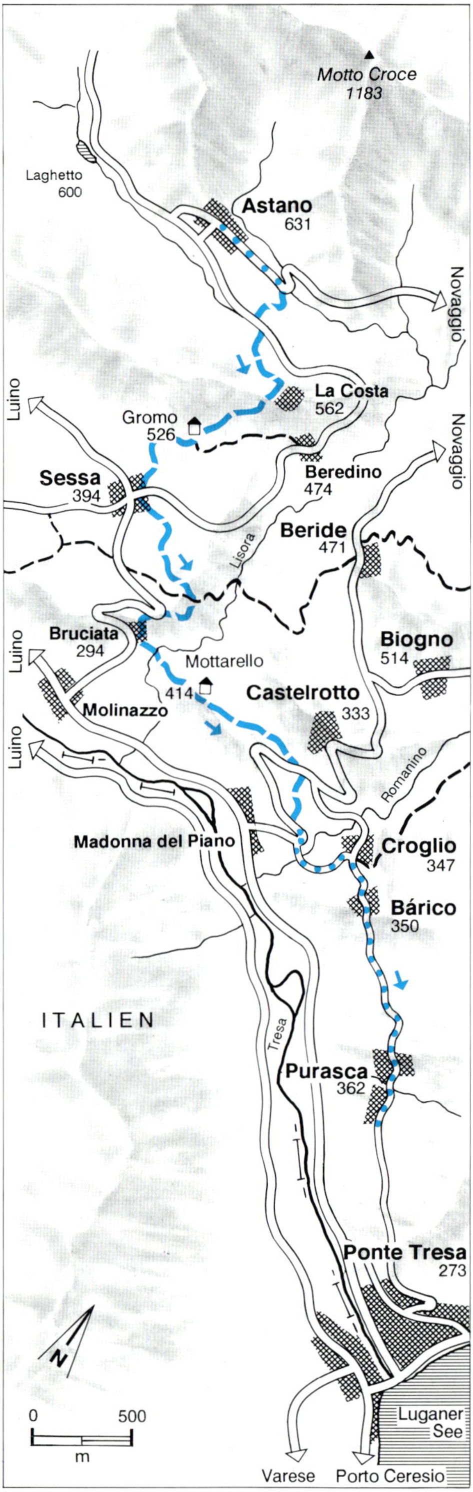

Motto Croce
1183

Laghetto
600

Astano
631

Novaggio

La Costa
562

Novaggio

Luino

Gromo
526

Sessa
394

Beredino
474

Licora

Beride
471

Bruciata
294

Mottarello
414

Biogno
514

Luino

Molinazzo

Castelrotto
333

Luino

Romanino

Madonna del Piano

Croglio
347

Bárico
350

ITALIEN

Tresa

Purasca
362

Ponte Tresa
273

0   500

m

Luganer See

Varese   Porto Ceresio

Madonnenfresko an der Fassade und einer Geißelungsszene auf der Galerie und andere schöne freskengeschmückte Palazzi sowie das romanische Pfrundhaus beweisen den Reichtum und die Bedeutung von Sessa in früherer Zeit. Die Hauptzeit der Langvögte fällt wohl ins 15. und 16. Jahrhundert, was auch die Inschrift eines Urner Wappens »Azarius Püntiner, 1577« beweist; er war 1564 bis 1565 Landvogt in Lugano. Im Innenhof eines Wohnhauses mit der Aufschrift »Al Torc« steht noch eine alte Weinpresse (Torkel), die möglicherweise aus dem 15. Jahrhundert stammt. Sessa, mit vielen schmalen und steilen Gäßchen, hat auch noch eine zweite Kirche, S. Orsola, von 1601, mit einem interessanten Renaissance-Stuckaltar und einem guten Altarbild der heiligen Ursula und der 11 000 Jungfrauen.

Castelrotto, ein reizvoll gelegenes, sonniges Dorf, wird von der Pfarrkirche S. Nazzareno beherrscht. Das barocke Gotteshaus wurde 1635 bis 1670 anstelle einer 1116 von den Mailändern zerstörten Burg erbaut. Unweit davon liegt, hoch über dem Tal der Tresa, der alte Ort Croglio mit der Kirche SS. Nazzario e Celbo mit gut erhaltenen Fresken von 1440. In Purasca finden Tierfreunde einen kleinen Zoo.

Der Wegverlauf

Von der Post in *Astano* (631 m) gehen wir durch das großartige alte Bergdorf zur Pfarrkirche. Nach einem Rundgang um die Kirche mit den herrlichen Kreuzwegstationen beginnen wir diese sehr schöne Talwanderung. Wir laufen zunächst auf der Kantonsstraße, an der Kirche vorbei, einige Minuten abwärts, bis wir in der ersten Linkskehre in den *Sentiero* rechts abzweigen. Auf schmalen weichen Waldpfaden geht's über der Schlucht von Lisora in Serpentinen in einer knappen Viertelstunde hinab nach *La Costa* (562 m). Wir wandern durch Kastanienwälder, ab und zu an einem großen Lorbeerbaum vorbei, weiter hinab nach *Gromo* (526 m). In Gromo gehen wir in südlicher Richtung bis zum Ortsende und dort wieder links weiter hinab auf schmalen Wegen nach *Sessa* (394 m), das wir von Astano in etwa 50 Minuten erreichen. Beim Anmarsch auf das

In vielen Tessiner Orten findet man noch schöne alte Granitbrunnen, wie hier in Astano.

stattliche Bergdorf fallen uns die schönen Kirchtürme von S. Martino und S. Orsola auf. Hier laden einige Osterias und das Ristorante della Pace zur Rast und Stärkung ein. Von Sessa führen Sentiero-Wegweiser abwärts nach *Bruciata* (294 m). Spätestens bei der kleinen Dorfkirche zweigen wir links in östlicher Richtung ab zur *Schlucht von Lisora*. Wir steigen hinab zum wilden Gebirgsfluß, überqueren ihn auf einem Brücklein und gehen drüberhalb einen schmalen Hangweg wieder etwa 50 Meter hinauf nach *Mottarello* (414 m). Oben nimmt uns ein breiter Waldweg auf, der rechts, nun nahezu eben, in einer Viertelstunde zu den Hangvillen führt. Wir steigen nicht hinauf nach Castelrotto, sondern wandern von hier auf der wenig befahrenen schmalen Straße abwärts. Nach 10 Minuten kommen wir zu einer Brücke, die uns über das wilde Tobel des Gebirgsflusses *Romanino* bringt. Drüben leicht aufwärts, und wir sind in wenigen Minuten in den reizenden Bergdörfern *Croglio* (347 m) und *Bárico* (350 m). Von Bárico gehen wir auf einer großartigen Höhenstraße mit Ausblicken auf das Tal der Tresa und die gegenüberliegenden italienischen Dörfer in nochmals einer Viertelstunde hinab nach *Purasca* (362 m). Ab Purasca Posta bringt uns der PTT-Bus zurück nach Lugano. Wer die Wanderung noch um 1,5 Kilometer ausdehnen will, kann weiter hinab nach *Ponte Tresa* (273 m) wandern, von wo ihn die Ferrovia (S-Bahn) im 20-Minuten-Takt zurück nach Lugano bringt.

Touristische Angaben

Talort: Purasca (362 m).
Ausgangspunkt: Astano (631 m).
Anfahrt: Ab Lugano, Via S. Balestra mit dem PTT-Bus Lugano–Astano.
Rückfahrt: Von Purasca Posta mit dem PTT-Bus nach Lugano. Alternativ von Ponte Tresa mit der Ferrovia nach Lugano.
Höhendifferenzen: Abstieg: Astano–Sessa 237 m.
Weglänge: Gesamtstrecke von Astano nach Purasca 7,5 km; Astano–Sessa 2,4 km; Sessa–Castelrotto di sopra 2,4 km; Castelrotto di sopra–Purasca 2,7 km.
Gehzeiten: Gesamtstrecke von Astano nach Purasca 2 Std. 50 Min.; Astano (631 m) – La Costa (562 m) 20 Min. – Gromo di Sessa (526 m) 10 Min. – Sessa (394 m) 20 Min. – Bruciata (294 m) 30 Min. – Mottarello (414 m) 35 Min. – Castelrotto di sopra (333 m) 15 Min. – Croglio (347 m) 10 Min. – Bárico (350 m) 15 Min. – Purasca Posta (362 m) 15 Min.
Wegverhältnisse: Schmale Waldpfade und sehr gut angelegte, gepflegte und markierte Wanderwege.
Einkehrmöglichkeiten: Grotti und das Ristorante della Pace in Sessa.
Karten: Topografische Wanderkarte 1 : 25 000, Malcantone, hrsg. vom Verkehrsverein der Region.
Zusatzmöglichkeit: Abwechslungsreiche Wanderung vom Westen des Malcantone von Astano in 3 Std. 50 Min. hinab nach Bioggio im Osten. Astano (631 m) – Paz (736 m) 45 Min. – Miglieglia (706 m) 35 Min. – Aranno (707 m) 40 Min. – Lisone (808 m) 40 Min. – Cademario (739 m) 10 Min. – Bioggio Stazione (292 m) 1 Std. In Bioggio Bus- und Bahnanschluß.

11 Im Malcantone von Arosio über S. Bernardo und S. Maria d'Iseo nach Magliaso

Vom höchsten Malcantoneser Dorf durch eine prächtige Moorlandschaft auf aussichtsreichen Höhenwegen über dem Val Magliasina hinab zum Luganer See

> *Gehzeit: 3 Stunden und 40 Minuten.*
> *Herrliche Talwanderung gegenüber der Bergkette des Monte Lema.*
> *Weiche Waldwege auf einem Höhenrükken, die überwiegend eben und leicht bergab verlaufen; einige Steigungen sind die Ausnahme. Kunst am Wege wird in Arosio, in Vernate, Neggio und Magliaso geboten. Botanisch interessantes Gebiet.*

Dort, wo die wilde Magliasina von den Hängen des Monte Gradiccioli und des Monte Magno herabkommt, liegt Arosio. Es ist das höchstgelegene Bergdorf im Malcantone, das auf mehreren Ebenen bewohnt wird. Vom oberen Dorfkern Arosio di sopra (859 m) mit der Pfarrkirche S. Michele zieht sich der romantische alte Ort bis hinunter zum unteren Siedlungsgebiet Arosio di sotto (817 m). Schon in der Römerzeit soll eine Straße von Ponte Tresa über Novaggio nach Arosio heraufgeführt haben, die bis zum Monte Ceneri weiterging. Zahlreiche Funde aus der Frühzeit, darunter viele römische Münzen, lassen darauf schließen, daß dieses Gebiet altes Siedlungsland ist. Offiziell erwähnt ist Arosio erstmals 1180. Die schöne Rechteckkirche S. Michele ist 1217 erbaut und zwischen 1640 und 1647 barockisiert worden; dabei erhielt sie wohl ein höheres Dach und eine vierjochige Arkadenvorhalle. Von besonderem künstlerischen Wert sind die Fresken von Antonio da Tradate (1508), die wieder freigelegt wurden; darunter ist eine sehr seltene Darstellung des Abendmahles am runden Tisch. Aus Arosio stammt der Architekt und Baumeister Francesco Boffa, der zu Beginn des 19. Jahrhunderts die wichtigsten Bauwerke von Odessa errichtete. Beim Dorf-

Durch herrliche Kastanienwälder führt dieser Wanderweg im Malcantone von Arosio über S. Bernardo hinab nach Magliaso.

rundgang sind sehr schöne alte Granitbrunnen mit Resten von Wandmalereien neben ursprünglich erhaltenen Tessiner Häusern aus dem 17./18. Jahrhundert zu bestaunen.

Nur wenige Kilometer nördlich von Arosio entspringen an den Berghängen des Monte Gradiccioli im Gebiet der Cortaccia in etwa 1500 Meter Höhe sechs Wildbäche, die sich mit weiteren sechs Zuflüssen aus dem Val Agario unter dem Monte Magno zur Magliasina vereinigen.

Von Arosio führen schöne Wanderrouten in die verschiedensten Gebiete des Malcantone. Es ist auch Ausgangspunkt der 11stündigen Rundtour »Strada Verde«, die man am besten auf zwei Tage verteilt.

Unsere abwechslungsreiche Talwanderung ist auch botanisch sehr interessant. Über den Philosophenweg kommen wir zuerst durch ein Hochmoor, dann über den Höhenrücken der Alpe di Agra, der parallel zum Gebirgs-

zug des Monte Lema über dem Tal der Magliasina liegt. Zwei Bergkirchen sorgen für Kunstgenuß: die Kapelle des hl. Bernhard von Clairvaux aus dem 16./17. Jahrhundert und die ursprünglich gotische und im 17./18. Jahrhundert umgestaltete Kirche S. Maria d'Iseo in beherrschender Aussichtslage.

Hoch über Agno kommen wir durch Neggio, ein Haufendorf mit gut erhaltenem geschlossenem Ortsbild. 1507 wird Neggio als Kaplanei erwähnt, die damals noch zu Agno gehörte; erst 1611 wurde es selbständige Kirchengemeinde. Eingezwängt zwischen alten Häusern steht die Pfarrkirche S. Maria Annunciata, die 1620 erbaut und im 18. Jahrhundert barockisiert wurde. Besonders beeindruckend ist die Hochlage von Neggio, das gleich einer Sonnenterrasse hoch über dem Golf von Agno liegt und einen traumhaften Ausblick auf die herrliche Seenlandschaft gewährt.

Der Wegverlauf

Vom Postamt *Arosio di sopra* (859 m), gegenüber der Pfarrkirche S. Michele, begeben wir
uns zunächst hinunter zum alten Ortskern
Arosio di sotto (817 m). Bei den Häusern mit
dem schönen antiken Brunnen und dem Marienfresko gehen wir bei der *Osteria alla
Campagna* rechts auf einem schmalen Teersträßchen Richtung Campo sportivo einige
Minuten weiter. Der Blick zurück zeigt uns
nochmals die Schönheit des geschlossenen
Ortsbildes von Arosio. Nach etwa 8 Minuten
beginnt der *Sentiero dei filosofi*. Der Philosophenweg ist anfangs ein breiter Waldweg,
der aber bald zum schmalen Pfad wird. Er
führt durch ein Hochmoor mit Eichen-, Hain-
buchen- und vor allem Birkenwäldern, ab
und zu über Runsen mit Wildbächen, vorbei
an alten Rustici, fast eben, später leicht abwärts. Der Höhenweg im Gebiet der Alpe di
Agra liegt über dem Tal der Magliasina und
gewährt ständig schöne Ausblicke auf die
Dörfer Mugena, Vezio, Fescoggia, hinter denen majestätisch die Bergkette des Poncione
di Breno (1654 m) und des Monte Lema
(1620 m) steht. Nach einer guten halben
Stunde gelangen wir zum ersten großen
Kreuzungspunkt *Costa della Viscarda*
(840 m), von wo der Sentiero rosa in 20 Minuten zur Alpe Agra (946 m) hinaufführt. Wir
nehmen aber den nun breiter gewordenen
Waldweg, der ständig leicht bergab geht und
nach einer Viertelstunde in *Lisone* (808 m)
bei den Sportanlagen endet. Daran vorbei,
sind wir in wenigen Minuten am *Grotto Cacciatore*, wo uns im Bedarfsfall eine gute Küche und angenehmer Service erwartet.
Wir überqueren die Straße, gehen über den
dortigen Parkplatz und biegen gleich danach
südöstlich in den *Sentiero S. Bernardo* ein.
Ein weicher Waldweg durch Kastanien- und
Hainbuchenwälder bringt uns, stetig leicht
ansteigend, in einer Viertelstunde nach *Sotto
S. Bernardo* (848 m) und im letzten Stück
über einen Treppenpfad mit Steinstufen in
nochmals 5 Minuten steil bergauf zum *Kirchlein S. Bernardo* (898 m). Von hier können
wir in nordöstlicher Richtung auf die Bucht
von Lugano mit dem Monte Brè blicken und
gegenüber auf den Monte Lema, der den Hö-
henabschluß des Malcantone bildet. Links

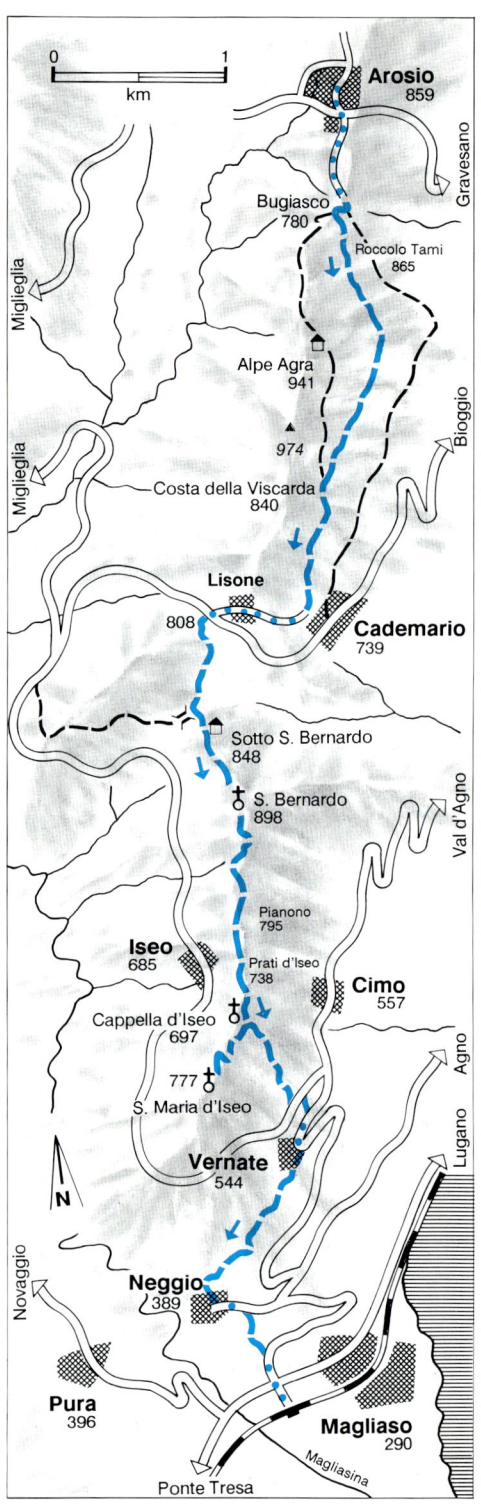

davon sehen wir in der Ferne das ewig weiße Bergmassiv des Monte Rosa. Leider verdeckt die herrliche Aussicht von hier oben immer mehr der zunehmende Baumwuchs.

Von S. Bernardo windet sich unser schmaler Waldweg nun steil und rasch in Serpentinen abwärts. Über *Pianone* (795 m) und *Prati d'Iseo* (738 m), vorbei an der großen Schießstätte, geht's in einer halben Stunde hinab zur *Capella d'Iseo* (697 m) in der großen Lichtung von Canavee. Zur Bergkirche *S. Maria d'Iseo* mit Pfarrhaus (777 m) auf dem bewaldeten Hügel haben wir in etwa 10 Minuten 80 Höhenmeter hinaufzusteigen, von wo wir ebenso eine bemerkenswerte Aussicht haben. Um hinab nach Vernate zu gelangen, müssen wir zunächst den gleichen Weg bis zur *Capella d'Iseo* zurückgehen. Kurz vor der Kapelle zweigt rechts ein Waldweg ab, der zuerst in mäßigem Gefälle abwärts führt. Auf keinen Fall sollte die direkt bei der Capella steil abfallende Teerstraße genommen werden. Nach gut 20 Minuten sind wir an den Nachrichtenempfangs- und Sendestationen von Vernate: darunter liegt ein Fußballplatz. Wir gehen den betonierten Weg hinab zur Kantonsstraße und zweigen kurz vor dem Ortsbeginn von Vernate rechts ab in einen steilen Treppenpfad, der hinunter zum Ortskern von *Vernate* (544 m) führt. Dort folgen wir dem schmalen Sträßchen, das in südwestlicher Richtung talwärts geht, bis in einer Linkskurve unser Sentiero wieder rechts abbiegt. Wir folgen dem Wegweiser nach Neggio und kommen zunächst auf ein leicht abwärts strebendes Weglein, das bald zu einem Waldpfad wird, der uns wiederum ein Stück bergauf und dann wieder steil bergab nach *Neggio* (389 m) bringt. Der Weg endet an einer Gärtnerei, hoch über dem Dorf, von wo wir auf einem Treppen-/Fahrweg steil hinabsteigen. Wir haben den Campanile der Kirche von Neggio immer vor uns und genießen die herrliche Sicht auf die Buchten von Agno und Caslano. Durch den schönen Ortskern des alten Dorfes Neggio gehen wir hinab bis zur *Casa del Sole*, wo wir an der Biegung die Abkürzung nach Molini wählen, die uns zur Siedlung *Magliasina* hinunterführt. Von dort müssen wir noch etwa einen halben Kilometer auf der Kantonsstraße abwärts nach *Magliaso Stazione* (290 m) gehen.

Touristische Angaben

Talort: Magliaso (290 m).

Ausgangspunkt: Arosio (859 m).

Anfahrt: Von Lugano oder Ponte Tresa mit der Ferrovia (S-Bahn) nach Magliaso. Alternativ mit dem PKW bis Magliaso Stazione; Parkplätze am Bahnhof. Von Magliaso Stazione mit dem PTT-Bus nach Arosio (Fahrplan Autopostali Lugano).

Höhendifferenzen: Aufstieg: Lisone–S. Bernardo 90 m; Capella d'Iseo–S. Maria d'Iseo 80 m; Abstieg: S. Maria d'Iseo–Magliaso 487 m.

Weglänge: Gesamtstrecke von Arosio nach Magliaso 11,5 km; Arosio–Lisone 4,4 km; Lisone–S. Maria d'Iseo 3,4 km; S. Maria d'Iseo–Magliaso 3,7 km.

Gehzeiten: Gesamtstrecke von Arosio nach Magliaso 3 Std. 40 Min.; Arosio (859 m) – Beginn Sentiero dei filosofi 18 Min. – Bugiasco (780 m) 6 Min. – Roccolo Tami (865 m) 14 Min. – Costa della Viscarda (840 m) 15 Min. – Lisone, Ende des Philosophenweges (808 m) 15 Min. – Sotto S. Bernardo (848 m) 15 Min. – S. Bernardo (898 m) 5 Min. – Pianono (795 m) 11 Min. – Prati d'Iseo (738 m) 15 Min. – Capella d'Iseo (697 m) 6 Min. – S. Maria d'Iseo (777 m) 10 Min. – Vernate (544 m) 25 Min. – Neggio (389 m) 45 Min. – Magliaso (290 m) 20 Min.

Wegverhältnisse: Äußerst gepflegte weiche Waldwege. Lediglich zwischen Vernate und Neggio schmale Hangwaldpfade. Von Neggio das letzte Stück nach Magliaso wenig befahrenes Bergsträßchen.

Einkehrmöglichkeiten: Grotti in Arosio, Grotto Cacciatore in Lisone, Ristorante in Neggio und Magliaso.

Karten: Topografische Wanderkarte 1 : 25 000, Malcantone, hrsg. vom Verkehrsverein der Region.

Zusatzmöglichkeit: »Strada Verde« von Arosio (859 m) am ersten Tag über Lisone (808 m), Forcora (852 m), Aranno (707 m), Miglieglia (706 m), Novaggio (638 m), Bedigliora (617 m) und Beride (470 m) in 5½ Std. nach Sessa (394 m). Zweiter Tag der »Strada Verde« von Sessa über Astano (631 m), Alpe di Paz (736 m), Miglieglia (706 m), Piano di Nadro (788 m), Vezio (782 m) und Mugena (810 m) in 5½ Std. zurück nach Arosio.

Lichterfülltes und heiteres Mendrisiotto und Basso Ceresio

Das Mendrisiotto ist der südlichste der acht Verwaltungsbezirke des Schweizer Kantons Tessin. Als lichterfüllt und heiter gilt diese Region wegen ihrer hohen Sonnenintensität, der Freundlichkeit ihrer Bewohner und der Schönheit der historischen Baudenkmäler.

Mendrisio, am Auslauf des Generoso-Massivs, ist Mittelpunkt des Mendrisiotto, dessen Bezirkshauptstadt und namengebend für diese Region. Das Mendrisiotto ist zwischen dem Val di Muggio und der Campagna Adorna, dem Eschenland, eingebettet. Südöstlich davon beginnt im grenznahen Bereich die Faloppia-Ebene, die sich weit ins lombardische Land hineinzieht. Im Norden wird das Mendrisiotto vom südöstlichen Ausläufer des Luganer Sees begrenzt. Das Land um diese Südbucht, das sich an der Ostseite zwischen dem Damm von Melide und dem Monte Generoso nach Süden erstreckt und an der Westseite den Monte S. Giorgio mit seinen Hanglagen umfaßt, wird Basso Ceresio genannt. Das südliche Ende des Mendrisiotto mit sanften Hügeln läßt schon die Nähe der lombardischen Tiefebene erahnen. In den Hanglagen oberhalb der Faloppia erwarten uns schöne Kastanien- und Eichenwälder sowie alte Dörfer, in denen immer noch Wein angebaut wird. Die weiche Hügellandschaft mit einer alles übertreffenden Fruchtbarkeit und Vegetation bietet eine solche Fülle an Formen und Farben, die den Naturliebhaber in Erstaunen versetzt.

Es waren die eiszeitlichen Tessin- und Adda-Gletscher, die das fruchtbare Hügelland dieser Region schufen. Die Landschaft ist von vielen Wasserläufen durchzogen und vorwiegend mit Eichen- und Kastanienwäldern bewachsen. Neben saftigen Wiesen wurden Weinberge, Gemüse- und Tabakplantagen kultiviert. Der Tabakanbau geht bereits bis auf das Jahr 1680 zurück. In Chiasso wurde 1843 die erste Tabakwarenfabrik errichtet. Zu dieser Zeit gab es im Mendrisiotto eine umfangreiche Seidenraupenzucht mit 15 Seidenspinnereien. Daraus entwickelte sich im 19. Jahrhundert eine ausgedehnte Seidenindustrie, die heute allerdings nicht mehr besteht.

Chiasso, das unmittelbar an der Grenze zwischen der Schweiz und Italien liegt, ist ein wichtiger Wirtschafts- und Warenumschlagplatz der Schweiz. Es ist urkundlich erstmals 1127 erwähnt, ab 1416 selbständige Gemeinde und war in damaliger Zeit bekannter Pferdemarkt. Seit der Eröffnung der Gotthardbahn 1882 ist Chiasso sprunghaft angewachsen. Der große Rangierbahnhof und die rege Industrialisierung trugen sehr zu seiner Ausdehnung bei. Zwischen Chiasso und Mendrisio liegt eine schöne Gartenlandschaft an sanften Sonnenhügeln. Schon früh wurde diese reizvolle Lage von herrschenden oder wohlhabenden Geschlechtern entdeckt, die sich in diesem Gebiet Sommer- und Landsitze errichteten. Darunter waren wohlbekannte Namen wie das alte Adelsgeschlecht der Torriani und die Königin Maria Christina von Sardinien. Westlich von Chiasso befand sich nahe Balerna auf dem Hügel von Pontegana eine stolze Burg der Bischöfe von Como aus dem 8. Jahrhundert, die 1124 zerstört wurde und heute nur noch als Ruine zu besichtigen ist. Balerna hat eine ruhmreiche Vergangenheit; es erhielt bereits im 13. Jahrhundert die Reichsunmittelbarkeit und wurde Lehen der Bischöfe von Como, bis es sich 1521 der Schweizer Eidgenossenschaft anschloß und eigene Vogtei wurde. Der stattliche Barockbau der Kollegiatskirche S. Vitore mit prächtigem Hochaltar wird in Balerna den Kunstfreund sehr ansprechen.

Geschichtlich hat das Mendrisiotto eine sehr bewegte Vergangenheit. Schon in der Steinzeit können erste Besiedlungen nachgewiesen werden. Nahe Mendrisio errichteten die Kelten im 4. Jahrhundert eine große Wehranlage. Urkundlich erwähnt wurde Mendrisio erstmals 791 und kam 1170 unter die Herrschaft von Como. In großen Auseinandersetzungen mit Mailand wurden Mendrisio und die keltischen Wehranlagen 1242 zum großen Teil zerstört. Seit 1522 ist Mendrisio Sitz der eidgenössischen Landvögte, die sich weitgehend selbst verwalteten. Zur Zeit der Napoleonischen Kriege war das Mendrisiotto französisch besetzt. Die Bewohner blieben aber dem Schweizer Bündnis treu und erreichten 1798 die endgültige Unabhängigkeit und eidgenössische Verbundenheit.

Bedeutende Sakralbauten zeugen von der großen Gläubigkeit der Bevölkerung in vergangener Zeit. Die alljährlich in der Karwoche veranstalteten Gründonnerstags- und Karfreitagsprozessionen, die bis ins 16. Jahrhundert zurückgehen, bezeugen dies. Bei den großartigen Umzügen wird der Leidensweg Christi in historischen Kostümen nachvollzogen. Der Häuserschmuck im Umfeld der Kirche S. Maria in Borgo und die mitgeführten besonderen Lampions hinterlassen bei den Teilnehmern unvergeßliche Eindrücke. Viele Kapellen und Kirchen bis hin zu stattlichen Basiliken, die oft auf Hügeln, hoch über Flußtälern liegen, bieten Kunst am

Wege. Einer der Höhepunkte ist die ursprünglich romanische – später mehrfach veränderte – Kapelle S. Stefano über Pedrinate. Hier stoßen wir auf den südlichsten Punkt des Kantons Tessin; er befindet sich am Ortsrand von Pedrinate und ist durch den Grenzstein Nr. 75 B markiert.

Mit dem Ausbau moderner Verkehrswege zwischen dem Sankt Gotthard und Oberitalien, dessen Anfänge bis ins 18. Jahrhundert zurückgehen, nahm die Ansiedlung von Textil-, Papier-, aber auch High-Tech-Fabriken so stark zu, daß sich das Mendrisiotto zum höchstindustrialisierten Gebiet des gesamten Tessin entwickelte. Das Arbeitsplatzangebot stieg dadurch beträchtlich, was für die Bevölkerung sehr positiv war, aber die umfangreichen Industrieanlagen entlang der Hauptverkehrswege beeinträchtigen die Schönheit der Landschaft sehr. Diese Veränderung in den Randzonen der Gotthard-Schnellstraße ist aber nicht so weittragend, daß die ehemalige Schönheit des Mendrisiotto total verblaßt

Eindrucksvolle Prozession in historischen Kostümen durch die Altstadt von Mendrisio, die, einer alten Tradition folgend, alljährlich in der Karwoche stattfindet.

Pfarrkirche S. Antonio in Besazio oberhalb Rancate im Mendrisiotto.

wäre. Der äußere Schein trügt also, denn in den Dörfern und Hügellandschaften sind das ländliche Gesicht und Leben noch gut erhalten geblieben. Es lohnt sich die wunderschönen Wandergebiete des Mendrisiotto abseits der Hauptverkehrsadern kennenzulernen.

Touristische Angaben

Anfahrt: Vom St.-Gotthard-Tunnel oder St.-Bernhard-Tunnel nach Bellinzona und auf der Autobahn N2 weiter an Lugano vorbei, über den Damm von Melide Richtung Chiasso bis zur Ausfahrt Mendrisio. Aus dem Engadin über St. Moritz und den Malojapaß zum Comer See und in Menaggio Richtung Lugano. In Lugano Nord auf die Autobahn N2 Richtung Chiasso. Bei Anreise nach Chiasso Autobahnausfahrt Chiasso benutzen.
Parkmöglichkeiten: Parkhäuser am Rande der Altstadt von Mendrisio. Ansonsten sind im Stadtbereich von Mendrisio wochentags überwiegend nur Parkplätze mit Zeituhren vorhanden. Wanderer, die nicht in Mendrisio

stationiert sind, sollten möglichst anderweitige Parkmöglichkeiten suchen. An der Talstation der Zahnradbahn zum Monte Generoso in Capolago befinden sich große Parkplätze, die kostenlos benutzt werden können. Ebenso stehen in den kleineren Orten, wie Maroggia, Morbio, Rancate, Brusino-Arsizio, zumeist am Bahnhof oder in der Nähe des Postamtes, kostenlos ausreichend Parkmöglichkeiten zur Verfügung.
Verkehrssystem: Im Mendrisiotto ist ein dichtes Netz von Autobuslinien vorhanden. Neben den PTT-Postbussen besteht auch hier ein zusätzliches regionales Busangebot der Autolinea Mendrisiense mit mehreren Buslinien. Die Autobusse dieses Regionalverkehrs fahren alle in Mendrisio valle oder Chiasso confine ab.
PTT-Fahrplan: Orario Autopostali, Mendrisiotto. Orario Autolinea Mendrisiense Chiasso.
Verkehrsbüro: Ente Turistico del Mendrisiotto e Basso Ceresio, CH-6850 Mendrisio, Tel. 091/46 57 61.

12 Von Bruzella durchs Val della Crotta auf den Monte Bisbino und über dem Comer See talwärts nach Sagno

Kapellenweg zur Bergkirche Madonna di Loreto und von dort hinauf zum Aussichtsbalkon des Comer Sees

4stündige Wanderung über den Tälern Val della Crotta und Val Greggio. Lohnender Aufstieg zum großartigen Panoramablick auf den Comer See. Aussichtsreicher gemütlicher Höhenweg auf der Wasserscheide zwischen Muggio- und Greggio-Tal bis Tre Croci. Steiler gepflasterter Saumweg talwärts nach Sagno.

Die markante Erhebung des Monte Bisbino (1325 m) beherrscht im südöstlichsten Tessin das grenznahe Gebiet zwischen dem Muggio-Tal und dem Golf von Como. Der großartige Berg mit prächtiger Aussicht auf den fjordähnlichen Lago di Como liegt bereits auf italienischem Gebiet. Unser Blick fällt von dort oben vor allem auf den südwestlichen Ausläufer des Comer Sees, der von Weinbergen, zahlreichen Villen und Gärten umgeben ist; ganz im Osten erstrecken sich die Bergamasker Alpen. Mit 410 Metern ist der Comer See der tiefste italienische See, der von seinem Nordende bis Como 60 Kilometer mißt.

Bruzella, inmitten des Valle di Muggio, kann als idealster Ausgangspunkt für diese überaus reizvolle Wanderung betrachtet werden. Das gut erhaltene Bergdorf lernen wir als einen traditionsbewußten Tessiner Ort kennen, der noch typische Steinhäuser und eine alte Mühle aufweist. Im Mittelpunkt der bereits 852 erwähnten Gemeinde erhebt sich die Pfarrkirche S. Siro, über die schon 1579 berichtet wurde, mit schöner Rokokofassade. Bekannter ist allerdings die oberhalb von Bruzella thronende Wallfahrtskapelle S. Maria di Loreto aus dem 16. bis 17. Jahrhundert. Außergewöhnlich schöne Votivbilder, die sensationelle Ereignisse schildern, stammen zum Teil noch aus der Gründerzeit. Die Bild-

stöcke am Stationsweg hat Mario Gilardi aus Mendrisio 1959 ausgemalt. Die Marienkapelle liegt am Weg zum Monte Bisbino, den wir von hier durch das Val della Crotta am leichtesten erreichen können. Nach dem Besuch der Aussichtskanzel am Monte Bisbino wenden wir uns dem südlichen Höhenrükken zu, einer Wegstrecke von besonderem Reiz. Herrliche Tiefblicke erschließen sich uns: rechts das Muggio-Tal, links das Val Greggio und der Golf von Como; in der Ferne die voralpinen Erhebungen im Norden von Varese und östlich davon der Übergang in das flache Land der Lombardei. Der letzte Teil des Abstiegs führt auf einem gepflasterten Saumweg talwärts nach Sagno, wobei wir stets den weithin sichtbaren romanischen Campanile vor uns haben. Er gehört zur schon 1379 erwähnten Pfarrkirche S. Michele Arcangelo, die im 18. Jahrhundert barockisiert wurde. Sagno präsentiert sich uns als ein altes Bergdorf, in großartiger Aussichtslage, das in den Hang des Muggio-Tales eingebettet ist. Funde aus der Bronzezeit weisen auf eine frühe Besiedlung des Ortes hin. Zwei große Männer wurden hier geboren, der Dichter Francesco Chiesa und dessen Bruder, der Maler Pietro Chiesa. Die beste Sicht auf das unberührt daliegende Muggio-Tal mit seinen steilen Schluchten, dunklen Waldhängen und terrassenförmigen Feldern hat man von SS. Martino e Abbondio, das hoch über Sagno liegt. Diese romanische Bergkapelle stammt aus dem 12. Jahrhundert. Vorromanische Fragmente, die man freigelegt hat, sind westlich und nördlich der Kapelle zu besichtigen. Im Schiff des Gotteshauses sollten wir uns den alten Stein ansehen, der Inschriften von Eutaricus, dem Schwiegersohn des Ostgotenkönigs Theoderichs des Großen (519 n.Chr.) trägt. Nahe der kleinen Kapelle befand sich früher eine Einsiedelei, die zur Pestzeit (1631) Zufluchtsstätte der Überlebenden dieser Gegend war.

Der Wegverlauf

Nachdem uns der Postbus durchs bizarre Valle di Muggio nach *Bruzella* (593 m) gebracht hat, beginnen wir diese wunderschöne naturverbundene Wanderung direkt an der Pfarrkirche *S. Siro.* Wir nehmen das aufwärts führende Sträßchen, biegen nach etwa 50 Metern an der *Via Crusis* am *Sentiero-Wegweiser* »*Zöch, Sella Cavazzo, Monte Bisbino*« links ab. Nach ca. 30 Metern zweigt bei einem kleinen Platz ein schmales Gäßchen ab, das weiter bergauf führt und ganz eng wird, bis wir schließlich zum Einstieg in den Kreuzweg gelangen. Über den malerischen Kapellenweg steigen wir in etwa einer Viertelstunde hinauf zur Wallfahrtskapelle Madonna di Loreto im Ortsteil *Zocco (Zöch,* 717 m). Hier sollten wir kurz pausieren, nicht nur der Madonna und den altehrwürdigen Votivbildern zuliebe, sondern auch um die allumfassende Sicht genießen zu können, die man vom Vorplatz der Bergkapelle auf das

Muggio-Tal hat. Von der Wallfahrtskirche streben wir noch etwas nach oben, ein Saumweg biegt auf der Höhe um einen Geländevorsprung herum, bringt uns nun fast eben unter Kastanien zum Teil am Waldrand entlang zu einem Tobel. Hier, wo ein Wildbach hinunter zur Breggia fließt, schlagen wir an der Gabelung den Weg nach rechts ein, der, nun stetig an Höhe gewinnend, durch den *Prato dei Donaa* auf die *Anhöhe 798* zum nächsten Tobel führt. Hier sind wir schon tief in das wildromantische *Val della Crotta* eingedrungen. Drunten im Talgrund schäumt die wilde Breggia. Der liebliche Höhenweg schlängelt sich durch schattigen Wald und blumige Weiden um den Paradiso

Die Wallfahrtskirche S. Maria dei Miracoli (1596–1613) über dem Ortskern von Morbio Inferiore zählt zu den hervorragenden Leistungen Tessiner Baukunst.

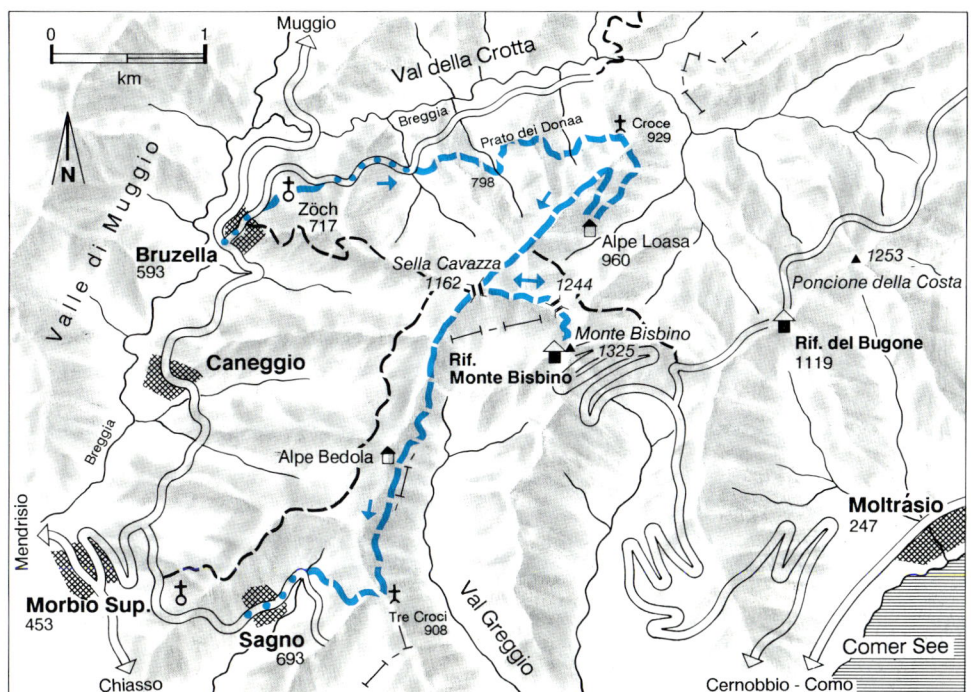

herum, immer etwas bergwärts strebend, bis zwei weitere Wildbäche durchs *Grafogno* talwärts stürzen. Dann wird der Saumweg etwas flacher, bis er sich im hintersten Talabschnitt wieder hinauf zur *Anhöhe 929 (Croce)* zieht. Jetzt biegt er um den Ausläufer des Monte Bisbino nach Südwesten herum ein und bringt uns nach Durchquerung des Waldes über Bergwiesen auf die *Alpe Loasa* (960 m). Von hier führt uns das Säumersträßchen weiter ansteigend wieder ein Stück nordöstlich zurück, bis nach einiger Zeit ein Pfad, vom Süden heraufkommend, einmündet. Am Westhang wandern wir nun zu einem Taleinschnitt und zu einer Weggabelung hinüber. Von dort gelangen wir in östlicher Richtung, über Bäche und an Quellen vorbei, stetig aufwärts in absehbarer Zeit zur Sella Cavazza. Vor uns liegt nun erstmals der Gipfel des Monte Bisbino. Wir gehen den Hang entlang und kommen zur *Sella Cavazza* (1162 m), einem Bauernhof, wo man Getränke und einfache Verpflegung erhält. Steil führt der Bergpfad von hier aufwärts zur Landesgrenze, die sich auf einem Bergsattel in 1244 Meter Höhe befindet. Ohne große Grenzformalitäten geht's auf italienischem Territorium weiter in südlicher Richtung nochmals 81 Meter hinauf zum *Monte Bisbino* (1325 m). Hier empfängt uns ein schönes Bergrestaurant, von dessen großzügig angelegter Gipfelterrasse wir durch eine prachtvolle Aussicht auf die Landschaft des Comer Sees für den Aufstieg belohnt werden. Wir kehren auf gleichem Weg zurück zur *Sella Cavazza* und setzen unsere Wanderung auf einer Kammhöhe nun fast eben nach Süden hin fort. Vor uns liegt jetzt der schönste Teil der Wegstrecke. Von der Wasserscheide zwischen dem Valle di Muggio und dem italienischen Val Greggio bieten sich herrliche Tiefblicke auf den Golf von Como und die umliegende Landschaft. Achtung! Bei den Wegweisern nehmen wir nicht den Alpfahrweg (Strada agricola), sondern bleiben auf dem fast ebenen Weg am Bergrücken. Nach einer guten halben Stunde sind wir unterhalb der *Alpe Bedola*, wo uns wieder Wald aufnimmt. Wir verlieren jetzt ständig an Höhe und berühren bei den *Tre Croci* (908 m) erneut die Landesgrenze. Auf einem steilen, grob gepflasterten Saumweg gehen wir in großen Schleifen hinab nach *Sagno* (693 m), dem Ziel dieser Wanderung.

Kurz vor Bruzella das Dorf Caneggio im Muggio-Tal, das von der Pfarrkirche S. Maria Assunta beherrscht wird.

Touristische Angaben

Talort: Sagno (693 m).
Ausgangspunkt: Bruzella (593 m).
Anfahrt: Mit dem PKW auf der Autobahn N2 bis Ausfahrt Chiasso und nordöstlich weiter bis Morbio Superiore. Parkplätze sind dort vorhanden. Weiterfahrt mit dem PTT-Bus auf der Strada postale di montagna bis Bruzella. Desgleichen Anfahrt mit der Schweizer Bundesbahn bis Chiasso und mit dem PTT-Bus bis Morbio Superiore.
Rückfahrt: Von Sagno mit dem PTT-Bus nach Morbio Superiore; ggf. umsteigen in den PTT-Bus nach Chiasso.
Höhendifferenzen: Aufstieg: Bruzella–Zöch 124 m; Zöch–Alpe Loasa 243 m; Alpe Loasa–Sella Cavazza 202 m; Sella Cavazza–

Alpe Loasa (960 m) 15 Min. – Sella Cavazza (1162 m) 40 Min. – Monte Bisbino (1325 m) 35 Min. – Tre Croci (908 m) 50 Min. – Sagno (693 m) 25 Min.

Wegverhältnisse: Schön begehbare Saumwege und gepflegte sowie gut markierte Wander- und Bergpfade. Bequeme Wanderung mit einem Steilstück auf gepflastertem Saumweg talwärts von Tre Croci nach Sagno.

Einkehrmöglichkeiten: Alpe Cavazzo einfache Verpflegungsmöglichkeit, Bergrestaurant mit Aussichtsterrasse am Monte Bisbino.

Karten: Topografische Wanderkarte 1 : 25000, Mendrisiotto, hrsg. vom Verkehrsverein der Region; Topografische Landeskarte 1 : 25000, Blatt 1373 Mendrisiotto; Kompass-Wanderkarte 1 : 50000, Blatt 91 Lago di Lugano.

13 Von Capolago mit der schmalspurigen Zahnradbahn auf den Monte Generoso, anschließend Abstieg über Bellavista durchs Valle dell'Alpe zur Stazione Piana

Zum interessantesten Aussichtsberg im südlichen Tessin, dem Monte Generoso, mit überwältigendem Tiefblick auf die Luganer Seenlandschaft

---

3½stündige, sehr naturverbundene Wanderung über traditionsreiche Almen, durch Bergwiesen und schöne Wälder zu vielen Aussichtsplätzen.
Botanisch Interessierte können bei dieser Route allerlei seltene Pflanzen entdecken.
Teilweise angenehme Wiesenwege, überwiegend gemütlich abwärts strebende Steige und Saumpfade, geringe Steigungen.

Monte Bisbino 163 m; Abstieg: Monte Bisbino – Tre Croci 417 m; Tre Croci – Sagno 215 m.

Weglänge: Gesamtstrecke von Bruzella nach Sagno 12 km; Bruzella – Zöch 0,6 km; Zöch – Sella Cavazza 5,6 km; Sella Cavazza – Monte Bisbino 0,9 km; Monte Bisbino – Tre Croci 3,5 km; Tre Croci – Sagno 1,4 km.

Gehzeiten: Gesamtstrecke von Bruzella nach Sagno 4 Std.; Bruzella (593 m) – Zöch (717 m) 15 Min. – Croce (929 m) 60 Min. –

Von Capolago führt eine schmalspurige Zahnradbahn auf den Monte Generoso. Sie klettert zuerst steil durch den Westhang seines Bergmassivs und nach einem Tunnel auf der Südostseite hinauf zur Endstation, die 100 Meter unter dem Gipfel liegt. Die 9 Kilometer lange, kühn angelegte Bahn hat Dr. Carlo Pasta schon 1890 erbauen lassen, um die Hotelgäste schneller und besser auf seine drei Berghotels hinauftransportieren zu können. Eine Dampflokomotive, die jetzt schon zu den alten Veteranen beheizter Eisenrösser gehört, bewältigte 92 Jahre lang den Bahnbetrieb. Zu bestimmten Anlässen verkehrt das alte Dampfbähnlein in den Sommermonaten – arg schnaubend – noch heute für die dann hocherfreuten Fahrgäste. Ansonsten überwinden die 1982 in Betrieb genommenen Elektrolokomotiven den Höhenunterschied von 1328 Metern mühelos in nur 35 Minuten. Von der Bergstation (1601 m) kann man in wenigen Minuten hinüber zur Cima di Sassalto (1607 m) gehen, um eine unvergeßliche Rundsicht auf die umliegenden Bergketten und einen aufregenden Tiefblick auf die Luganer Seenlandschaft zu erleben. Wer den viertelstündigen Aufstieg auf den Gipfel des Monte Generoso (1701 m) nicht scheut, kann natürlich ein noch viel umfassenderes Panorama genießen. Im Westen reicht die Sicht vom Monte Rosa über das Matterhorn bis hinüber zur Jungfrau und zum Finsteraarhorn. An klaren Tagen kann man im Süden über die Lombardei hinweg zur Poebene oder bis hinab nach Turin und zu den Spitzen des gotischen Doms von Mailand sehen. Ein Erlebnis besonderer Art ist das prachtvolle Schauspiel der auf- oder untergehenden Sonne am Monte Generoso. Es ist unvergleichlich schön, wenn bei der Morgendämmerung die zahlreichen Bergspitzen zuerst rötlich leuchten und dann langsam in gleißendes Sonnenlicht getaucht werden, oder wenn abends die Bergketten flammend zu glühen beginnen, bis sie sich nach einiger Zeit purpurn färben. Um diesen Genuß miterleben zu können, werden im Mendrisiotto nächtliche Ausflüge auf den Gipfel des Monte Generoso organisiert. Nach altem Brauch bricht man im Tal um Mitternacht auf, um den Gipfel kurz vor dem Morgengrauen zu erreichen.

Interessant ist auch die Namensabwandlung dieses großen Berges im südlichen Tessin. Vor Jahrhunderten hieß er noch Calvagion, dann wurde daraus Calvagioner, Gioner, Gé-

nor und schließlich Generoso. Noch heute heißt eine Alm, die am Südosthang 426 Meter unter dem Gipfel liegt, Génor. Die zur Gemeinde Muggio gehörige Alp wurde bereits 1375 in einem Mietvertrag des Adeligen Sisinio della Torre von Mendrisio erwähnt. Zu der großen Alm gehören vier Gebäudekomplexe; jede davon hat eine Wohnung des Älplers oder Käsers, einen Keller, eine Zisterne, einen Stall, eine Scheune und eine Schneegrotte. Heute sind nur noch zwei dieser Großalmen bewirtschaftet. Da die poröse Oberfläche der Generoso-Abhänge vorwiegend aus Kalkschotter besteht, werden überall dort, wo man nicht gerade auf einen der vielen unterirdischen Flußläufe stößt, Zisternen benötigt, in denen über Dachzuleitungen Regenwasser gesammelt wird. Es ist schon eine Ausnahme, wenn man in diesen Höhen auf einen alten Brunnen trifft, wie dies an der Weggabelung von Tegnöo der Fall ist. Deshalb hat man zur Kühlhaltung frischer Milch hier auf den Almen am südlichen Generoso-Abhang die Schneegrotten (Nevere) erfunden, die es in keiner anderen Gegend der Schweiz gibt. Beim Bau einer Schneegrotte an einem Platz unter schattigen Bäumen wurde eine große runde Grube ausgehoben und ein künstliches Gewölbe aus kalkhaltigen Steinplatten aufgeschichtet, das nach oben zu immer enger wird, so daß es letztlich mit einer größeren Platte abgedeckt werden kann. Die Grotte ist im Winter mit Schnee gefüllt worden, der, fest eingestampft, allmählich zum Eisblock erstarrte. Über eine etwa fünf Meter tiefe Treppe gelangte man ins Innere der Grotte, um den fertigen Käse oder die mit Milch gefüllten Kupferkannen auf dem gestampften Schnee bis zur Verarbeitung kühl zu lagern. Auf verschiedenen Almen kann man diese Schneegrotten noch antreffen. Wir stoßen auf diese seltsamen Konstruktionen hinter der Alpe dei Nadigh unter den schattigen Buchen; ebenso treffen wir sie auch noch auf der Alpe Génor unter großen Ahornbäumen an. Eigenartige hohe Plattentürme, die man hier auf den Weiden entdeckt, sind Sammelstellen gefundener Steinplatten für den Bau von Schneegrotten. Zumeist nisten darin Bergvögel, wie der graue Steinschmätzer oder der Steinrötel mit seiner kupferroten Brust.

Sobald der letzte Schnee wegschmilzt, überziehen sich die Weiden mit dem weißen Krokus (Crocus albiflorus), bald darauf folgen die lieblich duftenden Narzissen (Narcissus poeticus), und wenn der Frühling richtig angebrochen ist, blüht die Schneeheide (Erica herbacea) und färbt die Weiden zartrosa. Auch die Pflanzenwelt hat sich der Wasserarmut an der Oberfläche dieses Berghanges angepaßt. So finden wir hier die genügsame Hauswurz (Sempervivum tectorum), den herrlichen gelben Mauerpfeffer, aber auch die seltene Orchidee Knabenkraut (Dactylorhiza sumbucina) gleich in zwei Farbvarianten, Blaßgelb und Purpurrot. Zwischen Frühling und Sommer blüht hier trotzdem alles, was zu bunten Bergwiesen gehört, von der Schlüsselblume, der Primel, dem Löwenzahn, der Ranunkel, der echten Goldrute bis zum Sonnenröschen. In den Sommermonaten wächst auf den Almwiesen der von den Kühen zu Recht umgangene wunderschöne blaue Eisenhut (Aconitum napellus), der aber keinesfalls angefaßt werden darf, da er tödlich giftig ist.

Der Wegverlauf

Von der *Bergstation* unterm *Monte Generoso* (1601 m) beginnt unsere Talwanderung zunächst in östlicher Richtung, vorbei am *Gasthof Svizzero*. Direkt an der italienischen Grenze entlang wandern wir auf dem aussichtsreichen *Sentiero basso*, einem Bergpfad, der über den mit Gras bewachsenen Höhenrücken zunächst nur leicht abwärts führt. Kurz vor dem *Grenzstein Nr. 25* geht eine Abzweigung links hinunter zur Cima della Piancaccia. Wir bleiben auf dem Grasbuckel und wandern am Grenzstein Nr. 25 vorbei und bald steil hinab zum *Grenzstein Nr. 26*, der auf einer Anhöhe von 1476 Metern liegt. Von dort zweigt wieder ein Wanderweg links hinab in italienisches Gebiet. Wir gehen geradeaus abwärts bis zu einer von Drahtzäunen umgebenen Alm, die wir in

Bergstation der Generoso-Bahn in 1601 Metern Höhe.

einer halben Stunde erreichen. Hier verlassen wir den weiter hinunter zur Alpe di Sella führenden Pfad, biegen rechts ab und gehen bald wieder in südlicher Richtung durch Wiesen zum Teil steil bergab zur *Alpe di Piana* (1412 m). Wir wandern daran vorbei, weiter abwärts zur *Alpe dei Nadigh* (1295 m); bis hierher sind wir schon 306 Meter abgestiegen. Hier können wir uns eine kleine Rast genehmigen, um die hinter den Almgebäuden unter den schattigen Buchen liegenden seltsamen runden Schneegrotten zu bestaunen. Danach gehen wir in westlicher Richtung um einen Bergkessel herum nahezu eben hinüber zur *Alpe Génor* (1275 m). Hier treffen wir auf die vier Almkomplexe: Caserett, Doss de la Crus, Tegnöo und Génor. Zwei davon werden vom Frühjahr bis zum Spätherbst noch bewirtschaftet. Im Schatten majestätischer Ahornbäume finden wir auch hier gut erhaltene Schneegrotten sowie die merkwürdigen Steintürme, die Materialsammelstellen für den Schneegrottenbau sind.

Hinter Tegnöo kommen wir an eine Gabelung, an der wir den abwärts führenden Weg einschlagen, der uns bald zu einer der hier seltenen Brunnenanlagen bringt. Dieser sehr schöne und alte Brunnen war jahrhundertelang die einzige Trinkwasserstelle des ausgedehnten Almgebietes von Génor. Über Weidegelände mit lieblichem Blumenschmuck gelangen wir nun, ständig an Höhe gewinnend, hinauf zum *Bahndamm der Generoso-Bahn* auf 1452 Meter. Oben angekommen, stoßen wir auf einen mit Steinplatten belegten Pfad, der 10 bis 20 Meter unter dem Bahngelände entlang vom Monte Generoso herabkommt. Auf diesem aussichtsreichen Hangpfad wandern wir nun abwärts weiter und können herrliche Blicke aufs tief unten liegende Muggio-Tal genießen. Am steilen offenen Berghang herrschen Adlerfarne und Besenginster vor. Ab und zu kommen wir durch ein kleines Wäldchen und haben gleich danach wieder freie Sicht. Nach dem Überqueren der Bahnstrecke verschwindet der aussichtsreiche Weg im Buchenwald und bringt uns rechts steil abwärts zur *Stazione Bellavista* (1221 m).

In östlicher Richtung geht's nun von der Bahnstation auf einem leicht abfallenden Fahrsträßchen in knappen 10 Minuten zum

Bergziegen bei den wenigen noch bewirtschafteten Almen unter dem Monte Generoso.

ehemaligen *Hotel Bellavista* (1202 m). Hier fuhren in vergangener Zeit die Pferdegespanne von der Generoso-Bahn mit Gästen und Gepäck hinüber zum Berghotel. Vor 1890 mußten die Hotelgäste vom Bahnhof in Mendrisio die 874 Höhenmeter auf dem Rücken von Maultieren über alte Saumpfade heraufgetragen werden. Vom Hotel wandern wir nun auf einem der alten Säumerwege talwärts. Wir schlagen zuerst die westliche Richtung ein und biegen nach 200 Metern südlich ab, um bald die von Mendrisio heraufkommende Fahrstraße zu kreuzen. Drüberhalb der Straße gehen wir links vom Lagerschuppen des Hotels den mit weißen Kalksteinen gepflasterten Bergweg weiter. Das schöne, schon 1870 von Dr. Carlo Pasta ausgebaute Säumersträßchen führt durch dichten Buchenwald stetig abwärts. Nach etwa einem halben Kilometer gelangen wir in ein windungsreiches Wegstück, das uns hinunter nach *Ciapei* bringt. Bei der 13. Windung verlassen wir den Saumweg und folgen einem rechts abzweigenden kleineren Pfad, der hinunter nach *Bésar* geht. Dort durchstreifen wir die Weidegründe der seit längerer Zeit aufgegebenen *Alpe di Salòrino* (881 m). Bald danach mündet der Pfad wieder in den bekannten Saumweg, der kurz darauf an der Seitenstraße nach Cragno herauskommt. Ein kleines Stück weiter auf dieser Straße zweigt vor der Kurve rechts ein

Pfad ab und geleitet uns hinunter ins grüne *Valle dell'Alpe*. Größere Passagen des ursprünglichen Steinpflasters unseres Weges sind bis heute gut erhalten, andere jedoch sind durch den hier beliebten Sport des Motocross gewaltsam zerstört worden. Wenigstens ist im Valle dell'Alpe die Pflanzenwelt noch völlig intakt. Dem Naturbeobachter entgeht sicher nicht die Vielfalt der blühenden Gewächse, die vom Lungenkraut (Pulmonaria officinalis) über die roten Taubnesseln (Lamium purpureum) bis zum Arzneibaldrian (Vaeriana officinalis) und dem klebrigen Salbei (Salvia glutinosa) reicht. Im Valle dell'Alpe überqueren wir auf einer kleinen Brücke das *Valle della Giascia*. An der Abzweigung nach Cragno gehen wir geradeaus weiter und kommen bald zu einem markierten Pfad, der uns über *Mattarello* (676 m) hinab zur *Stazione La Piana* (701 m) bringt. Von hier fahren wir mit der Generoso-Bahn wieder zurück nach *Capolago*, unserem Talort.

Touristische Angaben

Kartenskizze Seite 70.
Talort: Capolago (273 m).
Ausgangspunkt: Bergstation Monte Generoso (1601 m).
Anfahrt: Von Lugano Giardino mit dem Schiff nach Capolago. Alternativ von Lugano, Via S. Balestra oder von Mendrisio Stazione mit dem PTT-Bus nach Capolago. Von Ponte Tresa mit der Schnellbahn (Ferrovia) nach Lugano. Bei Anfahrt mit dem PKW auf der Autobahn N2 von Norden kommend bis Ausfahrt Melide; auf der Kantonsstraße über Bissone weiter bis Capolago. Am Bahnhof von Capolago sind ausreichend Parkplätze vorhanden. Von Capolago mit der Zahnradbahn zum Monte Generoso.
Rückfahrt: Von der Stazione La Piana mit der Zahnradbahn nach Capolago.
Höhendifferenzen: Abstieg: Bergstation Monte Generoso–Alpe Genór 326 m; Aufstieg: Alpe Genór–Anhöhe 1452 am Bahndamm 177 m; Abstieg: Anhöhe 1452–Stazione Bellavista 231 m; Stazione Bellavista–Stazione La Piana 520 m.
Weglänge: Gesamtstrecke von der Bergstation Monte Generoso zur Stazione La Piana 11,7 km; Bergstation Monte Generoso–Alpe dei Nadigh 1,8 km; Alpe dei Nadigh–Alpe Genór 0,8 km; Alpe Genór–Stazione Bellavista 3,2 km; Stazione Bellavista–Alpe di Salòrino 2,9 km; Alpe di Salòrino–Stazione La Piana 3 km.
Gehzeiten: Gesamtstrecke von der Bergstation Monte Generoso zur Stazione La Piana 3 Std. 30 Min.; Bergstation Monte Generoso (1601 m) – Alpe di Piana (1412 m) 35 Min. – Alpe dei Nadigh (1295 m) 5 Min. – Alpe Genór (1275 m) 10 Min. – Anhöhe 1452 am Bahndamm 30 Min. – Stazione Bellavista (1221 m) 30 Min. – ehemaliges Hotel Bellavista (1202 m) 8 Min. – Alpe di Salòrino (881 m) 40 Min. – Mattarello (676 m) 32 Min. – Stazione La Piana (701 m) 20 Min.
Wegverhältnisse: Begehbar von Mitte Mai bis Ende Oktober. Weiche Berg- und Wiesenpfade, die größtenteils in mäßiger Steigung abwärts gerichtet sind; nur einige steile Serpentinenstücke.
Einkehrmöglichkeiten: Restaurant an der Bergstation des Monte Generoso, Ristorante an der Stazione Bellavista, mehrere Grotti in Capolago.
Karten: Topografische Wanderkarte 1:25000, Mendrisiotto, hrsg. vom Verkehrsverein der Region; Topografische Landeskarte 1:25000, Blatt 1373 Mendrisiotto; Kompass-Wanderkarte 1:50000, Blatt 91 Lago di Lugano.
Zusatzmöglichkeiten: Vom Monte Generoso über die Cima dei Torrioni und Cima Crocetta durch den Westhang über die Alpe d'Arogno in 3 Stunden nach Arogno. Weitere Möglichkeit: In 2 Stunden und 30 Minuten vom Monte Generoso über die Alpe Genór und Roncapiano durch den Südosthang hinab nach Muggio.
Außerdem kann das einmalige Erlebnis eines nächtlichen Aufstieges auf den Monte Generoso in guten vier Stunden empfohlen werden. Geführte Touren werden von mehreren Veranstaltern angeboten. Beliebt ist der vom Ski-Club des Intelvi-Tals mit Sitz im Restaurant Borbogna in Pellio organisierte nächtliche Ausflug zum Sonnenaufgang am Generoso-Gipfel. Nach einem Mitternachtstee beginnt die Tour in S. Fedele, um kurz vor dem Morgengrauen am Berg anzugelangen. Nach dem Schauspiel geht man gemeinsam zur Meierei Boll zum Spaghettiessen.

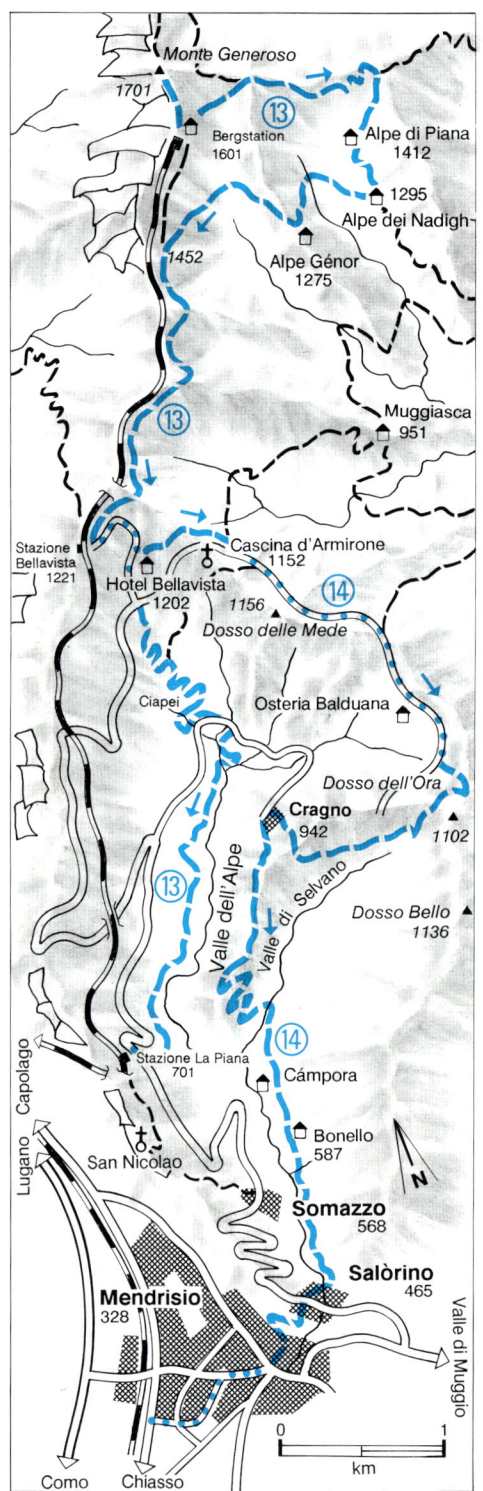

14   Von der Bellavista über Dosso delle Mede, Dosso dell'Ora, Cragno und Salòrino nach Mendrisio

Auf aussichtsreichem Höhenweg über dem Muggio-Tal hinab zu einem alten Dorf am Berghang und auf einem Treppenweg zur geschichtsträchtigen Bezirkshauptstadt des Mendrisiotto

Gehzeit: 2 Stunden und 45 Minuten.
Sanft fallende Talwanderung auf einem Bergrücken zwischen dem Valle dell'Alpe und dem tief eingeschnittenen Muggio-Tal.
Vorbei an alten Bergkapellen, Meiereien und Steinbrüchen führt diese sehr interessante und zugleich erholsame Wanderung durch Wiesen und Wälder des Generoso-Südhanges hinunter nach Mendrisio. Lediglich durchs Valle di Selvano ist ein Steilstück mit zehn Serpentinen zu durchwandern.

Die Erschließung des Monte Generoso für Wanderer und Touristen ist vor allem Dr. Carlo Pasta aus Mendrisio zu verdanken. Im letzten Viertel des 19. Jahrhunderts ließ er einen alten Saumpfad, der von Salòrino über den Höhenrücken des Valle dell'Alpe auf dem Südosthang des Generoso-Massivs bergwärts führte, verbreitern und mit Steinplatten belegen (vgl. Tour 13). Auf einer Aussichtsplattform am Ende des Bergweges baute er in 1202 Meter Höhe 1870 das Grandhotel Bellavista. Zwanzig Jahre lang trugen Maultiere die Gäste samt Gepäck von der Bahnstation Mendrisio hinauf zum Bergplateau. Sie fanden hier auf Bellavista ein für damalige Ansprüche traumhaftes Hotel vor, das nicht nur idealer Ausgangspunkt für viele Bergwanderungen war, sondern auch Tennisplätze und eine ausgezeichnete Küche hatte. Das Glanzstück des Tatendrangs von Dr. Pasta aber war die Erbauung der Generoso-Bahn in den Jahren 1889 bis 1890.
Ausgangspunkt dieser Wanderung ist das im Verfall begriffene Hotel Bellavista. An der

ebenfalls aufgegebenen Armirone-Meierei vorbei führt sie auf den südöstlichen Höhenrücken, der sich gegenüber dem Valle dell'Alpe hoch über dem Valle di Muggio entlangzieht. Über dem Muggio-Tal liegen auf der anderen Seite die Bergdörfer Muggio, Cabbio, Casima, Bruzella, Monte und Caneggio, die von terrassierten Feldern umgeben sind. Durch den landschaftlichen Reiz sowohl des Valle di Muggio als auch des Valle dell'Alpe vermittelt diese Tour unvergeßliche Eindrücke.

Auf halber Höhe am Abstieg nach Mendrisio stoßen wir auf Cragno mit seinem uralten, etwas ungeordneten, aber sehenswerten Dorfkern. Inmitten des kleinen Ortes finden wir die Kapelle S. Marco, die auch Madonna del Buon Consiglio genannt wird. Cragno gehört zur wesentlich tiefer liegenden Gemeinde Salòrino. Das Hangdorf Salòrino, das von Weinbergen umgeben ist, liegt in herrlicher Aussichtslage hoch über Mendrisio. Es zählt zu den besterhaltensten Dörfern des Mendrisiotto. Die Gemeinde wird erstmals 1330 unter dem Namen Selorino erwähnt. Inmitten des Dorfes erhebt sich die schöne Pfarrkirche S. Zenone aus dem 17. Jahrhundert. Hier wurden auch im 18. Jahrhundert die Brüder Brenni geboren, die als Kirchenmaler weithin berühmt sind.

Wenn wir vom Aussichtsplatz bei Salòrino über die Treppenwege hinabwandern nach Mendrisio, erblicken wir die großartige Propsteikirche SS. Cosma e Damiano über der gut

Herrliche Waldwege beim Abstieg vom Dosso dell'Ora über Cragno nach Mendrisio.

erhaltenen Altstadt. Stehen wir dann vor der monumentalen Treppe des neoklassizistischen Gebäudes, sind wir nicht nur von dessen Größe, sondern auch von seinem harmonischen Gesamtbild beeindruckt. Unterhalb der Kirche finden wir die Überreste eines romanischen Wehrturmes aus dem 12. Jahrhundert, der später zum Campanile aufgestockt wurde. Wir können in seinem Gemäuer noch einige römische Inschriften aufspüren. Nördlich der Altstadt steht die ursprünglich romanische Kirche S. Maria in Borgo, die im 16. und 17. Jahrhundert erneuert wurde. Dieses Gotteshaus ist Ausgangspunkt der äußerst eindrucksvollen Prozessionen in der Karwoche, die seit dem 16. Jahrhundert den Leidensweg Christi nachvollziehen. In historischen Kostümen und mit schmuckvollen, eigenwilligen Lampions ziehen die Teilnehmer durch die mit illuminierten Transparenten geschmückte nächtliche Altstadt. Außerdem sind die zahlreichen Profanbauten aus dem 14. bis 18. Jahrhundert sehr sehenswert. Besondere Beachtung gebührt dem ba-

Die alten Tessiner Häuser sind oft mit Fresken geschmückt, wie hier in Salòrino, hoch über Mendrisio.

rocken Palazzo Pollini (1719–1721), dem Palazzo Rusca, der das alte Amtsgericht der Landvögte im 15. Jahrhundert beherbergte, und dem Palazzo Torriani mit zwei malerischen Innenhöfen in der Via S. Maria Nummer 6. Er gehörte einst der Patrizierfamilie della Torre, die auf der Anhöhe Torre eine Burg besaß, die 1242 von den Mailändern zerstört wurde. Auf den Burgruinen wurde die Kirche S. Sisinio alla Torre errichtet, die noch heute Privatkirche der alten Familie ist.

All dies läßt erahnen, welch bewegte Geschichte die Bezirkshauptstadt Mendrisio aufzuweisen hat. Sie war schon zur Steinzeit besiedelt und wurde im 4. Jahrhundert von den Kelten mit einer mächtigen Wehranlage umgeben. Im Jahr 1170 geriet die Stadt unter die Herrschaft von Como und wurde 1242 bei den Auseinandersetzungen mit den Mailändern samt Keltenfestung zerstört. Schließlich wurde Mendrisio 1512 von den Eidgenossen erobert und ab 1522 Sitz eidgenössischer Landvögte.

Der Wegverlauf

Nachdem uns die interessante Schmalspurbahn von Capolago zur *Bergstation Bellavista* (1221 m) am Südhang des Generoso-Massivs gebracht hat, wandern wir auf dem alten Fahrsträßchen östlich in knappen 10 Minuten hinüber zur Ruine des *Berghotels Bellavista* (1202 m). Wir gehen links am Hotel vorbei, stoßen dort auf einen Waldweg, der ebenfalls links von einem Graben am Berghang durch den Wald abwärts führt. In etwa 7 bis 8 Minuten gelangen wir auf ein schmales Teersträßchen und haben rechts von uns das Gelände der ehemaligen *Cascina d'Armirone* (1152 m). Von der einstigen stolzen Alm, die schon im 16. Jahrhundert als Marmirone-Meierei bekannt war, blieb nur noch die der heiligen Maria 1750 geweihte Hauskapelle übrig. In südöstlicher Richtung geht's nun auf dem Teersträßchen, nahezu eben, hinüber zum *Dosso delle Mede* (1156 m). Wir wandern hier auf einem bewaldeten Höhenrücken, der zwischen dem Muggio-Tal und dem Valle dell'Alpe liegt. Beim Dosso delle Mede gehen wir am Steinbruch »del Balüsa« entlang, der allerdings schon länger nicht mehr genutzt wird. Dort hat sich inzwischen ein Tümpel mit reicher Wasserfauna gebildet, ein Ort unermeßlichen Friedens, der zum Verweilen und zur Beschaulichkeit anregt. Auf einem leichten Weggefälle von 50 Metern, verteilt auf einen halben Kilometer, kommen wir nach 25 Minuten zur *Cassinei*, einer Abzweigung, die ins Muggio-Tal hinabführt. Ab und zu ist ein Blick hinab auf die liebliche Landschaft des Muggio-Tales und seine fernen Bergdörfer möglich. Der sanfte Höhenweg führt eben zu Füßen des geschichtsträchtigen »doss del falò« geradeaus weiter in knappen 40 Minuten zur *Osteria Balduana*. Hier können wir im aussichtsreichen Garten bei einer guten Brotzeit und einem Gläschen Wein Rast machen. Wir bleiben auf dem asphaltierten Sträßchen, das uns hinüber zum *Dosso dell'Ora* (1102 m) bringt, bis vor einem Bauernhof am Beginn der Wiesen zwei markierte Pfade hinab nach *Cragno* (942 m) abzweigen. Dort folgen wir dem rechten, breiteren Weg, der in den »Fai da Castel«, einen schattigen Buchenwald, eindringt. Beim Abstieg ins kleine *Moia-Tal* geht's in mehreren Serpentinen durch dichten Wald abwärts. Hier müssen wir sehr auf den spärlich markierten Weg achten. Nach einiger Zeit sind wir aus dem Wald heraus, wo uns eine schöne Rundsicht auf die blumigen Wiesen, hoch über Cragno, zum Schauen einlädt. Im Mai sind die Abhänge voller duftender Narzissen (Narcissus poeticus). Hier finden wir auch das zierliche Maiglöckchen (Convallaria majalis), das schöne weiße Schaumkraut (Cardamine heptaphylla) und das seltene schwarze Kohlröschen (Nigritella nigra). Nun wandern wir durch diese üppige Blütenvielfalt auf den Dorfkern zu. Hinter dem kärglichen Schulhaus führt unser Pfad durch »i praa dal Venespur«, der so genannt wird, weil dort Mispeln wachsen, abwärts. Dann geht's auf einem Grasweg und später steinigen alten Saumpfad durch den pilzreichen dichten Wald »da la brusada«. Wenn wir uns nach einer knappen Viertelstunde dann dem Valle di Selvano nähern, wird der Wald lichter, die Baumarten wechseln zu Kastanien, Linden, Ebereschen und Hainbuchen. In zehn Serpentinen führt unser Weg nun hinab zur alten Brücke über das *Selvano-Tal*. An sonnigen Stellen des Talhanges wachsen doldenförmige Margeriten, sprießt

der gelbe Fingerhut (Digitalis lutea) und das echte Johanniskraut (Hypericum perforatum), mit dem man im Mittelalter glaubte, den Teufel austreiben zu können. In der Nähe der »praa da Campura« (*Sorti di Cámpora*) tritt man aus dem Wald heraus. Rechts zweigt ein Pfad über Occió hinauf zur Piana ab; wir aber gehen geradeaus talwärts durch das offene Gelände, vorbei an den Ställen von *Cámpora*. Auf einem mit Natursteinen belegten Fahrweg, der ständig etwas an Höhe verliert, wandern wir entlang der westlichen Abhänge der Morera hinunter nach *Bonello* (587 m). Ein grob gepflasterter Alpweg führt uns teilweise durch Rebgelände, vorbei an dem rechts über uns liegenden *Somazzo* und bringt uns weiter talwärts. Bei einer Weggabelung nehmen wir das rechte Sträßchen, das nun etwas steiler hinab nach *Salòrino* (465 m) führt. In Salòrino halten wir uns wieder rechts, um an das nordwestliche Ende dieses Hangdorfes zu gelangen. Dazu gehen wir ein kurzes Stück auf der Straße weiter, bis links ein Weg zu einem großartigen Aussichtsplatz hinunterführt. Staunend genießen wir hier eine Zeitlang den Blick auf die unter uns liegende Bezirkshauptstadt Mendrisio. Auf einem steilen Treppenweg kommen wir schließlich hinab in die Altstadt und stehen bald vor der monumentalen Propsteikirche SS. Cosma e Damiano. Nach der obligatorischen Visite der Altstadt geht's nochmals ein Stück abwärts zur *Stazione Mendrisio* (328 m).

Touristische Angaben

Talort: Mendrisio Altstadt (361 m).
Ausgangspunkte: Stazione Bellavista (1221 m).
Anfahrt: Mit dem Schiff, der Schweizer Bundesbahn oder dem PKW nach Capolago (vgl. Tour 13).
Rückfahrt: Von Stazione Mendrisio mit dem PTT-Bus oder der Bahn nach Capolago oder anderen Standorten.
Höhendifferenzen: Abstiege: Dosso dell'Ora –Cragno 160 m; Cragno–Salòrino 477 m; Salòrino–Altstadt Mendrisio 104 m.
Weglänge: Gesamtstrecke von Bellavista nach Mendrisio 10,5 km; Stazione Bellavista–Cascina d'Armirone 1 km; Cascina d'Armirone–Dosso delle Mede 0,8 km; Dosso

delle Mede—Dosso dell'Ora 1,1 km; Dosso dell'Ora—Cragno 1,9 km; Cragno—Bonello 3,2 km; Bonello—Salòrino 1 km; Salòrino—Stazione Mendrisio 1,5 km.

Gehzeiten: Gesamtstrecke von Bellavista nach Mendrisio 2 Std. 45 Min.; Stazione Bellavista (1221 m) – Hotel Bellavista (1202 m) 8 Min. – Cascina d'Armirone (1152 m) 7 Min. – Dosso delle Mede (1156 m) 12 Min. – Dosso dell'Ora (1102 m) 18 Min. – Cragno (942 m) 28 Min. – Bonello (587 m) 50 Min. – Salòrino (465 m) 17 Min. – Stazione Mendrisio (328 m) 25 Min.

Wegverhältnisse: Gepflegte Höhensträßchen, Wanderwege, teilweise schöne Wald- und dann wieder steinige Saumpfade.

Einkehrmöglichkeiten: Osteria Bellavista an der Generoso-Bahn, Osteria Balduana bei Dosso dell'Ora, Grotti in Salòrino und viele Grotti und Ristorante in Mendrisio.

Karten: Topografische Wanderkarte 1 : 25 000, Mendrisiotto, hrsg. vom Verkehrsverein der Region; Topografische Landeskarte 1 : 25 000, Blatt 1373 Mendrisiotto; Kompass-Wanderkarte 1 : 50 000, Blatt 91 Lago di Lugano.

In Arogno, im schönen Valle Mara, am Westhang des Generoso-Massivs, beginnt die aussichtsreiche Höhenwanderung über den Monte S. Agata nach Maroggia.

15 Von Arogno über Alpe Bogo, Monte S. Agata und Rovio nach Maroggia

Aussichtsreiche Höhenwanderung am Westhang des Generoso-Massivs durch Tobel zu einer romanischen Bergkapelle und der reizvollen Parklandschaft von Salera

> *3stündige Wanderung.*
> *Am Westhang des Generoso-Massivs führt der Weg an einsamen Berghöfen vorbei und überquert Wildbäche und Tobel. Von der Alpe Bogo über den Monte S. Agata geht's wieder hinab nach Maroggia. Interessante Orte, großartige Kirchen, Kapellen, Parklandschaften und vor allem immer wieder schöne Ausblicke lassen diese Tour zum Erlebnis werden.*

Der Westhang des Generoso-Massivs ist von vielen Bergeinschnitten geprägt, aus denen zumindest nach Regenperioden Wildbäche herunterkommen. Diese Tobel tragen im Wechsel mit Wiesen, Wäldern, Weilern und alten Berghöfen viel zur insgesamt sehr abwechslungsreichen Hanglandschaft bei. Schöne Aussichtsplätze, die herrliche Blicke auf die Landschaft und den Luganer See freigeben, entschädigen für die Mühe des Aufstiegs bis zum Monte S. Agata. Stattliche Orte wie Arogno und Rovio sowie sehenswerte Kapellen und Kirchen machen dieses schöne Wandergebiet noch interessanter.

Im reizvollen Val Mara liegt hoch über Bissone und Campione das Bergdorf Arogno. Es ist allein schon wegen des wohlerhaltenen Ortsbildes besuchenswert. Am Dorfrand stoßen wir auf die sehr alte Kirche S. Stefano, deren Ursprung schon ins 9. Jahrhundert zurückdatiert. Sie ist 1581 und 1630 erneuert worden. Die reich mit Stuckarbeiten verzierte Muttergotteskapelle (etwa 1630) stammt von Giovanni Antonio Colombo aus Arogno. Interessante Fassadenmalereien von 1723 finden wir an der Casa Cometta auf der Piazza. Arogno ist der Geburtsort des Architekten Adamo d'Arogno, der 1218 den Dom von Trient erbaute.

Die italienische Enklave Campione, die sich bei dieser Wanderung weit unter uns befindet, liegt in herrlicher Lage direkt am Luganer See auf Schweizer Boden. Das ehemalige Fischerdorf Campione wurde im Jahre 777 an die Abtei S. Ambrogio in Mailand verschenkt. Die Mailänder errichteten in Campione eine Niederlassung und eine Burg, die bis 1797 bestand. In der Zeit Napoleons wurde es der Zisalpinischen Republik zugeordnet. Alle Bestrebungen, Campione von Italien loszulösen, sind bisher gescheitert. Aus Campione d'Italia stammt das berühmte Künstlergeschlecht Maestri Campionesi. In der Enklave gibt es ein bekanntes Spielkasino und die schöne Kirche S. Zenone aus dem 14. Jahrhundert, die heute eine Kunstgalerie ist.

Bissone, etwa 3 Kilometer unter Arogno, hat einen historischen Ortskern mit schönen Arkadengängen, alten Patrizierhäusern mit eindrucksvollen Fassaden. Der Barockbaumeister Carlo Maderna (1556–1629) und sein großer Schüler Francesco Borromini (1599–1667) stammen aus Bissone. Borromini hat maßgeblich an der Barockisierung Roms mitgewirkt; sein Abbild finden wir auf den Schweizer Einhundert-Franken-Banknoten.

Auf dem Felshügel Monte S. Agata mit schöner Aussicht befindet sich eine sehr kleine (4 x 4 m) romanische Kapelle aus dem 12. Jahrhundert. Sie ist der heiligen Agata von Catania geweiht, die zur Schutzpatronin stillender Mütter erkoren wurde; ihr Festtag fällt auf den ersten Augustsonntag, an dem man hier eine Messe zelebriert. Ein weiterer Höhepunkt des Generoso-Westhanges ist die Parklandschaft von Salera, ein früherer Weideplatz für Rinder. Die Salera ist ein botanisch höchst interessantes Gebiet. Unter europäischen Hopfenbuchen (Ostrya carpinifolia) sind ausgedehnte Teppiche von Immergrün mit ihren hübschen blaulila Blüten (Vinca minor) und der Einbeere (Paris quadrifolia), dazwischen wilde Alpenveilchen (Cyclamen purpurascens). Im Mai blüht hier auch der stinkende Aronstab (Arum italicum).

Das Dorf Rovio, das durch Gerhart Hauptmanns »Ketzer von Soana« weltbekannt wurde, gleicht einer Sonnenterrasse in prächtiger

Aussichtslage, die 225 Meter über dem Ost-ufer des Lago di Lugano zu Füßen des Monte S. Agata liegt. Interessant ist auch der in der Nähe befindliche 16 Meter hohe Sovaglia-Wasserfall. Das alte Ortsbild mit imposanten, zum Teil freskengeschmückten Häusern, um-geben von schönen Gartenanlagen, konnte bis heute weitgehend erhalten werden. Die bis ins 13. Jahrhundert zurückgehende Kir-che SS. Vitale e Agata sowie die über dem Ort thronende romanische Kirche S.Vigilio und ihre Fresken aus dem 11. bis 12. Jahr-hundert werden den Kunstfreund sehr an-sprechen. Grabungsfunde aus der Bronze- und Römerzeit belegen, daß Rovio schon in vorgeschichtlicher Zeit besiedelt war.

Maroggia, ein ehemaliges Fischerdorf, liegt direkt am Seeufer unterhalb von Rovio. In dem 963 erstmals erwähnten Ort wurden mehrere römische Inschriften gefunden, was auf seine frühe Besiedlung schließen läßt. Hier entdecken wir schöne alte und gut er-haltene Häuser mit geschwungenen Loggien. Die Portale dieser Häuser sind teilweise noch mit Kartuschen verziert. Der Kunstliebhaber kann in diesem Ort Interessantes entdecken. Maroggia ist der Geburtsort des Barockbau-meisters Baldassare Longhena, der in Vene-dig S. Maria della Salute erbaut hat. Die ba-rocke Kirche S. Pietro geht auf eine Grün-dung im 9. Jahrhundert zurück und enthält bemerkenswerte Fresken aus dem 17. Jahr-hundert. Der noch erhalten gebliebene ro-manische Turm stammt noch aus dem Mittel-alter. Die Capella della Cintura, die etwas außerhalb des Ortes liegt, hat eine sehens-werte Barockfassade.

Der Wegverlauf

Um nach *Arogno* (606 m), zum Ausgangs-punkt dieser Wanderung, zu kommen, müs-sen wir uns von Maroggia mit dem PTT-Bus heraufbringen lassen. Bevor wir unsere Wan-derung beginnen, sollten wir dem imposan-ten Ort Arogno, wo auch eine interessante Barockkirche zu bewundern ist, einen kur-zen Besuch abstatten. Zwei Grotti und eine Osteria laden schon hier zur Durststillung oder einer kleinen Stärkung ein. Wir verlas-sen Arogno in östlicher Richtung zunächst auf der Straße nach Rovio, zweigen aber

nach Überquerung des wilden *Mara*-Ge-birgsflusses gleich links in ein schmäleres, bergauf führendes Sträßchen ab. Schon nach 22 Minuten kommen wir zur Bergkirche *S. Michele* (610 m), dann geht das Sträßchen vorbei an Wiesen und Berghöfen immer wei-ter bergauf, bis vor einem Tobel ein Weg zum Bach des Valle del Lembro hinabführt. Von *Beretta* (651m) haben wir auf halber Hö-he zwischen S. Michele und *Lembro* (713 m) einen phantastischen Ausblick auf den Luga-ner See bis hinüber nach Morcote. Jenseits des Baches gehen wir weiter durch den Bu-chenwald auf schmalen Pfaden an Berghän-gen hinauf zur *Alpe Bogo* (735 m), die wir nach 129 Metern Aufstieg von Arogno in gut 50 Minuten erreichen. Von hier klettert unser Pfad nochmals 204 Meter zum *Monte S. Aga-ta* (939 m) hinauf. Wer die Mühe dieses Auf-stieges auf sich nimmt, wird reichlich ent-schädigt durch einen phantastischen See-blick und die wunderschöne kleine romani-sche Kapelle. Wieder am eigentlichen Weg angekommen, der von der Alpe Bogo nach Rovio führt, wandern wir zunächst zwischen dem Vorberg und dem Generoso-Massiv weiter abwärts in der äußerst reizvollen Park-landschaft von *Salera*. Bei der Abzweigung von *Fabarü*, am Südhang des Monte S. Agata, kommen wir auf ein mit Granitplatten und Kieselsteinen gepflastertes Sträßchen, das 1910/11 vom Patriziat Rovio zur Erleichte-rung der Fuhrleute angelegt wurde. Bald geht's dann in Serpentinen in etwa 10 Minu-ten hinunter nach *Soldino* (583 m). Von hier haben wir wieder einen herrlichen Blick hin-ab auf Riva S. Vitale am Westufer des Lago di Lugano. Von Soldino streben wir auf *Rovio* (498 m) zu, das man von hier oben sehr gut in seiner Gesamtheit überblicken kann. Eine Ortsbegehung ist obligatorisch, wobei vor al-lem die Kirchen SS. Vitale e Agata und S.Vi-gilio einen Besuch wert sind. Gleich unter der Pfarrkirche zweigen wir rechts ab in eine Villenstraße, am Parkhotel vorbei, in den Wald. Von hier nehmen wir einen Wiesen-pfad, der bei einem Waldrand links hinunter führt und in einer Kehre auf die Straße nach Melano stößt. Kurz danach verlassen wir je-doch diese Straße wieder, um in einen rechts hinunter nach Maroggia führenden Pfad ein-zubiegen; den Wegweisern folgend, gehen

wir unter der Autobahn hindurch. Wir erreichen *Maroggia* (280 m) von Rovio leicht in
25 Minuten. Nach einem ebenfalls lohnen-
den Rundgang durch Maroggia begeben wir
uns wieder zum Bahnhof, um mit dem Zug,
dem Autobus oder dem PKW zum Domizil
zurückzukehren.

**Reizvoll liegt das Dorf Rovio südöstlich von Bisso-
ne auf einer Sonnenterrasse zu Füßen des Monte
S. Agata. Mitten im sehenswerten Ort steht die
klassizistische Kirche SS. Vitale e Agata.**

Touristische Angaben

Talort: Maroggia (280 m).
Ausgangspunkt: Arogno (606 m).
Anfahrt: Von Lugano oder Mendrisio mit der
Bahn, dem PTT-Bus oder dem PKW bis Ma-
roggia. Am Bahnhof von Maroggia finden wir
im Bedarfsfall reichlich Parkmöglichkeiten.

Von Maroggia Stazione bringt uns eine PTT-
Buslinie hinauf nach Arogno.
Höhendifferenzen: Aufstiege: Arogno–Alpe
Bogo 129 m; Alpe Bogo–Monte S. Agata
204 m; Abstieg: Salera–Maroggia 510 m.
Weglänge: Gesamtstrecke von Arogno nach
Maroggia 10,3 km; Arogno–Alpe Bogo
4,3 km; Alpe Bogo–Monte S. Agata 0,8 km;
Monte S. Agata–Maroggia 5,2 km.

Gehzeiten: Gesamtstrecke von Arogno nach Maroggia 3 Std.; Arogno (606 m) – S. Michele (610 m) 22 Min. – Beretta (651 m) 10 Min. – Lembro (713 m) 12 Min. – Alpe Bogo (735 m) 14 Min. – Abzweigung Monte S. Agata (790 m) 10 Min. – Monte S. Agata (939 m) 30 Min. – Salera (790 m) 20 Min. – Soldino (583 m) 25 Min. – Rovio (498 m) 12 Min. – Maroggia (280 m) 25 Min.

Wegverhältnisse: Mit leichter Wanderausrüstung zu fast jeder Jahreszeit gut begehbar.

Einkehrmöglichkeiten: Zwei Grotti und eine Osteria in Arogno sowie Ristorante in Rovio und Maroggia.

Karten: Topografische Landeskarte 1 : 25 000, Blatt 1353 Lugano; Kompass-Wanderkarte 1 : 50 000, Blatt 91 Lago di Lugano.

Zusatzmöglichkeiten: Gut trainierte Wanderer können diese Tour um etwa 1½ Stunden verlängern, indem sie Caprino (275 m) als Ausgangsort wählen. Caprino – Pugerna (472 m) 40 Min. – S.Vitale (684 m) 45 Min. – Arogno (606 m) 10 Min. mit Anschluß an regulären Wegverlauf. Anfahrt nach Caprino mit dem Schiff von Lugano. Auf zum Teil Felspfaden unter dem Sighignola (1302 m) am Berghang aufwärts. Durch vorhandene Abkürzungen können die Straßenschleifen zwischen dem Weiler Pugerna und S. Vitale umgangen werden.

Weitere Möglichkeit: Von Arogno für gute Bergwanderer steiler Aufstieg über Alpe d'Arogno, Pianca dell' Alpe in 2 Std. 35 Min. und bis zum Monte Generoso nochmals 1 Std. 15 Min.

Außerdem bietet sich noch eine abwechslungsreiche und leichte Wanderung am Fuße des Generoso-Massivs von Maroggia über Rovio, Monte S. Agata, Alpe Bogo und Arogno nach Bissone an (4 Std. 30 Min.).

Eines der großar- tigsten kirchlichen Bauwerke des Tessin ist S. Croce in Riva S. Vitale.

16 Von Serpiano über Crocifisso und Meride nach Riva S. Vitale

Erholsame Wanderung unter dem Monte S. Giorgio, dem Saurierberg, mit Besuch des Paläontologischen Museums in Meride

2stündige Wanderung auf gepflegten Wald- und Feldwegen.
Geringe Steigungen, ebene Strecken und leichtes Gefälle halten sich die Waage.
Botanik am Naturlehrpfad des Monte S. Giorgio, das alte Ortszentrum von Me- ride und das dortige Saurier-Museum so- wie die herrliche Pfarrkirche von Riva S. Vitale werten diese Wanderung zu ei- nem außergewöhnlichen Ereignis auf.

Dem Ceresio gegenüber liegt zwischen den beiden südlichen Armen des Luganer Sees der weithin sichtbare Monte S. Giorgio (1097 m). Eindrucksvoll ist der Blick von den Anhöhen des Monte S. Giorgio herab auf das einstige Fischerdorf Morcote mit der markanten Chie- sa Madonna del Sasso. Die Landschaft um den Monte S. Giorgio mit den Uferorten Bru- sino-Arsizio und Riva S. Vitale gehört zum Mendrisiotto. Am angenehmsten erreicht

man die Hochlagen des Monte S. Giorgio, wenn man mit dem Schiff von Lugano, Bisso- ne, Morcote oder Ponte Tresa nach Brusino- Arsizio fährt und sich von dort mit der Kleinkabinenbahn in wenigen Minuten hin- auf nach Serpiano schaukeln läßt. Sowohl bei der Schiffsanfahrt als auch der Bergfahrt kann man schon unvergeßliche Eindrücke und Ausblicke gewinnen.

Besonders artenreich sind Flora und Fauna rund um den Monte S. Giorgio. Ein interes- santer Naturlehrpfad von sieben Kilometer Länge führt rund um den Berg, wobei an zehn Wegtafeln eine Fülle von Informationen gegeben wird. Weltweite Bedeutung hat die- ser Berg aber wegen der zahlreichen Fossi- lienfunde erlangt. Hervorzuheben sind dabei versteinerte Saurier, die hier vor etwa 200 Millionen Jahren (im mittleren Trias) an Land und im Wasser gelebt haben. Das Mendri- siotto hat damals wohl nur teilweise aus dem großen Meeresbecken herausgeragt. Mehrere Forscher des Paläontologischen Instituts der Universität Zürich führten seit 1924 am Monte S. Giorgio systematische Grabungen durch. Die interessantesten Funde sind im Fossilien-Museum in Meride ausgestellt, das täglich von 8 bis 17 Uhr geöffnet ist. Unter vielen verschiedenen Exemplaren der Gat- tung Saurier sind auch spezielle Funde wie die des Ticinosuchus oder des Ceresiosaurus. Aufgrund seines äußerst langen Halses zählt

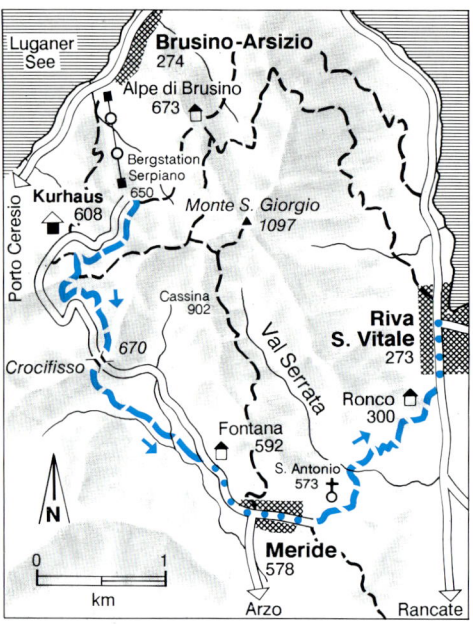

der hier gefundene Tanystropheus, der bis zu sechs Meter lang wird, mit zu den größten Saurierarten.

Meride liegt landschaftlich reizvoll auf einer nach Süden geöffneten Terrasse des Monte S. Giorgio. Sein ursprüngliches Aussehen hat es weitgehend bewahren können, es ist heute unter Denkmalschutz gestellt. Viele Anwesen mit schönen Portalen und Loggienhöfen stammen aus dem 16. bis 18. Jahrhundert. Hervorzuheben sind die Casa Oldelli, die Casa Poroli, die Casa Tettamanti und die Casa Monti mit Malereien von Giorgioli. Meride ist der Geburtsort des Malers Francesco Antonio Giorgioli (1655–1725). Er schuf unter anderem die Deckenfresken in den Kirchen von Muri, Pfäfers und vielen anderen Orten des Tessin und des Misox. Auf der brunnengeschmückten Piazza von Meride erhebt sich die spätbarocke Kirche S. Rocco aus dem 16. Jahrhundert. Oberhalb von Meride steht anstelle einer verschwundenen Burg die ursprünglich romanische Kirche S. Silvestro, in deren Innenraum sich Stukkaturen und Malereien von Giorgoli befinden.

Am südöstlichsten Arm des Luganer Sees liegt Riva S. Vitale gegenüber dem ausgedehnten Felsmassiv des Monte Generoso. Die schon seit vorgeschichtlicher Zeit ständig bewohnte Gemeinde diente im 12. Jahrhundert in den Kriegen zwischen Como und Mailand als Seestützpunkt. Riva S. Vitale bildete im Mittelalter, zusammen mit allen Dörfern dieses Ceresio-Armes, einen politischen Kreis mit eigenem Rat, die Pieve. Zwischen 1598 und 1608 sowie 1658 und 1663 war es vorübergehend selbständig, bis es sich 1798 zur eigenständigen Republik erklärte, die jedoch nur 16 Tage bestand, dann wurde die Pieve mit Lugano vereinigt. Riva S. Vitale ist unter Kunstkennern vor allem bekannt wegen seines frühchristlichen Baptisteriums S. Giovanni aus dem 5. bis 6. Jahrhundert. Das kubische Taufhaus mit oktogonalem Tambouraufsatz und mit Fresken aus dem 10. Jahrhundert ist der älteste noch erhaltene Sakralbau der Schweiz. In der Mitte des Raumes führten zwei Stufen in das achteckige frühmittelalterliche Taufbecken hinab, in dem der Täufling – im Sinne der Submersionstaufe – vollständig untergetaucht wurde. Für die spätere Infusionstaufe (Begießen) wurde ein monolithischer Taufstein darübergesetzt. Am nördlichen Rand des alten Dorfkerns steht die 1588 bis 1594 von Giovanni Antonio Piotti erbaute Kuppelkirche S. Croce, die zu den bedeutendsten Renaissancekirchen der Schweiz zählt. Großartig ist der Innenraum mit seinen mächtigen toskanischen Säulen und schönen Wandmalereien der Gebrüder Pozzi della Valsolda (1592). Im alten Ortszentrum lohnt es sich außerdem, die Renaissancepalazzi della Croce aus dem 16. Jahrhundert und das Gemeindehaus mit toskanischen Arkadenportiken anzusehen.

Der Wegverlauf

Eine Gondelbahn bringt uns von *Brusino-Arsizio* in vier Minuten hinauf zum Ausgangspunkt dieser Wanderung. Von der *Bergstation Serpiano* (650 m) nehmen wir den Sentiero Richtung Crocifisso. Auf gepflegten Wegen geht's durch Kastanien- und Hainbuchenwälder immer leicht aufwärts, bis wir nach einer knappen halben Stunde auf den *Sentiero naturalistico* (Naturlehrpfad) stoßen. Dieser rund um den Monte S. Giorgio angelegte Pfad, dem wir ab hier ständig folgen, bringt uns zunächst in 10 Minuten nach *Crocifisso* (670 m). Dort überqueren wir die von

Serpiano nach Meride führende Straße und gehen drüben zuerst durch Wald abwärts, dann auf einem Feldweg in einer knappen halben Stunde hinab nach *Fontana* (592 m). Nachdem wir den schönen Brunnen in Fontana bewundert haben, wandern wir das letzte Stück auf der Straße nach *Meride* (578 m). In Meride finden wir zwei Grotti zur leiblichen Stärkung; zur geistigen Erbauung gibt es ein Fossilien-Museum, in dem uns die versteinerte Tierwelt des mittleren Trias vor Augen geführt wird. Knapp einhundert Meter nach dem Ortsende von Meride biegen wir links in das Wiesengelände ein und erreichen in 10 Minuten die *Kapelle S. Antonio* (573 m). Kurz danach kommen wir in die Wälder des *Val Serrata*. Auf leicht abfallenden Waldwegen gelangen wir nach 500 Metern zum Tobel des Val Serrata. Nach Überschreiten des Baches geht's nun ein kurzes Stück im Zickzack steil abwärts. Der folgende Hohlweg führt uns durch den bewaldeten Hang bald hinunter nach *Ronco* (300 m). Vorbei an einem Friedhof schwenkt unser Weg nun halbrechts zur Straße nach *Riva S. Vitale* (273 m) ein. Den letzten halben Kilometer müssen wir mit diesem Straßenweg vorliebnehmen, auf dem wir allerdings durch den Blick auf die vor uns liegende prächtige Kirche mit schöner Kuppel entschädigt werden.

Vom alten Fischerdorf Brusino-Arsizio führt eine Gondelbahn hinauf nach Serpiano. Dort beginnt die Wanderung um den im Bild sichtbaren Monte S. Giorgio nach Riva S. Vitale.

Touristische Angaben

Talort: Brusino-Arsizio Funivia (274 m), Riva
S. Vitale (273 m).
Ausgangspunkt: Bergstation Serpiano
(650 m).
Anfahrt: Von Lugano Giardino mit dem
Schiff nach Brusino-Arsizio Funivia. Von
Mendrisio Ospedale OBV mit dem Regional-
bus der Autolinea Mendrisiense nach Brusi-
no-Arsizio. Von Brusino-Arsizio mit der
Luftseilbahn (Funivia) nach Serpiano.
Rückfahrt: Von Riva S. Vitale mit dem Regio-
nalbus der Autolinea Mendrisiense nach Ca-
polago oder Mendrisio. Ab Capolago besteht
regelmäßige Zugverbindung nach Lugano.
Höhendifferenzen: Aufstieg: Bergstation
Serpiano–Beginn des Naturlehrpfades 49 m;
Abstieg: Meride–Riva S. Vitale 305 m.
Weglänge: Gesamtstrecke von der Bergsta-
tion Serpiano nach Riva S. Vitale 8,5 km;
Bergstation Serpiano–Crocifisso 2,4 km;
Crocifisso–Fontana 1,8 km; Fontana–
Meride 0,9 km; Meride–Ronco 2,4 km;
Ronco–Riva S. Vitale 1 km.
Gehzeiten: Gesamtstrecke von der Bergsta-
tion Serpiano nach Riva S. Vitale 2 Std.;
Bergstation Serpiano (650 m) – Beginn des
Sentiero naturalistico S. Giorgio (699 m)
28 Min. – Crocifisso (670 m) 10 Min. – Fon-
tana (592 m) 28 Min. – Meride (578 m)
10 Min. – S. Antonio (573 m) 10 Min. –
Ronco (300 m) 19 Min. – Riva S. Vitale
(273 m) 15 Min.
Wegverhältnisse: Größtenteils gepflegte weiche Waldwege, ein Teil Feldweg und zwei
kurze Straßenstücke.
Einkehrmöglichkeiten: Restaurant mit Aussichtsterrasse an der Bergstation Serpiano. In
Meride Antico Grotto Fossati und Grotto la
Guana; in Riva S. Vitale Grotto Poiana.
Karten: Topografische Wanderkarte
1 : 25 000, Mendrisiotto, hsrg. vom Verkehrsverein der Region; Topografische Landeskarte 1 : 25 000, Blatt 1373 Mendrisiotto.
Zusatzmöglichkeit: Von Meride auf dem Naturlehrpfad mit großen Informationstafeln in
1 Std. 50 Min. rund um den Monte S. Giorgio. Meride (578 m) – Cassina (902 m)
50 Min. – Alpe di Brusino (673 m) 40 Min. –
Bergstation Serpiano (650 m) 20 Min. Von
Meride führt ein größtenteils mit Steinplatten

belegter alter Saumweg steil aufwärts nach
Cassina. Von dort wieder angenehmer weicher Waldweg, später Waldpfad hinüber zur
Alpe Brusino mit herrlicher Aussicht. Im Un-
tergehölz finden wir riesige Alpenrosen, üppige Stechpalmen, Goldregen und andere
seltene Pflanzen.

*Südliche Romantik an den Ufern des von
Bergketten umgebenen Lago Maggiore.*

Rund um den sonnigen Lago Maggiore

Der Lago Maggiore ist mit 212 Quadratkilometern nach dem Gardasee der zweitgrößte der oberitalienischen Seen, wobei sein nördlichster Teil, mit etwa einem Fünftel der Seefläche, zum Tessin gehört. Er ist 65 Kilometer lang, 2 bis 4,5 Kilometer breit, hat einen Umfang von 170 Kilometern und eine maximale Tiefe von 372 Metern. Das Ostufer des italienischen Seeabschnittes gehört zur Lombardei, Provinz Varese, und das Westufer zum Piemont, Provinz Novara. Bei den Römern Lacus Verbanus und bei den Italienern Verbano genannt, hat der Lago Maggiore auch noch die deutsche Bezeichnung Langensee.

Sein Ursprung liegt in der Eiszeit, er ist das Becken des Tessingletschers. Obwohl der Lago di Lugano über die Tresa in den Lago Maggiore entwässert wird, ist der Ticino sein größter Zufluß; er tritt im Norden in der Magadino-Ebene in den See ein und verläßt ihn bei Sesto-Calende im Süden wieder.

Gewaltig sind seine Bergketten im Norden, Westen und Nordosten. Sie schirmen den See vor ungünstigen Witterungseinflüssen ab und tragen sehr zu einem ausgeglichenen Klima bei, das vor allem durch die nach Süden offene Lage mediterran beeinflußt ist. Den besten Eindruck von den Sonnengestaden des Langensees bekommt man bei Begehung der Wege in mäßiger Höhe vom Monte Verità oberhalb Asconas über Ronco sopra nach Brissago oder aus größerer Höhe von den Hanglagen des Gambarogno zwischen Monte Piazzogna und Monte S. Abbondio sowie vom Sentiero Collina alta zwischen Orselina und Brione. Sehr schöne Sicht auf den See hat man auch, wenn man auf dem Felsplateau von Madonna del Sasso, hoch über Locarno, steht. Erst von diesen Höhen kann man die großartige Silhouette der Seelandschaft erkennen, ihre Weite und die sanfte Lieblichkeit der blumengeschmückten Abhänge ermessen und all den Reichtum an fremden bis hin zu exotischen Pflanzen und Bäumen bewundern. Darunter ist eine Reihe von Palmen, wie die Kanarische Dattelpalme (Phoenix jubaea-canariensis), die Mähnenpalme aus Chile (Jubaea spectabilis), die Hanfpalme aus Burma (Trachycarpus excelsa) und andere fremdländische Gewächse wie Indische Feigenkaktusse (Opuntia ficus indica), Orientalische Granatäpfel (Punica granatum-Punicaceen), Australische Mimosen (Acacia dealbata), Feigenbäume (Ficus carica), Amerikanische Agaven (Agave americana), die Zeder des Libanon (Cedrus libani-Pinaceen), Atlaszedern (Cedrus atlantica) und die Ostasiatische Kamelie (Camellia japonica-Theaceen).

Am geschichtsträchtigen Lago Maggiore leben mindestens schon seit der Bronzezeit Menschen. Zuerst waren es Ligurier, später etruskische Volksstämme, dann Gallier und Römer. Nach bewegter Geschichte frühchristlicher Zeit bis zum Mittelalter fielen ab 1439 fast alle Besitztümer am See an Vitalia-no Borromäus. Die Macht der Borromäus weitete sich nach und nach aus, bis fast das ganze Seengebiet unter ihre Herrschaft kam. Der Tessiner Seeabschnitt wurde seit 1521 eidgenössisch. Die dazugehörigen Uferlandschaften des Langensees werden heute in fünf touristische Regionen gegliedert. Während das Ostufer komplett zum Gambarogno gehört, teilt sich das Westufer auf in die drei Regionen Brissago und Ronco, Ascona und Losone sowie Locarno und Täler. Das Nordufer mit den Bolle di Magadino wird von der Region Tenero und Valle Verzasca verwaltet.

Ascona, Losone, Brissago und Ronco

Locarno und Ascona werden durch das Maggia-Delta voneinander abgegrenzt. Das einstige Fischerdorf Ascona verdankt seinen Aufschwung zu einem der beliebtesten Ferienzentren am Lago Maggiore der subtropischen Vegetation und der überdurchschnittlichen Sonnenscheindauer. Der alte verkehrsfreie Ortskern mit malerischen Gassen, reizvollen Bürgerhäusern, Kunstgalerien, Boutiquen und Antiquitätengeschäften macht es zu einem beliebten Treffpunkt, der auch gerne als das Schweizerische Saint-Tropez bezeichnet wird. Sehenswert sind in Ascona die Kirchen S. Maria della Misericordia (1399–1442 erbaut) und SS. Pietro e Paolo (1530–1534 erbaut), die Casa Serodine des Malers Giovanni Serodine (1594–1630), die Casa S. Cristoforo mit reizvollem Innenhof und die Castelli dei Ghiriglioni und S. Materno. Hausberg von Ascona ist der Monte Verità, der 125 Meter über dem Ort liegt. Am Nordabhang des Monte Verità steht die 1617 bis 1677 über einer Quelle erbaute turmlose, aber freskengeschmückte Wallfahrtskirche Madonna della Fontana.

Nordwestlich von Ascona liegt die Nachbargemeinde Losone mit den drei nach ihren Kirchen benannten Ortsteilen S. Lorenzo, S. Giorgio und S. Rocco. Ascona und Losone bilden eine gemeinsame touristische Region.

Dieses lombardische Landhaus in Arcegno ist ein Beispiel für das südliche Flair der Bergdörfer am Lago Maggiore.

Berühmt ist die Pfarrkirche S. Lorenzo, die 1597 anstelle eines älteren sakralen Baues errichtet wurde; sie ist allerdings auch im 18. Jahrhundert barockisiert worden. Bezaubernd ist das Hügelland oberhalb von Losone mit dem Bergdorf Arcegno.

Der südwestlichste Tessiner Küstenabschnitt am Lago Maggiore – zwischen Ascona und Brissago – ist seit mehr als 2000 Jahren von den verschiedensten Völkern besiedelt. Brissago, damals Brixagium, war bevorzugter Sommersitz wohlhabender Römer. Nach bewegter Geschichte in frühchristlicher Zeit wurde Brissago ab 1307 eigenständige Republik, die nur vom Kaiser abhängig war und weitreichende Privilegien besaß. 1521 wurde es an die Eidgenossenschaft angeschlossen, behielt aber das Recht zu weitgehender

Selbstverwaltung und einen Teil seiner übrigen Privilegien bei. Heute ist Brissago, zusammen mit Ronco sopra Ascona, eine der 15 touristischen Regionen des Kantons Tessin. Bis Anfang des 19. Jahrhunderts war es nur mit dem Schiff zu erreichen. Heute kommt ein leiser Zweifel auf, ob die jetzt gut ausgebaute Uferstraße, die das Ortsbild gründlich verändert hat, ein Segen für die Region war. Zwischen dem Monte Limidario (Gridone, 2187 m) und dem Pizzo Leone (1659 m) zieht sich das weite Val del Sacro Monte nach Brissago hinab. Durch den Schutz der hohen Berge ist diese reizvolle Hanglage klimatisch sehr begünstigt. Zwischen vielen Gärten mit tropischem Pflanzenbewuchs sind mehrere typische Bergdörfer mit gut erhaltenen Ortskernen, inmitten

Arcegno in den Hügeln hinter Ascona mit dem typischen Ortskern alter Tessiner Dörfer.

von Weinbergen, am Abhang eingebettet. Hervorhebenswert sind das Winzerdorf Piodina, das entzückende Dörfchen Incella und die etwas vornehmeren Treppendörfer Cadogno und Porta mit freskengeschmückten Renaissance- und Barockhäusern.

Um beide Regionen näher kennenzulernen, sind die Touren 17 und 18 zu empfehlen.

Touristische Angaben

Anfahrt: Vom Gotthardtunnel oder dem S.-Bernardino-Tunnel bis zur Ausfahrt Bellinzona-Nord nach Locarno. Alternativ durch das Engadin über den Malojapaß, Chiavenna, Menaggio, Lugano nach Locarno. Zwischen Locarno und Ascona gibt es eine Schnellverkehrsstraße.

Parkmöglichkeiten: Von Bellinzona kommend, parkt man am besten in den Vororten Minusio und Muralto, wobei man es in Kauf nimmt, in guten 10 Minuten zu Fuß zum Ortszentrum von Locarno zu gehen. Es gibt aber auch im Zentrum in der Nähe des Bahnhofes (Piazza Stazione) ein Autosilo (Parkhaus). Die Parkplätze an den Uferpromenaden haben zumeist Parkuhren.

In Ascona sind in der Nähe der Seepromenade, aber auch am Rande der Fußgängerzone des alten Ortskernes mehrere größere Parkplätze. Aus Locarno kommend wird angeraten, ebenfalls schon am Anfang von Ascona zu parken. Dort befindet sich ein großer Parkplatz, von wo man in wenigen Minuten im Zentrum ist.

Verkehrssystem: Ascona ist in das Verkehrssystem von Locarno mit eingebunden. Mehrere Linien des regionalen Autobusverkehrs »FART Autolinee regionali« verkehren zwischen Locarno, Ascona, Losone und Ronco sopra. Außerdem besteht die Möglichkeit des Schiffsverkehrs zwischen Locarno, Ascona, Ronco Porto und Brissago. Fahrplan FART erhältlich bei Ufficio Viaggi FART, Piazza Grande, CH-6601 Locarno, Tel. 093/31 87 31. Fahrpläne für den Schiffsverkehr auf dem Lago Maggiore erhältlich in Ascona, Tel. 093/35 20 74.

Verkehrsbüro: Ente Turistico Ascona e Losone, CH-6612 Ascona, Tel. 093/35 55 44 oder Ente Turistico Brissago e Ronco sopra Ascona, CH-6614 Brissago, Tel. 093/65 11 70.

17 Von Arcegno durch Kastanien-, Birken- und Hainbuchenwälder, vorbei an Moortümpeln und über Bäche nach Losone

Im Asconeser Hügelland zum Ortskern eines typischen alten Tessiner Dorfes und zu einer sehenswerten Kirche

> *1½stündige Talwanderung durch eine pflanzenreiche Moorlandschaft auf gepflegten Waldpfaden in einem gut markierten Wegenetz.*
> *In Arcegno wird das alte Tessin lebendig, und in Losone bieten nach dem Kunstgenuß von S. Lorenzo mehrere Grotti Erholung und landestypische Küche.*

Arcegno, im Hügelland von Ascona, liegt inmitten von Kastanienwäldern 148 Höhenmeter über Losone und gehört seit dem frühen Mittelalter zu dieser Gemeinde. Besonders beeindruckend ist der schöne alte Ortskern mit winkeligen Gäßchen, typischen Granitbrunnen und kleinen, blumengeschmückten Innenhöfen. Urwüchsige Tessiner Häuser, aus Gneisbrocken gebaut, mit Steinplatten gedeckt und mit Balkenwerk für Balkone und Stellagen bedacht, vervollständigen die Romantik des Dorfes; wenn auch das eine oder andere der alten Häuser schon zu Ferienwohnungen ausgebaut ist, blieb der Charakter einstiger Tessiner Dörfer noch eindrucksvoll erhalten.

Arcegno war im frühen Mittelalter von den Bischöfen von Como beherrscht. Es ist urkundlich belegt, daß sie in den Jahren 1257 bis 1264 Arcegno an die Edlen Muralto von Locarno und Duno von Ascona belehnten. An der Fassade und im Inneren der Pfarrkirche S. Antonio Abate sind alte Freskenreste zu bewundern. Das im 14. Jahrhundert erbaute Gotteshaus wurde im 17. Jahrhundert erweitert.

S. Lorenzo in Losone gilt nach Madonna del Sasso hoch über Locarno als meistbesuchte Wallfahrtskirche des Tessin. Die schon 1243 erwähnte Pfarrkirche wurde 1597 neu erbaut und 1776 barockisiert. Das interessante Gotteshaus hat einen schönen Campanile und ist von eindrucksvollen Kreuzwegbildstöcken umgeben, die 1816 entstanden sind. An Kunstwerken sind vor allem ein Renaissance-Taufbecken aus dem Jahre 1580, die Gemälde von Orelli und Pancaldi sowie der Altar von Giuseppe Buzzi (1751) hervorzuheben.

Losone ist nicht zuletzt wegen einer Reihe gut geführter Grotti beliebter Ausflugsort. Seine Lage am Eingang ins Maggia-Tal und ins Centovalli, aber auch das bewaldete Hügelland im Westen prädestinieren Losone als Ausgangspunkt für viele schöne Wanderungen.

Der Wegverlauf

Von *Arcegno Posta* (387 m), gegenüber der Pfarrkirche, bergauf und in der ersten Kurve der Straße nach Ronco rechts in das schmale gepflasterte Dorfsträßchen zum alten *Ortskern* (395 m). Ein Rundgang durch dieses gut erhaltene typische Tessiner Dorf ist obligatorisch. Unser Sentiero beginnt in der *Via Vicolo S. Antonio* im obersten Arcegno; am Ende dieser Dorfstraße führt links hinab nach *Ortighee* ein Waldweg. Im Tal angekommen, biegen wir rechts ab und marschieren auf schmalen gepflegten Pfaden den Bach entlang talwärts. Wir überschreiten bald das erste Brücklein und steigen mäßig bergauf durch Kastanienwald, oben am ersten Moortümpel vorbei und wieder hinunter. Nach 22 Minuten gelangen wir zur ersten Abzweigung, die aufwärts zur Anhöhe *Maia* (476 m) führen würde. Wir gehen aber regulär noch 9 Minuten weiter bergab, bis wir zur nächsten *Abzweigung Richtung Bolle di Mondrigo* kommen. Dort biegen wir links ein, gehen leicht bergauf, um einen großen Felsen herum, und sind bald oben an einem größeren romantischen *Moortümpel*. Unser *Sentiero educativa* führt nun in etwa 25 Minuten um den Hügel von Renecone herum. Wir beginnen den Rundweg am Moorweiher, gehen links in Richtung Barbescio immer leicht bergab und zweigen im Talgrund, wo der mit Granitplatten belegte Weg weiter aufwärts führt, talwärts scharf nach rechts. Nach wenigen Minuten biegt unser Sentiero educativa mit wechselnden Nummern wieder rechts

ein. In großem Bogen wandern wir leicht bergauf weiter und sind bald wieder oben am *Moortümpel*, dem Ausgangspunkt unseres kurzen Rundwegs. Ein Stück auf dem bekannten Weg bergab, biegt unser Waldpfad bald wieder links in Richtung Renecone ab. Das letzte Stück geht's in Serpentinen, teilweise auf Granitplatten, hinunter nach *Renecone* und dann vorbei an schönen Residenzen, entlang der nun steil abwärts führenden Anliegerstraße nach *Losone* (239 m).

Touristische Angaben

Talort: Losone (239 m).
Ausgangspunkt: Arcegno (387 m).
Anfahrt: Von Locarno Stazione mit dem Regionalbus FART, Linea 22 Locarno – Ronco sopra bis Arcegno. Bei Anreise mit dem PKW durch Locarno Richtung Centovalli bis Losone Posta. Von Losone Posta mit dem FART-Bus bis Arcegno. Parken in Losone, direkt am Postamt oder in der Nähe der Pfarrkirche S. Lorenzo.
Höhendifferenzen: Abstieg: Arcegno–Losone 148 m.
Weglänge: Gesamtstrecke von Arcegno bis Losone 5,5 km; Arcegno–Ortighee 0,6 km; Ortighee–Abzweigung Bolle di Mondrigo 1,2 km; Abzweigung Bolle di Mondrigo–Losone Posta 3,7 km.
Gehzeiten: Gesamtstrecke von Arcegno bis Losone 1 Std. 30 Min.; Arcegno Posta (387 m) – Ortskern des alten Dorfes (395 m) 15 Min. – Ortighee 8 Min. – Abzweigung Maia 14 Min. – Abzweigung Bolle di Mondrigo 9 Min. – Abzweigung Barbescio 9 Min.

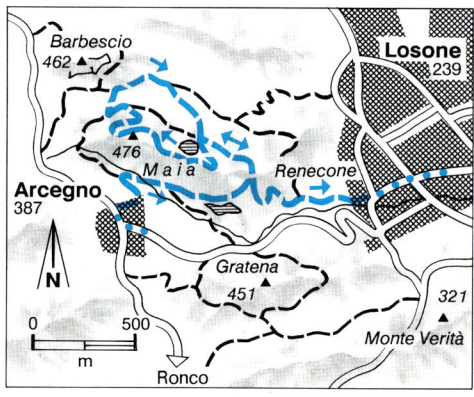

– Renecone 30 Min. – Losone Posta (239 m)
5 Min.

Wegverhältnisse: Weiche Waldpfade innerhalb eines gut markierten Wegnetzes, fast immer leicht bergab.

Einkehrmöglichkeiten: Ristorante in Arcegno, mehrere Grotti und Osterias in Losone.

Karten: Topografische Wanderkarte 1 : 25 000, Locarno–Ascona, hrsg. vom Verkehrsverein der Region; Kompass-Wanderkarte 1 : 50 000, Blatt 90 Lago Maggiore.

18 Von der Asconeser Altstadt über den Römerweg nach Ronco sopra Ascona und Brissago

Klassische Langensee-Höhenwanderung mit einzigartiger Aussicht auf den See und die Brissago-Inseln

Knapp 2½stündige Wanderung hoch über dem Lago Maggiore mit andauernd prächtigem Seepanorama.
Diese Tour, in der ersten Etappe mit leichtem Anstieg zum Monte Verità, führt über den geschichtsträchtigen Römerweg, vorbei an einer Vielzahl herrlicher Villen mit subtropischen Gartenanlagen an Steilhängen. Das letzte Teilstück geht von Fontana Martina auf Hangpfaden, teilweise Treppenwegen steil bergab nach Brissago. Viel Kunstgenuß am Wege und Zusatzmöglichkeit für botanisch Interessierte.

Über den westlichen Gestaden des Lago Maggiore (Langensees) liegen zwischen Ascona und Brissago in mäßiger Höhe Wege, Sträßchen und Felsplateaus, die eine herrliche Aussicht auf diesen Seeabschnitt, die umliegenden Bergketten und deren schöne Abhänge gewähren. Der Besucher dieser Hochlagen wird von der Seeromantik schnell eingefangen und begeistert sein von den tropisch bewachsenen Hängen und darin eingebetteten zauberhaften Gärten und Orten. Von Ronco sopra führte zur Römerzeit eine Höhenstraße hinüber zum Monte Verità oberhalb Asconas. Ein traumhafter Blick hinab auf die nahen Brissago-Inseln eröffnet sich von hier oben. Die größere der beiden langgestreckten Inseln wird auch Isola di S. Pancrazio genannt. Der Name leitet sich von der dreischiffigen Basilika S. Pancrazio ab, die sich hier einst befand. Auf dieser Insel wurde ein römischer Weihaltar gefunden, der in der Villa Civico in Lugano zu besichtigen ist. Nachdem die Inseln im 17. Jahrhundert verlassen und verwildert waren, erwarb Antonietta Bayer, Baronessa di Saint Léger, 1885 die Inseln und ließ auf den Grundmauern der Kirche eine Villa errichten. Sie legte auch einen subtropischen Park an, dessen Bäume wir heute noch bewundern können. Nach dem Tod der Baronin wurden die Brissago-Inseln 1927 öffentlich versteigert und einem Hamburger Kaufmann zugeschlagen, der wiederum den Palazzo der Baronin abriß und an seine Stelle einen neuen setzte. Nach seinem Ableben erwarben 1949 der Kanton Tessin, die Ufergemeinden Ascona, Brissago, Ronco und der Schweizer Heimat- und Naturschutzverband die Brissago-Inseln, um hier einen sehenswerten, hochinteressanten Botanischen Garten, den Parco Botanico del Cantone Ticino, einzurichten, der ab 1950 der Öffentlichkeit zugänglich gemacht wurde.

Das malerische, heute international bekannte Ronco, liegt am Abhang der Corona dei Pinci (1294 m) auf einer aussichtsreichen Felsenterrasse, hoch über dem Langensee. Von den zwanziger bis in die sechziger Jahre war Ronco für Künstler aller Richtungen ein sehr beliebtes Domizil. Eine prächtige Sicht auf die Brissago-Inseln und das gegenüberliegende Gambarogno wird von der Piazza geboten. Der Platz wird beherrscht von der Pfarrkirche S. Martino aus dem 15. Jahrhundert, die wie viele andere im 17. Jahrhundert barockisiert wurde. Zur künstlerischen Ausgestaltung trugen Antonio da Tradate mit spätgotischen Chorfresken, signiert 1492, und Antonio Ciseri mit dem Altarbild bei. Ronco ist der Geburtsort des Malers Ciseri (1821–1891), dessen ehemaliges Wohnhaus gegenüber der Kirche steht und heute als Museum Ciseri zu bewundern ist. Wir erinnern uns gern an seine Grablegung Christi in der

Wallfahrtskirche Madonna del Sasso. Der gut erhaltene Ortskern mit schönen Häusern aus dem 17. Jahrhundert und den engen, bogenüberspannten Gäßchen, Brunnen, Kapellen und versteckten Innenhöfen vervollständigen die Romantik des beliebten Ortes. Wie jede Gemeinde, die etwas auf sich hält, hat auch Ronco eine zweite, etwas höher gelegene Kirche, die schlichte Barockkapelle S. Maria delle Grazie, mit toskanischer Vorhalle aus dem 18. Jahrhundert. Giuseppe Antonio Felice Orelli hat die Kuppelfresken in dieser Kirche geschaffen.

Brissago liegt südwestlich von Ascona, direkt am Langensee, am Fuße des Limidario und unweit des italienischen Grenzortes Cagetto Valmara. Am Auslauf des Val del Sacro Monte steht inmitten des großen Dorfes Brissago dominierend die kunsthistorisch bedeutungsvolle Renaissancekirche SS. Pietro e Paolo, von 1526 bis 1610 erbaut; sie wurde von Giovanni Beretta und seinem Sohn Pietro aus Brissago anstelle einer noch älteren Kirche aus dem 13. Jahrhundert errichtet. Um den idyllischen Kirchplatz gruppieren sich 600 Jahre alte Zypressen. Architektonisch noch interessanter ist die außerhalb des Ortes an

der Straße zur Grenze stehende Kirche Madonna del Ponte. Das 1528 erbaute Gotteshaus ist eine der sehenswertesten Schöpfungen lombardischer Renaissance in der Schweiz. Hervorhebenswert ist das schöne Portal von 1594. Aus Brissago stammen viele angesehene Künstler, darunter der Maler, Bildhauer und Architekt Giovanni Antonio Caldelli (1721–1791), der im Dienst des Herzogs Karl von Lothringen stand und den Palazzo Baccalà in Brissago erbaute. Das fast städtische Gepräge verdankt Brissago den zahlreichen schönen Bürgerhäusern, darunter der prächtige Palazzo Baccalà mit fünfbogiger Loggia und reich gegliederter Fassade, der einst Stadtpalais der Kaufmannsfamilie Branca war.

Der Wegverlauf

Inmitten der *Asconeser Altstadt* beginnen wir diese Höhenwanderung in der *Via Borgo*, wo wir zur *Strada del Rondonico* hinaufgehen. Wir folgen ihr westwärts bis sie in die *Strada della Collina* einmündet. Nach rund 400 Metern zweigt der *Sentiero romano (Römerweg)* ab. Der Sentiero führt zum Monte Verità hin-

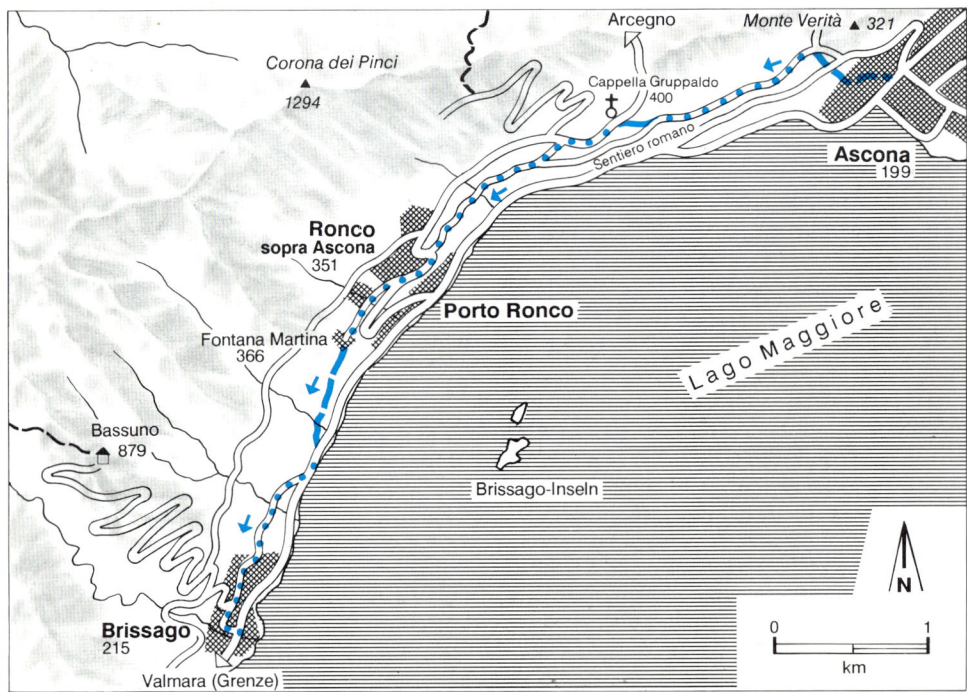

Südwestlich von Ascona liegt auf aussichtsreicher Felsterrasse am alten Römerweg das malerische Ronco. Das schöne Dorf mit seinen engen Gassen war früher ein begehrtes Künstlerdomizil.

auf und jenseits des Tobels, vorbei an der *Capella Gruppaldo* (400 m) zur Straße von Arcegno. Auf dieser aussichtsreichen Höhenstraße geht's dann hinab nach *Ronco sopra Ascona* (351 m). Dabei haben wir das sehr beliebte Dorf ständig im Blickfeld. Mehrere gute Restaurants mit Aussichtsterrassen laden zu einer Zwischenrast ein. Nach dem obligatorischen Besuch der beiden Kirchen von Ronco leitet uns der Sentiero-Wegweiser weiter südlich Richtung Fontana Martina. Über winkelige Gäßchen und einige Treppchen geht's zunächst durch den romantischen Ort Ronco zu einer etwas tiefer liegenden schmalen Höhenstraße, der wir etwa 20 Minuten bis *Fontana Martina* (366 m) folgen. Auf diesem Höhenweg wechselt ein schöner Blick, zurück auf Ronco und hinunter auf die Brissago-Inseln, mit dem anderen. Wir kommen an herrlichen Hangvillen vorbei, die von Palmen, Rhododendren, Azaleen und Glyzinien umgeben sind. In Fontana Martina endet unser Höhenweg und mündet links in einen *Treppenpfad*, der uns in einer guten halben Stunde hinab nach *Brissago* (215 m) bringt. Im letzten Stück genießen wir wieder wunderschöne Ausblicke auf das vor uns liegende Brissago und den See.

Touristische Angaben

Talorte: Ascona (199 m), Brissago (215 m).
Ausgangspunkt: Ascona Altstadt, Via Borgo.
Anfahrt: Von Locarno, Piazza Stazione mit dem FART-Bus Nr. 21 der Autolinee regionali oder mit dem Schiff nach Ascona.

Rückfahrt: Von Brissago mit dem Schiff oder dem FART-Bus Nr.21 der Autolinee regionali nach Ascona oder Locarno.
Höhendifferenzen: Aufstieg: Ascona Altstadt−Capella Gruppaldo 201 m; Abstieg: Fontana Martina−Brissago 151 m.
Weglänge: Gesamtstrecke von Ascona nach Brissago 8,4 km; Ascona−Capella Gruppaldo 2,3 km; Capella Gruppaldo−Ronco 2,2 km; Ronco−Fontana Martina 0,9 km; Fontana Martina−Brissago 3 km.
Gehzeiten: Gesamtstrecke von Ascona nach Brissago 2 Std. 20 Min.; Ascona (199 m) − Capella Gruppaldo (400 m) 50 Min. − Ronco (351 m) 35 Min. − Fontana Martina (366 m) 15 Min. − Brissago (215 m) 40 Min.
Wegverhältnisse: Sehr gepflegte Wege, zum Teil Höhensträßchen mit wenig Verkehr. Im letzten Teilstück Hangwaldpfade und Treppenwege, die steil bergab führen.
Einkehrmöglichkeiten: Mehrere Restaurants und Grotti in Ronco und Brissago.
Karten: Topografische Wanderkarte 1:25000, Locarno-Ascona, hrsg. vom Verkehrsverein der Region; Kompass-Wanderkarte 1:50000, Blatt 90 Lago Maggiore.
Zusatzmöglichkeit: Von Brissago mit dem Schiff zur großen Brissago-Insel, S. Pancrazio, um hier einen etwa einstündigen Rundgang durch den herrlichen Botanischen Garten des Kantons Tessin zu machen. Weiterfahrt nach der Besichtigung mit dem Schiff nach Ascona.

Gambarogno

Gegenüber den bekannten Fremdenverkehrsorten Ascona und Locarno erstreckt sich am nordöstlichen Ufer des Lago Maggiore das Gambarogno. Diese touristische Region beginnt am Fuße des Monte Ceneri und reicht bis hinab nach Dirinella, dem Grenzort des Tessin zu Italien. Im Zentrum des Gebietes liegt der Monte Gambarogno (1734 m), etwas südlicher davon der Monte Paglione (1554 m). Der Monte Tamaro (1962 m), den man am besten von Locarno sehen kann, begrenzt das Gambarogno nordöstlich. Mit dem Bau der Uferstraße in den

Sonnenuntergang an der Riviera del Gambarogno.

Jahren 1819 bis 1823 begann die Erschließung dieses schönen Gebietes. Nach deren Fertigstellung und dem Bau der Eisenbahnlinie Bellinzona−Luino hat sich auf dieser Nord-Süd-Route schon sehr früh reger Verkehr abgewickelt; Magadino war ein wichtiger Warenumschlagplatz, und Luino erhielt in Erwartung der Verkehrsausweitung einen gewaltigen Bahnhof. Mit dem Bau der Gotthardroute hat diese Strecke allerdings stark an Bedeutung verloren. Bei den Verkehrsplanern taucht angesichts der heute schon großen Überbelastung der Gotthardverbindung nach Chiasso immer wieder der Gedanke auf, diese Eisenbahnlinie als durchgehende Doppelspur weiter nach Süden − mit Anschluß an Genua und Turin − auszubauen. Die Berggebiete unter dem Monte Tamaro wurden 1917 durch den Bau der kurvenreichen Straße zwischen Vira und Indémini zugänglich gemacht. Trotzdem haben die Orte an den Hängen von Tamaro und Gambarogno noch weitgehend ihr altes Ortsbild unverfälscht erhalten können. Allen voran ist hier Indémini zu nennen, das mit steingedeckten Häusern und typischen Straßendurchgängen sehenswert ist.

Die freundliche Uferlandschaft »Riviera del Gambarogno« mit dem Hauptort Vira und vielen anderen Ansiedlungen wie S. Nazzaro, Gerra und S. Abbondio weist eine subtropische Vegetation und Pflanzenpracht auf. An den teilweise steilen Hängen finden wir Weinberge, Obstgärten und Wälder mit Eßkastanien vor. Vom Frühjahr bis zum Herbst und vom frühen Vormittag bis zum Abend liegt das Gambarogno im vollen Sonnenschein. Herrlich ist eine Küstenfahrt am Lago Maggiore, wenn in den Abendstunden die untergehende Sonne und das Gegenlicht den See in romantische Stimmung versetzen.

Mit kleinen Hotels und einer Anzahl Ferienwohnungen wird der Tourismus gefördert, der in dieser Region aber noch nicht als überbeansprucht gelten kann. Das Gambarogno ist ein vorzügliches Wandergebiet, das viele schön angelegte Wanderwege mit zumeist guter Seesicht aufzuweisen hat.

Das schmucke Dorf Magadino mit der auf einem Felsvorsprung liegenden Pfarrkirche S. Carlo war namengebend für die nordöstliche Landschaft des Gambarogno. In der spätklassizistischen Chiesa von 1847, mit sehenswerten Tafelbildern der Schule des Bernardino Luini aus dem 16. Jahrhundert und einer schönen Pietà von Antonio Ciseri, finden alljährlich internationale Orgelfestspiele statt. Im Mündungsdelta des Ticino erstreckt sich nördlich vom Ort das Naturschutzgebiet und Vogelparadies Bolle di Magadino. Diese zauberhafte Landschaft hat sich aus früheren Sumpfflächen entwickelt und weist neben seltenen Vogelarten auch botanisch interessante Pflanzen auf. Durch die Bolle di Magadino sind markierte Wege angelegt, die man allerdings nicht verlassen sollte. Von Magadino aus gibt es auch geführte Wanderungen in dieses Gebiet.

Touristische Angaben

Anfahrt: Von Lugano über Ponte Tresa, Luino, Maccagno, Dirinella ins südöstliche Gambarogno. Ab Locarno Richtung Bellinzona/Lugano nach wenigen Kilometern rechte Abzweigung nach Luino nehmen. Von Bellinzona kurz vor Locarno links ab in Richtung Luino.
Parkmöglichkeiten: Im Gambarogno in nahezu allen Orten Parkplätze in der Nähe der Postämter und Schiffsanlegestellen.
Verkehrssystem: Vom Westufer des Lago Maggiore (Ascona, Brissago, Locarno) bestehen gute Schiffsverbindungen zum Ostufer. Schiffsanlegestellen im Gambarogno sind Magadino, Vira, S. Nazzaro, Gerra und Ranzo.
Die Schweizer Bundesbahn bietet eine Direktlinie mit stündlichen Fahrten von Bellinzona über Cadenazzo an der Ostküste des Lago Maggiore durchs ganze Gambarogno bis Luino an. Von Locarno kann man in Cadenazzo ins Gambarogno umsteigen.
PTT-Postbuslinien (Autopostali) im Gambarogno:
Küstenstrecken: Magadino–Dirinella; Magadino–Quartino.
Bergstrecken: Magadino–Indémini (Anmeldung in Locarno erforderlich, Tel. 093/336 11 15); Ranzo–S. Abbondio, Caviano.
PTT-Fahrplan: Orario Autopostali, Locarno e Valli, Gambarogno.
Verkehrsbüro: Ente Turistico Gambarogno, CH-6574 Vira, Tel. 093/61 18 66.

19 Von Monti di Piazzogna über Monti di Vairano, Monti di Gerra, Monti di S. Abbondio und S. Abbondio nach Ranzo

Im Gambarogno auf romantischen aussichtsreichen Hangwegen durch Kastanienwälder und wilde Schluchten zu Wasserfällen über dem nordöstlichen Ufer des Lago Maggiore

Für diese aussichtsreiche Wanderung, hoch über dem Lago Maggiore, benötigt man 3 Stunden und 10 Minuten. Herrliche Höhensträßchen, weiche Waldwege, die zum Teil durch Kastanien- und Hainbuchenwälder führen, bringen den Wanderer auf fast ebener Strecke über Maiensässe, jedoch ohne Einkehrmöglichkeit. Alte Rustici, einige Runsen mit Wildbächen, tief eingeschnittene Tobel, Wasserfälle und unvergeßliche Ortsbilder kennzeichnen diese Tour.

Bei dieser Wanderung lernen wir die herrlichen Hanglagen unter dem Monte Gambarogno (1734 m) und Monte Paglione (1554 m) am nordöstlichen Ufer des Lago Maggiore – gegenüber von Ascona und Locarno – kennen. Wir treffen in dieser vom Tourismus noch nicht überbeanspruchten Region auf gut ausgebaute und markierte Wanderwege. Nach dem Unwetter von 1987 und einem Felssturz unter dem Monte Paglione wurde ein Teil der Wanderwege neu angelegt.
Die Wanderroute führt in die Hochlagen zwischen den beiden Talorten S. Nazzaro und Ranzo. S. Nazzaro, 4 Kilometer südwestlich von Vira, hat einen spätromanischen Campanile aus dem 13. Jahrhundert, der 1769 umgestaltet wurde. Er steht dominierend neben der Pfarrkirche SS. Nazzaro e Celso. In der Kirche ist das Altarblatt aus der Werkstatt von Giuseppe Maria Pancaldi beachtenswert. Piazzogna ist ein charakteristisches Hügeldorf mitten in einem Weinanbaugebiet oberhalb von Vira und ein idealer Ausgangsort für Wanderungen im Gambarogno. Hoch über Piazzogna, dem Startpunkt

dieser Wanderung in Monti di Piazzogna, liegt jenseits der Alpe di Neggia an einem Steilhang das unverfälscht erhalten gebliebene Bergdorf Indémini.

Diese Tour bringt uns über mehrere große Freiflächen und Bergwiesen, auf denen früher Almwirtschaft betrieben wurde. Von den alten Hüttengruppen ist nur noch Monti di S. Abbondio mit einem Brunnen im Ortskern in seiner einstigen Schönheit erhalten geblieben. Bei den übrigen Maiensässen sind einzelne Rustici bereits zu Ferienhäusern umgebaut. Besonders beeindruckend ist der Blick auf das noch weitgehend im ursprünglichen Zustand erhaltene Bergdorf S. Abbondio, wenn man hoch über dem Ort aus dem Wald heraustritt. Der eindrucksvolle Campanile von SS. Abbondio e Andrea aus dem 13. Jahr-

hundert, 1852 erneuert, steht inmitten der Steinhäuser über dem Langensee. Dahinter liegt die Bergkulisse des Monte Limidario (2187 m), der über dem gegenüberliegenden Seeufer direkt an der südwestlichen Grenze des Tessin zu Italien emporragt; rechts davon, etwas tiefer, befindet sich der Pizzo Leone (1659 m). Die Pfarrkirche SS. Abbondio e Andrea ruht auf den Grundmauern eines römischen Wachtturmes, auf denen 1264 eine romanische Kirche errichtet wurde. 1852 ist dann das heutige Gotteshaus gebaut worden. Vom Kirchplatz hat man einen wunderschönen Blick auf den See und die gegenüberliegenden Orte Porto Ronco, Brissago und den Grenzort Cagetto. Das Winzerdorf S. Abbondio ist nach dem 469 verstorbenen Bischof Abundius von Como benannt. Im Süden des

Etwa 600 Meter über der Riviera del Gambarogno führt dieser aussichtsreiche Höhenweg durch viele alte Maiensässe.

diesseitigen Seeufers erblicken wir den Grenzort Caviano in dominierender Aussichtslage über dem See.

Der Wegverlauf

Nachdem uns der PTT-Bus von Locarno, ggf. auch von Vira oder S. Nazzaro, zur Haltestelle *Bivio* (Abzweigung) *Monti di Piazzogna* (767 m) gebracht hat, nehmen wir das in der Kurve der Kantonsstraße rechts wegführende schmale Teersträßchen, auf dem wir in etwa 12 Minuten zum Maiensäss *Monti di Piazzogna* (790 m) gelangen. Bei den wenigen Häusern befindet sich auch ein Parkplatz. Von hier haben wir eine großartige Sicht auf den tief unter uns liegenden Lago Maggiore und die zwischen Ascona und Locarno in den See mündende Maggia. Das enge Sträßchen biegt bald nach links in das tief eingeschnittene wilde Valle di Derbor ein und führt über eine Brücke. Drüben wieder aufwärts geht's durch Wälder mit Rottannen, Lärchen und Birken in gut 20 Minuten nach *Monti di Vairano* (790 m), einer weiten Lichtung. Unser nahezu ebenes Höhensträßchen mit immer neuen Ausblicken endet nach weiteren 10 Minuten bei den Rustici von *Corte della Costa* (818 m). Zuerst auf einem Feldweg zwischen Häusern und Gärten, dann auf schmalen Pfaden gelangen wir in ein sehr romantisches Tal. Mehrere Wildbäche sind zu überqueren, bevor wir auf bewaldeten Hangwegen in einer knappen halben Stunde das *Tobel von Cedullo* erreichen. Eine steile Treppe, die mit Geländer gesichert ist, führt hinab zum schönen *Wasserfall*, der über eine hohe Felsstufe hinabstürzt. Nach Überquerung der Brücke geht's wieder etwas bergauf auf schmalen felsdurchsetzten Wegen. Bald wird unser Hangwaldpfad wieder bequemer und führt fast eben hinüber zum ehemaligen Weideplatz *Monti di Gerra* (794 m), auf dem jetzt Ferienhäuser und Gärten, hoch über dem Lago Maggiore, plaziert sind. Etwas bergab finden wir die alte Hüttengruppe *Pianca* mit einem schönen Marterl. Von hier könnte man in einer guten Stunde nach Gerra am See absteigen. Wir nehmen das Weglein, das vom Marterl in Pianca wieder leicht aufwärts in den Wald führt und uns über mehrere Runsen und Wildbäche des stark zerklüfteten *Valle di Gerra* (825 m) bringt. Auf dem von Monti di Gerra aus neu erschlossenen Höhenweg wandern wir in den Hanglagen des Monte Gambarogno, weitgehend eben, in einer Stunde hinüber zu den alten Rustici des Maiensäss *Monti di S. Abbondio* (800 m). Die letzten 10 Minuten davor müssen wir durch einen ausgetrockneten Bach, der mit Steinplatten ausgelegt ist, steil hinab zur Hüttengruppe steigen. Unsere Tour führt weiter mitten durch die Granithütten, vorbei an einem alten Brunnen, nun ständig in Serpentinen durch Kastanien und Hainbuchen, teilweise steil abwärts, nach S. Abbondio. Nach

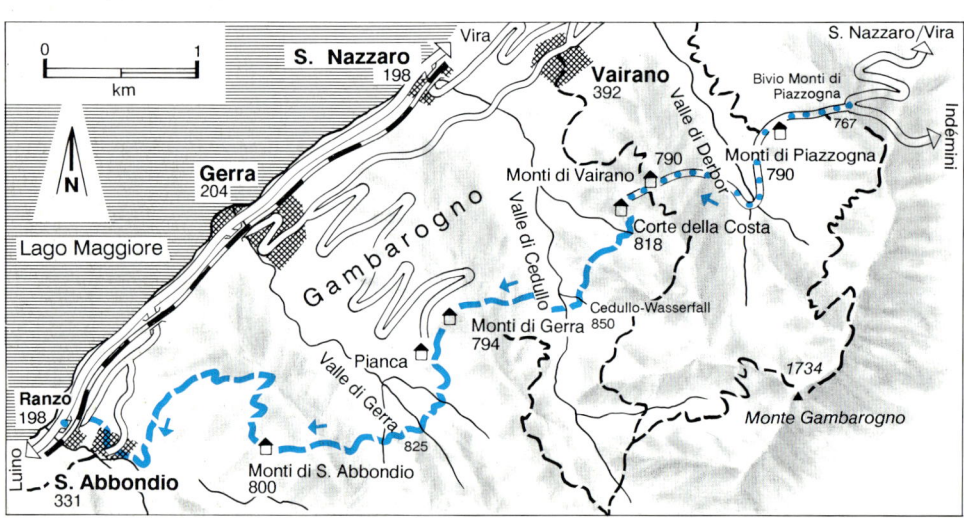

etwa 30 Minuten wird der Weg breiter, der Wald lichtet sich, und vor uns liegt majestätisch das hoch über dem See gelegene alte Dorf *S. Abbondio* (331 m). Inmitten des Winzerdorfes erhebt sich der schöne Campanile aus dem 13. Jahrhundert. Das mächtige Gotteshaus steht dominierend zwischen Weinbergen und Steinhäusern vor der gewaltigen Bergkette drüberhalb des Sees. Ein Grotto unter der Kirche bietet uns nach der langen Tour eine erste Möglichkeit der Erholung, bevor wir das letzte Stück hinab nach *Ranzo* (198 m) zur Bahn oder PTT-Busstation steigen.

Touristische Angaben

Talorte: S. Nazzaro (198 m), Ranzo (198 m).
Ausgangspunkt: Bivio Monti di Piazzogna (767 m).
Anfahrt: Mit dem PTT-Bus Locarno–Indémini bis Bivio Monti di Piazzogna (3 Stationen vor Indémini), ab Locarno FFS oder ab S. Nazzaro Posta. Platzreservierung in Locarno unerläßlich, Tel. 093/33 61 15. Fahrplan Autopostali »Locarno e Valli, Gambarogno« liegt auf bei: Ente Turistico Locarno e Valli, Via F. Balli 2, CH-6600 Locarno.
Rückfahrt: Von Ranzo mit der Schweizer Bundesbahn (SBB) bis Cadenazzo, umsteigen nach Locarno. Alternativ mit dem PTT-Bus Dirinella–Magadino, ab Ranzo Posta bis S. Nazzaro und mit dem Schiff nach Locarno.
Höhendifferenzen: Aufstieg: Monti di Vairano–Schlucht von Cedullo 60 m; Abstieg: Monti di S. Abbondio–Ranzo 602 m.
Weglänge: Gesamtstrecke von Bivio Monti di Piazzogna nach Ranzo 10 km; Bivio Monti

Bei der Wanderung durchs Gambarogno kommt man über die ehemalige Hochalm Monti di S. Abbondio.

Nahe der italienischen Grenze liegt an der Riviera del Gambarogno das Dorf S. Abbondio. Im Hintergrund der schneebedeckte Gridone.

di Piazzogna–Monti di Piazzogna 0,7 km; Monti di Piazzogna–Monti di Vairano 1,4 km; Monti di Vairano–Monti di Gerra 2,3 km; Monti di Gerra–Monti di S. Abbondio 2,3 km; Monti di S. Abbondio–S. Abbondio 2,2 km; S. Abbondio–Ranzo 1,1 km.
Gehzeiten: Gesamtgehzeit von Bivio Monti di Piazzogna nach Ranzo 3 Std. 10 Min.; Bushaltestelle Bivio Monti di Piazzogna (767 m) – Monti di Piazzogna (790 m) 12 Min. – Monti di Vairano (790 m) 15 Min. – Corte della Costa (818 m) 8 Min. – Wasserfall in der Schlucht von Cedullo (850 m) 26 Min. – Monti di Gerra (794 m) 16 Min. – Valle di Gerra (825 m) 35 Min. – Monti di S. Abbondio (800 m) 20 Min. – S. Abbondio (331 m) 40 Min. – Ranzo (198 m) 18 Min.
Wegverhältnisse: Die ersten 2 km schmale,

ebene Höhenstraße, dann teilweise weiche Waldpfade, wechselnd mit schmalen Hangwegen, die in einigen Abschnitten auch steinig und wurzelig sind. Im letzten Teil steile Passagen. Über Wildbäche gelangt man oft nur auf Steinen auf die andere Seite. Wasserfeste Bergschuhe sind empfehlenswert.
Einkehrmöglichkeiten: Auf allen Almen der ganzen Wegstrecke keine Einkehrmöglichkeit. Die Mitnahme einer Wegzehrung ist ratsam. Eine erste Bewirtung ist im Grotto von S. Abbondio, direkt unter der Pfarrkirche, möglich; die warme Küche schließt allerdings um 14 Uhr.
Karten: Topografische Landeskarte 1:25 000, Blatt 1332 Brissago; Kompass-Wanderkarte 1:50 000, Blatt 90 Lago Maggiore.

Zusatzmöglichkeiten: Aufstieg von Piazzogna (356 m) nach Monti di Piazzogna (790 m) in 1 Std. 15 Min.; außerdem kann man von Monti di Gerra in 2 Std. 30 Min. nach Indémini (942 m) hinaufgehen.
Eine weitere interessante Tour führt durch das Hochtal Valle della Pittorina und beginnt an der Endhaltestelle des Postbusses in Indémini. Sie führt in 2 Std. 40 Min. über die Brücke des Val Giona (800 m) und Monti Sciaga (1154 m) nach Monti Idacca (1201 m), von wo man wieder mit dem gleichen Postbus zurück nach S. Nazzaro, Vira oder Locarno fahren kann.

Locarno und Täler im Westen

Locarno ist eines der ältesten und nach wie vor beliebtesten Fremdenverkehrszentren des Tessin. Der touristische Aufschwung setzte schon gegen Ende des letzten Jahrhunderts mit dem Bau des Grand Hotels ein. Gründe für die Bevorzugung dieser Region werden dem Feriengast durch die herrliche Lage an den nordöstlichen Gestaden des Lago Maggiore und sein südliches, mildes, nahezu nebelfreies Klima, mit über 2300 Sonnenscheinstunden, sofort deutlich. Auch das Hinterland mit den nördlich und westlich orientierten Tälern wird vor allem Wanderer und Naturliebhaber anziehen. Vor der Stadt breiten sich das Mündungsgebiet der Maggia und eine ausgedehnte Strandpromenade mit mediterraner Vegetation aus. Besonders reizvoll ist die Uferzone im zeitigen Frühjahr, wenn sich das Blütenkleid vor dem Hintergrund der noch schneebedeckten Bergkuppen schon voll entfaltet hat. Die noch wenig bevölkerte Promenade ist dann für Kenner reserviert.

Hinter der Stadt zieht sich ein grünes Hügelgebiet hinauf zu den Höhen des Locarneser Hausberges Cardada-Cimetta, wo sich dem Gehfreudigen ein Wanderparadies eröffnet. Zwischen Weinbergen sind schmuckvolle Dörfer und Villensiedlungen eingebettet. Höhepunkt ist der heilige Berg, auf dem in ein-

Schiffsanlegestelle von Locarno, darüber die Wallfahrtskirche Madonna del Sasso.

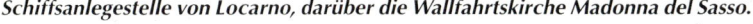

zigartiger Aussichtslage die Wallfahrtskirche Madonna del Sasso über Locarno thront. Sie steht im Mittelpunkt Tessiner Religiosität.

Die Stadt selbst sprüht vor Lebendigkeit, vermittelt lombardischen Charme und konnte sich ihre Eigenständigkeit bewahren. Vom Piazza Grande, der Mittelpunkt des städtischen Lebens ist, ziehen sich kleine verträumte Gassen in die intakte Altstadt hinauf. Im historischen Stadtkern stoßen wir auf zahlreiche ehemalige Adelssitze und schöne Palazzi aus dem 16. und 17. Jahrhundert. Hervorzuheben sind die Casa Bellerio, das Domherrenhaus Morettini und die Casa Negromante. Allwöchentlich verändert der traditionsreiche Donnerstagsmarkt die Piazza Grande und die Altstadt. Einmal jährlich, im Monat August, wird ganz Locarno in den Bann des internationalen Filmfestivals gezogen. Die allabendlichen Filmvorführungen auf der Piazza Grande unter freiem Himmel sind der Höhepunkt der Saison. Zwischen dem Südrand der Altstadt und dem Maggia-Delta liegt ein großer Park, in dem wir auf die Fontana Pedrazzini und das Kurhaus stoßen. Den westlichen Eckpfeiler des Stadtzentrums bildet das Castello Visconteo, das auch Castello Rusca genannt wird. Es war das einstige Schloß der Mailänder Herzöge Visconti im 14. Jahrhundert; mit eigenem Hafen galt es im Mittelalter als nahezu uneinnehmbar. In der Visconti-Burg befindet sich heute eine einzigartige Sammlung römischer Gläser. Die Herrschaft der Mailänder ging nach der Eroberung Locarnos (1513) durch die Eidgenossen und mit dem Schleifen der Visconti-Burg im Jahre 1532 zu Ende. Das Gebiet um Locarno war schon zur Bronzezeit besiedelt. Umfangreiche Ausgrabungen belegen, daß Locarno eine blühende römische Siedlung war, die wahrscheinlich ein Zentrum der Glasherstellung beherbergte. Es wird angenommen, daß sich der Name Locarno von dem keltischen Wort »leukera« (= weiße Maggia) ableitet. 789 wird Locarno erstmals urkundlich erwähnt. Kaiser Barbarossa verlieh der Stadt 1186 die Reichsfreiheit und das Marktrecht. 1342 übernahmen die Mailänder die Macht über die Stadt; damit begannen auch die großen Auseinandersetzungen mit Como.

Locarno und sein reizvolles Hinterland bilden eine Einheit. So ist es naheliegend, daß die Stadt und ihre Täler im Westen zu einer touristischen Region zusammengefaßt wurden. Der Verkehrsverein Locarno e Valli betreut also nicht nur das Stadtgebiet und die umliegenden Vororte, sondern auch das Pedemonte, das Centovalli und die Bergtäler Onsernone und Vergeletto. Das Gebiet zwischen der Ponte Brolla und Intragna wird Pedemonte genannt. Im Westen schließt sich das Centovalli an, das »Tal der hundert Täler«. Beiderseits der Melezza erheben sich auf den Bergterrassen viele Dörfer. Zahllose Bäche und tief eingegrabene Tobel tragen zur zerklüfteten Gestalt des Centovalli bei. Inmitten des bizarren Tales stoßen wir auf den fjordartigen, blaugrünen Palagnedra-Stausee. Besonders schön ist er aus den Fenstern der hoch darüber entlangfahrenden Centovalli-Bahn anzusehen; sie schlängelt sich durch das ganze Tal hinauf bis nach S. Maria Maggiore und wieder hinab nach Domodossola.

Nördlich vom Centovalli liegen die wesentlich höheren Bergtäler Onsernone und Vergeletto. Im sehr verarmten Onsernone-Tal, wo einst die Strohflechterei beheimatet war, versiegten um 1900 die Einnahmequellen, als die fernöstlichen Länder ihre weitaus billigeren Waren auf den Markt brachten. Etwas Leben ist in einige Dörfer wieder eingekehrt, als sich der international bekannte Schriftsteller Max Frisch im Literatendorf Berzona niederließ. Sehr sehenswert sind die alten mehrstöckigen Häuser des Hangdorfes Spruga, die in allen Stockwerken einen umlaufenden Holzbalkon einfacher Ausführung aufweisen.

Das Valle Vergeletto ist eigentlich ein Seitental des Onsernone. Es ist ein noch kargeres Bergtal, das allerdings wegen seiner herben Schönheit Wanderer und Naturfreunde sehr anzieht.

Die Touren 20 bis 23 sind so angelegt, daß die Freunde des Wanderns in Gebirgstälern einen möglichst großen Teil der insgesamt hochinteressanten touristischen Region kennenlernen.

Mit Palmen, Pinien, Zypressen und anderen exotischen Gewächsen bestandene Uferpromenade von Locarno.

Touristische Angaben

Anfahrt: Locarno wird, vom Norden kommend, mit dem PKW über die Autobahnausfahrt Bellinzona-Nord erreicht. Vom Süden, von Lugano, fährt man auf der Autobahn N2 bis zur Ausfahrt Rivera und zweigt nach links über die breite Bergstraße des Monte Ceneri nach Cadenazzo ab. Von hier aus führt eine Schnellstraße durch das Magadino nach Locarno. Von Locarno strahlen Straßen ins Maggia-Tal, ins Centovalli, ins Onsernone-Tal und nach Ascona aus. Mit der Schweizer Bundesbahn ankommend, steigt man in Bellinzona nach Locarno um. Auf der Strecke Bellinzona–Luino muß ebenfalls in Cadenazzo nach Locarno umgestiegen werden.

Parkmöglichkeiten: Besucher von Locarno sollten die Hinweisschilder bei der Einfahrt in den Vorort Minusio ernst nehmen und versuchen, dort zu parken. Es ist problemloser, die wenigen Minuten zu Fuß zum Zentrum zurückzulegen, als dort auf Parkplatzsuche zu gehen. Auf der Piazza Stazione steht allerdings gegen Parkgebühr ein Autosilo zur Verfügung.

Verkehrssystem: Locarno hat zusammen mit Ascona einen Verkehrsverbund. Vom Sackbahnhof Locarno kann man umsteigen in die unterirdisch durch Locarno geleitete Centovalli-Bahn. Diese hochinteressante Bergbahn, die das »Tal der hundert Täler« auf gewagter, aussichtsreicher Strecke durchquert, wird von dem regionalen Verkehrsunternehmen Ferrovie Autolinee Regionali Ticinese (FART) zusammen mit der italienischen Eisenbahngesellschaft SSIF betrieben. Das Verkehrsunternehmen FART unterhält im Bereich Locarno, Ascona und Umgebung auch eine Reihe regionaler Autobuslinien. Daneben gibt es selbstverständlich auch eine Anzahl von PTT-Bussen und einen regen Schiffsverkehr auf dem Lago Maggiore. Fahrpläne können beim Verkehrsbüro Locarno e Valli und für die FART-Linien beim Ufficio Viaggio FART, Piazza Grande, CH-6600 Locarno, Tel. 093/31 87 31, bezogen werden.

Verkehrsbüro: Ente Turistico Locarno e Valli, Largo Zorzi, CH-6601 Locarno, Tel. 093/310333.

20 Von Arcegno über Intragna nach Corcapolo

Genußvoller Höhenweg über dem Pedemonte, herrlicher Aussichtsplatz über Intragna, Stippvisite ins vorderste Centovalli

2stündige, wenig anstrengende, aber sehr interessante Höhen- und Talwanderung durch malerische Bergdörfer. Zuerst in der vom Maggia-Gletscher eigentümlich geformten Rundhöckerlandschaft aufwärts zum Höhenweg über dem Pedemonte, dann über Tobel abwärts zur Melezza. Hier werden wir erstmals mit der Centovalli-Bahn konfrontiert, die sich in gewagter Streckenführung durch das »Tal der hundert Täler« schlängelt. Eine Gondelbahn bringt uns hinauf zu einem Aussichtspunkt, hoch über Intragna, von wo man auf der Sonnenseite ins vorderste Centovalli hineinwandert.

Oberhalb Arcegno führt die Wanderung durch eine eigentümliche Landschaft bewaldeter Gneisbuckel. Diese Rundhöcker sind wohl vom eiszeitlichen Maggia-Gletscher geformt worden. Sie ziehen sich vom Barbescio über Maia bis zum Monte Verità hinunter. Vielleicht sind die Brissago-Inseln im Lago Maggiore noch die letzten Ausläufer dieser eigenartigen Landschaft. Das Bergsträßchen, das uns durch dieses Hügelland aufwärts und über den Höhenrücken nach Golino wieder hinabbringt, wurde 1942 durch polnische Internierte erbaut. Nach der Umgehung des Hügels Barbescio (462 m) gelangt man auf einen unbewaldeten Bergrüken, von dem der Blick auf die breite Ebene des Pedemonte und die verschlungenen Wege der Melezza freigegeben wird. Die obersten Flußterrassen sind mit Weinbergen bedeckt. Allmählich führt der Weg ins Pedemonte hinab nach Golino, das in vergangener Zeit ein großer Warenumschlagplatz für den Verkehr ins Centovalli war. Das Dorf Golino besitzt noch sehenswerte Palazzi und eine hübsche Piazza mit barokisierter Pfarrkirche S. Giorgio, die schon aus dem

13. Jahrhundert stammt. Von Golino führen herrliche Wanderwege zur Corona dei Pinci (1294 m), einem der schönsten Aussichtsbalkone über dem Lage Maggiore, mit Abstiegsmöglichkeit nach Ronco sopra.

Intragna liegt über dem Zusammenfluß von Melezza und Isorno am Übergang des flachen Pedemonte ins wildromantische Centovalli. Der Name Intragna (»inter amnes« = zwischen den Flüssen) deutet auf die Lage des Ortes hin.

Kurz vor der Einmündung der aus dem Val Onsernone herabkommenden Isorno überquert eine verwegene, 72 Meter hohe und 90 Meter breite Eisenbahnbrücke den Fluß. Hier am Beginn des »Tales der hundert Täler« werden wir mit der Centovalli-Bahn, einer technischen Meisterleistung aus den Anfängen unseres Jahrhunderts, konfrontiert. Bereits 1898 setzten die ersten Initiativen zur Schaffung dieser Bahn ein. Doch erst 1912 wurden die Verhandlungen für dieses Gemeinschaftsprojekt zwischen Italien und der Schweiz abgeschlossen. Der Bau der 1000 Millimeter breiten Schmalspurbahn nahm dann immerhin noch elf Jahre in Anspruch. So konnte die 52,5 Kilometer lange Bergbahn, die über 83 Brücken und durch 31 Tunnels von Locarno nach Domodossola führt und eine Steigung von Locarno bis S. Maria Maggiore von 612 Höhenmetern überwindet, erst 1923 eröffnet werden.

Der majestätische und weithin sichtbare Campanile von Intragna gilt als Wahrzeichen der Terre di Pedemonte und ist mit seinen 69 Metern der höchste Kirchturm des Kantons Tessin. Er gehört zur 1722 bis 1738 erbauten barocken Pfarrkirche S. Gottardo. Besonders hervorzuheben sind die Stukkaturen an Chorbogen und -gewölbe sowie die Fresken von Pietro Francesco Pancaldi (1764) über der eleganten Rokokobalustrade. Ein klassizistischer Brunnen und das ansehnliche Rathaus schmücken den malerischen Kirch-

Hoch über Intragna im Centovalli führt ein schöner alter Weg durch Costa hinüber nach Corcapolo.

*Typisches Rustico
mit Fresken
in Costa.*

platz. Enge und verwinkelte Gassen sowie die 1806 erbaute Casa Magnetti mit drei zierlichen Balkonen und einer fünfbogigen Säulenloggia ergänzen die Dorfromantik von Intragna. Gräberfunde hinter dem Dorf weisen auf eine Besiedlung schon zur Römerzeit hin. Eine Funivia (Kleingondel-Seilbahn) führt hinauf zum schönen Tälerblick und Wanderausgangspunkt über dem Dorf Costa. Am Weg der Bergstation Costa zur oberen Häusergruppe liegt die spätbarocke Kapelle S. Maria Addolorata (die Schmerzensreiche) mit angebautem Pfrundhaus von 1745. Es lohnt sich, die mit Fresken geschmückte Häusergruppe zu besuchen, die von den eindrucksvollen, wild zerklüfteten Wänden der Kette Gridone, Pizzo Leone und Corona dei Pinci überragt wird.

Der Wegverlauf

Mit dem Autobus in *Arcegno* (387 m) angekommen, sollte zur Einstimmung auf diese schöne Wanderung nicht versäumt werden, dem alten typischen Tessiner Ort, seinen Rusticis, Brunnen und verwinkelten Gäßchen einen Besuch abzustatten. Wir verlassen das malerische Bergdorf in südwestlicher Richtung auf einem durch freies Gelände führenden Weg, der langsam an Höhe gewinnt. Rechterhand erhebt sich der bewaldete höchstgelegene Gneisbuckel, den man Barbescio genannt hat. Bevor wir ihn links umrunden, sind wir auch schon in *Campo Enrico Pestalozzi* (428 m) angekommen, das gleichsam höchster Punkt auf der Strecke nach Golino ist. Um den *Barbescio-Hügel* herum findet der große Szenenwechsel statt. Wir biegen westlich ab und streben dem offenen Bergrücken zu, der die Sicht auf die schöne Tallandschaft des Pedemonte freigibt. In einem breiten Geröllbett schäumt zwischen rundgeschliffenen Felsbrocken aller Größen die Melezza der Einmündung in die Maggia entgegen. Von der *Anhöhe 412,* die gegenüber von *Ruino* liegt, geht's zuerst eben, dann mäßig an Höhe abnehmend, teilweise durch Waldgebiete nach *Terasca* (336 m). Wenige Meter nach der ersten scharfen Rechtskurve zweigen wir links in einen steilen Pfad ab, der uns in einer Reihe von Kehren hinab ins Tobel des *Val di Golino* bringt. Dort nimmt uns das Sträßchen wieder auf, und wir sind in wenigen Minuten im bedeutsamen Dorf *Golino* (269 m) angekommen. Hier befinden wir uns auf Höhe der Talsohle des Pedemonte. Nach obligatorischem Ortsdurchgang müssen wir nun bis

Intragna mit einem Straßenstück vorliebnehmen, das uns, ständig an Höhe gewinnend, zu dem 70 Meter höher liegenden Dorf hinaufbringt. Kurz nach dem kleinen Vorort *Ponte* überqueren wir die *Melezza*. Rechts von uns erblicken wir in einiger Entfernung den Zusammenfluß von Isorno und Melezza. Vor uns erhebt sich der berühmte Campanile von *Intragna*, auf den wir nun zuhalten, um den Kern des alten Dorfes zu erreichen. Nach der Besichtigung Intragnas gehen wir zurück zur *Eisenbahnbrücke am Isorno*. Von hier stellt eine kleine Gondelbahn die Verbindung zum gegenüber auf der Sonnenseite des Centovalli liegenden Bergnest *Costa* (636 m) her. Wir benutzen die Seilbahn, um so bequem zu dem schönen Aussichtsplatz oberhalb des Dörfchens zu gelangen. Nunmehr auf der anderen Teilseite, eröffnet sich von hier oben eine herrliche Sicht hinab auf Intragna, hinüber nach Pila und das dazwischen liegende Tobel Riale di Mulitt. Costa ist der ideale Ausgangspunkt für die zweite Etappe dieser Tour, die uns aufwärts ins »Tal der hundert Täler« nach Corcapolo führt. Von der *Bergstation Costa* gehen wir zunächst an der *Kapelle* und dem *Pfrundhaus* vorbei zur *oberen Häusergruppe* hinauf und sehen uns die freskengeschmückten Rustici an. Dann biegen wir in südwestlicher Richtung in das *Valle della Costa* ein. Unser Weg auf einer weiten Grasschulter gabelt sich bald in einen nach Scigno und in einen hinab

nach Selna. Wir schlagen die Richtung nach Selna ein und zweigen aber schon bald wieder nach links ab in einen Waldpfad, der uns steil hinab zu den Case Cavalli bringt, die wir in einer Viertelstunde erreichen. Achtung! Auf halber Höhe biegt ein Pfad nach Brignoi ab, wo wir uns aber geradeaus halten und den bergab führenden Waldweg weiter verfolgen. Bei den *Case Cavalli* (516 m) stoßen wir auf ein schmales Sträßchen, das von Calezzo heraufkommt und sich westlich noch etwa einen Kilometer auf ebener, zumeist bewaldeter Strecke hinzieht, die ab und zu einige Durchblicke ins Tal gewährt. Inmitten des steilen Bergwaldes *Rivöra* biegt unser Weg links nach *Corcapolo* (463 m) ab; er führt in vielen Kehren hinunter ins rustikale Bergdorf, von wo uns die *Centovalli-Bahn* zurück nach *Locarno* bringt.

Touristische Angaben

Talort: Intragna (339 m), Corcapolo (463 m).
Ausgangspunkt: Arcegno (387 m).
Anfahrt: Von Locarno FFS oder Posta mit dem FART-Bus Nr. 22 bis Arcegno.
Rückfahrt: Mit der Centovalli-Bahn von Corcapolo nach Locarno.
Höhendifferenzen: Aufstieg: Arcegno–Campo Enrico Pestalozzi 41 m; Abstieg: Campo Enrico Pestalozzi–Golino 159 m; Costa–Case Cavalli 120 m; Case Cavalli–Corcapolo 53 m.

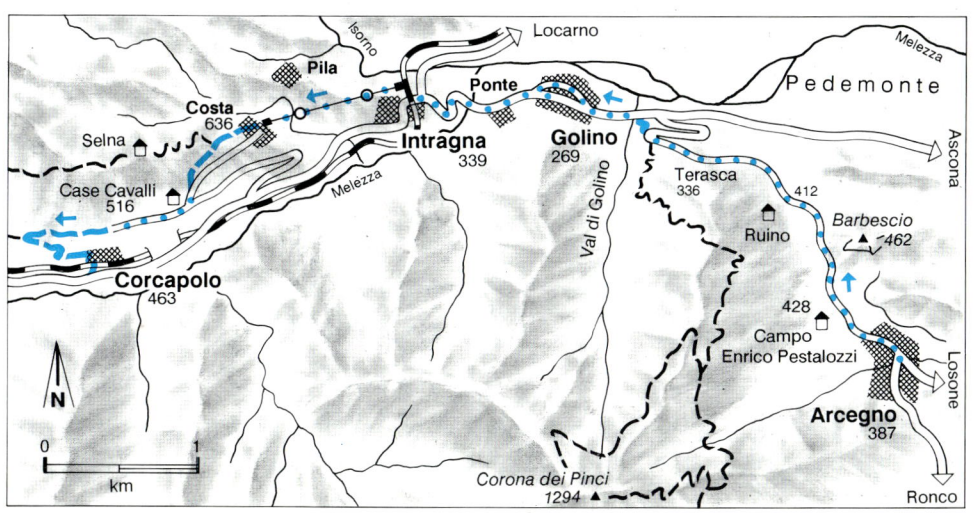

Weglänge: Gesamtstrecke von Arcegno nach Corcapolo 7,5 km; Arcegno–Golino 3,4 km; Golino–Intragna 1,3 km; Costa–Case Cavalli 0,8 km; Case Cavalli–Corcapolo 2 km.

Gehzeiten: Gesamtstrecke von Arcegno nach Corcapolo 2 Std.; Arcegno (387 m) – Campo Enrico Pestalozzi (428 m) 13 Min. – Anhöhe gegenüber Ruino (412 m) 15 Min. – Terasca (336 m) 12 Min. – Golino (269 m) 15 Min. – Intragna (339 m) 20 Min.; Costa (636 m) – Case Cavalli (516 m) 15 Min. – Corcapolo (463 m) 30 Min.

Wegverhältnisse: Gut ausgebaute Wege, schmale Sträßchen, alte Saumpfade, wenige steile Bergpfade.

Einkehrmöglichkeiten: Grotti in Arcegno und Intragna.

Karten: Topografische Wanderkarte 1:25 000, Locarno–Ascona, hrsg. in Zusammenarbeit mit dem Verkehrsverein der Region; Kompass-Wanderkarte 1:50 000, Blatt 90 Lago Maggiore.

Zusatzmöglichkeit: Prachtvoller Höhenweg an der Sonnenseite des Centovalli von Intragna über Calezzo und dem Monte di Comino in 3 Std. hinauf zum Bergkircherl Madonna della Segna. Abstieg nach Verdasio zur Centovalli-Bahn 1 Std.

21 Von Madonna del Sasso über den Sentiero Collina Alta und über Brione sopra Minusio nach Minusio

Zu prächtigen Aussichtspunkten auf genußvollem Panoramaweg, hoch über Locarno und dem Langensee

Gut 2stündige Wanderung in den bewaldeten Hängen oberhalb Locarno und Brione.
Treppenwege wechseln mit weichen Waldpfaden. 50 Minuten auf dem fast ebenen, vor einigen Jahren neu angelegten Höhenweg mit Ausblicken auf den Monte Tamaro, den Camoghè und das Naturparadies Bolle di Magadino. Kunst am Wege bieten das herrliche Sanktuarium Madonna del Sasso, die Bergkirche in Brione und der romanische Campanile nebst Barockkirche in Minusio.

Man muß auf der eindrucksvollen Arkadengalerie des Landesheiligtums Madonna del Sasso, hoch über Locarno, gestanden haben, um die ganze Schönheit des Langensees (La-

Fast lebensgroße Abendmahlgruppe, die Francesco Silva um 1626 bis 1630 für die meistbesuchte Wallfahrtskirche des Tessin, Madonna del Sasso, hoch über Locarno, geschaffen hat.

go Maggiore) erahnen zu können. Gewaltig steigen die umliegenden Bergketten vom See-Niveau (193 m) bis hinauf zum Camoghè (2228 m) im Osten, dem Monte Tamaro (1962 m) direkt gegenüber und dem Gridone (2187 m) im Westen. Anziehungspunkt für die meistbesuchte Wallfahrtskirche des Tessin sind nicht allein die einzigartige geographische Lage und die wundertätige Madonna, sondern auch die zahlreichen sehenswerten Kunstschätze, die das Gotteshaus beherbergt. Das weithin sichtbare Sanktuarium Madonna del Sasso (Felsenmadonna) wird auch S. Maria Assunta genannt. Es thront auf einem Felsvorsprung und gilt als Wahrzeichen Locarnos. Nach einer Überlieferung erschien auf diesem Plateau dem Franziskanermönch Bartolomeo d'Ivrea im Jahre 1480 die heilige Maria, und man errichtete ihr zu Ehren eine Kapelle. Bei der Kirche befindet sich ein Franziskanerkloster. Erst 1616 wurde die heutige Kirche als Ersatz für die einstige Kapelle fertiggestellt und geweiht. In neuerer Zeit war es vor allem der Maler Antonio Ciseri aus Ronco (1821–1891), der die Kunstwerke im Inneren vermehrte. Beachtenswert ist die von ihm in der zweiten Seitenkapelle geschaffene Grablegung Christi. In früherer Zeit waren es Bramantino (auch Bartolomeo Suardi genannt), der 1520 das Altarbild »Die Flucht nach Ägypten« schuf, und der Bildhauer Francesco Silva (1626–1650), der die wunderbare, fast lebensgroße Gruppe »Das Abendmahl« schnitzte.

Östlich des Sanktuariums dehnt sich in prächtiger Aussichtslage der Villenort Orselina aus. In der dortigen Pfarrkirche können Kunstliebhaber noch ein Chorfresko von Giovanni Antonio Vanoni (1874) bewundern.

Nach Begehung des Panoramaweges »Collina Alta« mit herrlichen Ausblicken erwartet uns in Brione sopra Minusio ein weiterer Höhepunkt. Im Ortskern finden wir zwischen engen Gäßchen noch typische Tessiner Steinhäuser und schöne alte Brunnen. Oberhalb Brione steht ein hübscher Bildstock aus dem 19. Jahrhundert und an der Piazza die Kirche S. Maria di Loreto. Im Inneren dieser Kirche finden wir ebenso wie in Orselina illusionistische Malereien von Giovanni Antonio Vanoni. Brione liegt an einem Hang,

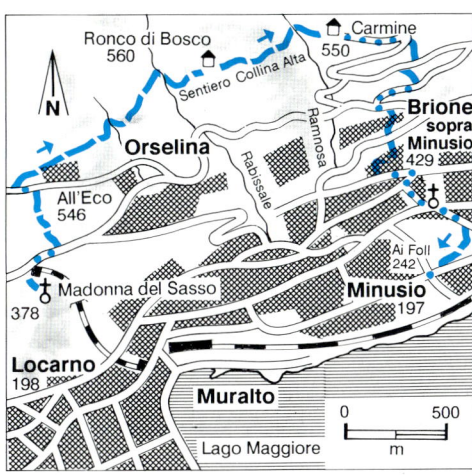

hoch über Minusio, mit großartiger Aussicht auf die schöne Landschaft des Lago Maggiore. Es ist Ausgangspunkt für zahlreiche Wanderungen ins Locarneser Hügelland und ins Val Resa.

Bei der Talwanderung von Brione durch Gärten und Weinberge hinab nach Minusio rückt der großartige romanische Glockenturm aus dem 13./14. Jahrhundert immer näher. Der uralte Campanile weist noch Freskenreste aus dem 15. Jahrhundert auf. Im Mittelalter diente er eine gewisse Zeit als Wachtturm. Heute gehört er zur sehenswerten Barockkirche S. Quirico, die 1795 bis 1801 erbaut wurde.

Der Wegverlauf

Mit dem Funicolare in wenigen Minuten von Locarno, Piazza Stazione nach Orselina. Zuerst gehen wir die Treppe hinab und besichtigen die herrliche Bergkirche *Madonna del Sasso* (378 m). Ausgangspunkt dieser Wanderung ist *Orselina*, oberhalb von Madonna del Sasso. Zuerst ein Stück die Straße in Orselina aufwärts, bis links der *Sentiero Scolinata Capella* abzweigt. Wir steigen über einen Treppenweg in 25 Minuten hinauf nach *All'Eco* (546 m). Zu beiden Seiten schöne Villen und Gärten mit herrlichem Ausblick auf den Langensee. Von hier zweigen verschiedene Wanderrouten ab. Nach S. Bernardo 1 Std. 30 Min., Cardada 2 Std. 20 Min. und Cimetta 3 Std. 20 Min. Ab All'Eco wandern wir auf dem nun fast ebenen *Sentiero Collina Alta* weiter und erreichen *Ronco di Bosco* (560 m) in einer guten halben Stunde. Dieser neu angelegte Höhenweg führt überwiegend durch Kastanienwälder, durch das *Tobel des Rabissale* und nach der Lichtung Ronco di Bosco durch das *Tobel Ramnosa*. Unser Panoramaweg bietet ständig neue Ausblicke auf die prächtige Bergwelt, die im Südosten vom Monte Tamaro (1962 m) und Monte Gambarogno (1734 m) und im Nordosten vom alles überragenden Camoghè (2228 m) beherrscht wird. Unter uns liegt der Lago Maggiore mit dem Flußdelta des Ticino

Der herrliche Panoramaweg »Sentiero Collina Alta« zwischen Orselina und Brione sopra Minusio.

und den Bolle de Magadino. Nach etwa 50 Minuten endet der großartige Panoramaweg in *Carmine* (550 m), und wir müssen einige Zeit auf der Fahrstraße bergab gehen. In einer Kurve biegen wir in einen steinernen *Treppenweg* ein, der an einem Bächlein entlang führt. Wir kommen nun an sehr schönen Hangvillen mit herrlichen Gartenanlagen vorbei und sind bald wieder auf einer waagrechten Höhenstraße. Nach einigen hundert Metern zweigt erneut ein *Treppenweg* ab, der uns weiter bergab bringt. Wir gehen nun ständig in Richtung Kirchturm von Brione sopra Minusio. Schon in 20 Minuten sind wir im alten Dorfkern von *Brione* (429 m). Die Dorfstraße hinter der Kirche in östlicher Richtung ein Stück hinab, geht's bald wieder in den *Sentiero alla Pianette* weiter talwärts nach Minusio. Unser Treppenweg, von

Kirschlorbeerhecken gesäumt, führt hinunter nach *Ai Foll* (242 m). Links die Straße etwas auf- und gleich wieder abwärts in den *Sentiero al Ronca delle Monache*, der nach 10 Minuten in den *Sentiero degli Scorpioli* einmündet. Nach weiteren 7 Minuten sind wir im Talort *Minusio* (197 m).

Touristische Angaben

Talorte: Locarno (198 m), Minusio (197 m).
Ausgangspunkt: Madonna del Sasso (378 m).
Anfahrt: Von Locarno, Piazza Stazione mit der Standseilbahn (Funicolare) nach Orselina. Bei Anfahrt mit dem PKW aus Richtung Lugano/Bellinzona empfehlen wir, in einer der Seitenstraßen über der Kirche von Minusio zu parken und in wenigen Minuten hinab nach Locarno zu gehen.
Höhendifferenzen: Aufstieg: Madonna del Sasso–All'Eco 168 m; Abstieg: Ronco di Bosco–Minusio 363 m.
Weglängen: Gesamtstrecke von Madonna del Sasso nach Minusio 7 km; Madonna del Sasso–All'Eco 1 km; All'Eco–Brione sopra Minusio 3,8 km; Brione sopra Minusio–Minusio 2,2 km.
Gehzeiten: Gesamtstrecke von Madonna del Sasso nach Minusio 2 Std. 10 Min.; Madonna del Sasso (378 m)–All'Eco (546 m) 30 Min. – Ronco di Bosco (560 m) 35 Min. – Carmine (550 m) 15 Min. – Brione sopra Minusio (429 m) 20 Min. – Ai Foll (242 m) 15 Min. – Minusio (197 m) 15 Min.
Wegverhältnisse: Äußerst gepflegte Treppenwege und Hangwaldpfade, dann sehr schöne, wenig befahrene Höhensträßchen und zuletzt auf Wegen durch Weinberge talwärts.
Einkehrmöglichkeiten: Ristorante und verschiedene Grotti in Orselina, Brione sopra Minusio und Minusio.
Karten: Topografische Wanderkarte 1:25 000, Locarno–Ascona, hrsg. in Zusammenarbeit mit dem Verkehrsverein der Region; Kompass-Wanderkarte 1:50 000, Blatt 90 Lago Maggiore.
Zusatzmöglichkeiten: Von Brione sopra Minusio kann man in 1 Stunde hinauf ins nordöstlich gelegene Tendrasca (682 m) wandern. Eine etwas ausgedehntere Tour führt von Brione ins nördliche Cordonico (1025 m), das in 2 Stunden zu erreichen ist.

22 Rundweg um Rasa, Bordei und Proggia, dann über Bosind, Cadalom sowie Remagliasco hinab nach Intragna

Wanderung über die Hochterrassen des Centovalli zu herrlichen Plätzen mit Sicht auf den Palagnedra-Stausee und Abstieg auf schönen Hangwegen, hoch über der Melezza, zum sehenswerten Ponte Romano

4stündige Höhenwanderung an den nordwestlichen Abhängen des »Tales der hundert Täler«, die mit zu den schönsten Routen in der Umgebung von Locarno und Ascona zählt.
Bei einem Rundkurs durch das zauberhafte Hochplateau zwischen Rasa und Bordei genießen wir die großartige Talsicht auf den Stausee und die tosende Melezza. Dann steigen wir auf alten Saumwegen durch wilde Tobel über Maiensässe und Bergdörfer an den Abhängen des Centovalli talwärts. Wir überqueren die Melezza auf einer römischen Brücke und wandern drüberhalb durch Weinberge hinauf nach Intragna.

Im Centovalli lernen wir eine der schönsten Tallandschaften des Tessin kennen. Wenn wir von Intragna mit der schmalspurigen Centovalli-Bahn über die vielen Brücken und durch zahlreiche Tunnels bergwärts nach Càmedo fahren, haben wir die wilde Melezza und kurz nach Verdasio den großartigen Palagnedra-Stausee unter uns. Das »Tal der hundert Täler« wird beidseitig von mächtigen Bergketten begleitet, über die tiefe Melezza-Schlucht führt noch so manche alte Steinbogenbrücke, und an den Hängen liegen urtümlich erhaltene Bergdörfer. Wir können schon bei der Fahrt durch dieses großartige Tal erahnen, welch reizvolles Wandergebiet hier vor uns liegt.
Vom Melezza-Stausee windet sich in zehn Kehren eine Bergstraße hinauf nach Palagnedra, der größten Siedlung im oberen Cento-

valli. Das Bergdorf hat eine große Vergangenheit; manche seiner Häuser haben herrschaftlichen Charakter oder sind gar kleine Palazzi. Weithin sichtbar steht auf einem Hochplateau die schöne Kirche S. Michele. Der heutige Bau von 1666 wurde an den noch erhaltenen Chorraum der Vorgängerin von 1237 angebaut. Diesem Umstand verdanken wir es, daß uns dort noch wertvolle alte Fresken erhalten geblieben sind, unter anderem solche von Antonio da Tradate.

Rasa ist seit 1957 mit Verdasio durch eine Seilbahn verbunden, die bis heute die einzige Verkehrsmöglichkeit zu den Talorten des Centovalli darstellt. In einer Urkunde aus dem Jahre 1580 wird Rasa erstmals erwähnt. Das alte Bergdorf stand zuerst auf dem heutigen Siedlungsraum von Terra Vecchia. 1644 erfolgte die Trennung von Palagnedra und die Gründung der neuen Ortsteile Digessio, Monti, Ovich und Proggia. 1746 wurde die Kirche S. Anna in Digessio gebaut und 1753 eingeweiht. Mit dem Bau dieses Gotteshauses zogen immer mehr Familien nach Digessio, das zum neuen Rasa wurde. Seit 1972 gehört Rasa zur Gemeinde Intragna. Rasa ist Ausgangspunkt für schöne Wanderungen über Moneto nach Càmedo oder hinauf zum Pizzo Leone (1659 m) und Limidario (2187 m).

Tief unter dem Hochplateau von Rasa und Bordei liegt der smaragdgrüne Palagnedra-See mit seiner 70 Meter hohen Staumauer. Er dient als Ausgleichsbecken zum Schutz des Tales vor Hochwasser und dem Maggia-Kraftwerk als Quelle der Stromerzeugung. Von Bordei hat man eine besonders gute Sicht auf das Tal der Melezza und den See. Gegenüber liegen die urtümlichen Bergdörfer Càmedo, Borgnone, Lionza und Verdasio. Direkt unter Bordei erkennen wir Palagnedra. Wir wandern im Verlaufe dieser Tour durch herrliche Wälder und satte Wiesen auf alten Saumwegen talwärts gegen Intragna und genießen von den Lichtungen die großartige Aussicht.

Der Wegverlauf

Nachdem uns die Centovalli-Bahn durch das romantische Tal gemütlich nach *Verdasio* gebracht hat, besteigen wir die Kleingondel, die uns hoch über dem Palagnedra-Stausee hinüber nach *Rasa* (898 m) bringt. Bevor wir uns in das Wandervergnügen stürzen, besichtigen wir das in seinem ursprünglichen Zustand bestens erhaltene Bergdorf. Der zuerst auf dem Programm stehende Rundkurs über das Hochplateau führt uns von der *Kirche S. Anna* nach links unter den Häusern am Hang in südlicher Richtung entlang. Bald gelangen wir zu einem steil abwärts führenden

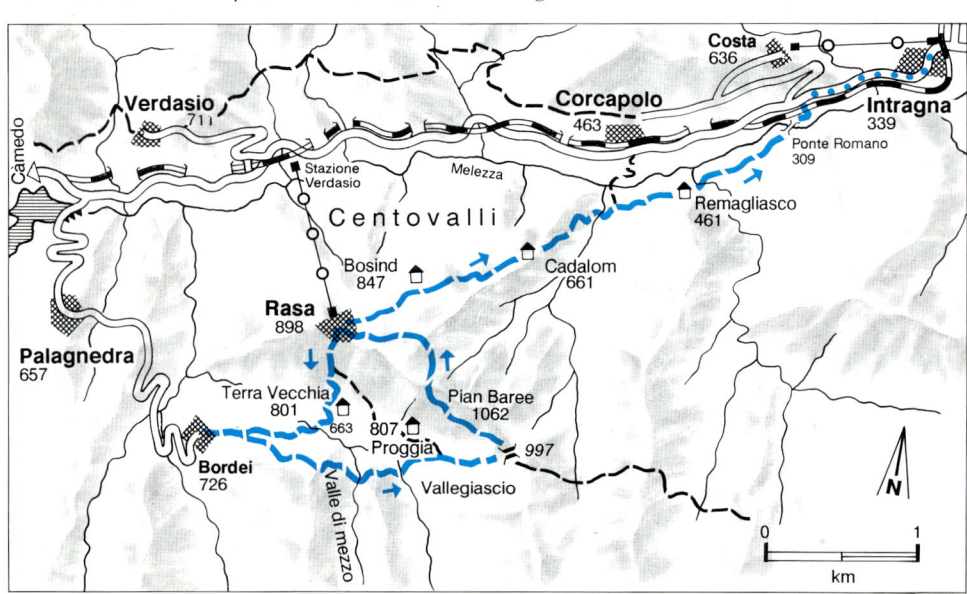

Ponte Romana wird diese elegant gewölbte Brücke im »Tal der hundert Täler« genannt. Am Marterl vorbei verlief der alte Saumpfad von Rasa nach Intragna.

Bergpfad, der uns nach *Terra Vecchia* (801 m) bringt. Bis 1644 befand sich hier das alte Rasa. Am Kircherl *Madonna della Neve* vorbei, steigen wir noch weiter hinab in ein *Tobel*. Unten angelangt, müssen wir rechts des Baches 120 Meter weiter gehen, um dann bei einem Felszacken zum *hölzernen Brückerl* einzubiegen. Gleich drüberhalb beginnt der Anstieg nach *Bordei* (726 m). Nach der Besichtigung dieses Ortes wandern wir 250 Meter auf gleichem Weg zurück und halten uns dann rechts. Der Pfad verläuft zuerst flach, dann allmählich ansteigend, ins *Valle di mezzo* hinein. Wir überqueren den Bergfluß dieses Tales, kommen bald danach über

einen weiteren Wildbach, der durch das Vallone fließt und sind schon in *Proggia* (807 m). Von hier steigen wir in östlicher Richtung durchs *Vallegiascio* zur *Höhe 997* hinauf. Oben gelangen wir auf einen alten Saumweg, der über *Monti* und *Pian Baree* (1062 m) zurück nach *Rasa* führt.

Ein schöner, fast ebener Saumpfad bringt uns durch ein herrliches Wandergebiet abwärts zur großen Lichtung von *Bosind* (847 m). Nun geht's über Wiesen und kleine Wäldchen, den offenen Hang hinab, nach *Cadalom* (661 m). Nachdem wir dort den Talblick auf das breite Flußbett der Melezza genossen haben, geht's über eine Reihe von Serpentinen auf dem schmalen bewaldeten Bergrükken weiter hinunter ins grandiose, wilde Tal des *Ri di Vacariccio*. Dort überqueren wir eine Brücke, unter uns stürzt der reißende Bergfluß zu Tal, drüben wandern wir rechts der Melezza weiter, nun auf sehr gutem Weg talauswärts nach *Remagliasco* (461 m). Durch wunderschöne Wäldchen geht's nun, entlang des romantischen Hanges, abwärts zum großen Fluß des Centovalli, der Melezza. Eine elegant gewölbte *Bogenbrücke* (*Ponte Romano*, 309 m), die zuoberst ein Brückenmarterl trägt, bringt uns ans andere Ufer der tiefen Schlucht. Dann wandern wir in mehreren Windungen wieder bergauf, wir überqueren den *Gleiskörper der Centovalli-Bahn*; danach mündet der alte Saumweg in die Straße ein, die wir auf dem letzten Wegstück hinab nach *Intragna* (339 m) benutzen. Während wir dorthin marschieren, werfen wir einen letzten Blick hinab auf die tief unter uns rauschende Melezza. Wir kommen an einem romantischen Grotto vorbei und erblicken schon von weitem den imposanten Campanile des Hauptorts des Centovalli.

Touristische Angaben

Talort: Intragna (339 m).
Ausgangspunkt: Rasa (898 m).
Anfahrt: Von Locarno Stazione mit der Centovalli-Bahn nach Verdasio. Weiter mit der Kleingondel-Seilbahn hinauf nach Rasa. Da die Parkplätze im engen Centovalli überall knapp sind, ist es sicher das beste, mit der regelmäßig verkehrenden Centovalli-Bahn an- und abzureisen.
Höhendifferenzen: Abstieg: Rasa–Tobel des Valle di mezzo 235 m; Aufstiege: Tobel–Bordei 63 m; Bordei–Anhöhe des Vallegiascio 271 m; Abstiege: Anhöhe–Rasa 99 m; Rasa–Cadalom 237 m; Cadalom–Ponte Romano 352 m; Aufstieg: Ponte Romano–Intragna 30 m.

Im letzten Abschnitt der Wanderung von Rasa nach Intragna kommt man durch diese Rebhänge.

Weglänge: Gesamtstrecke von Rasa einschließlich Rundweg über Bordei nach Intragna 10,7 km; Rasa – Terra Vecchia 0,6 km;
Terra Vecchia – Bordei 1,1 km; Bordei – Proggia 1,6 km; Proggia – Anhöhe 997 0,7 km;
Anhöhe 997 – Pian Baree 0,7 km; Pian Baree –
Rasa 0,9 km; Rasa – Bosind 0,7 km; Bosind –
Cadalom 0,8 km; Cadalom – Remagliasco
1,4 km; Remagliasco – Ponte Romano 1 km;
Ponte Romano – Intragna 1,2 km.
Gehzeiten: Gesamtstrecke von Rasa einschließlich Rundweg über Bordei nach Intragna 4 Std.; Rasa (898 m) – Terra Vecchia
(801 m) 10 Min. – Tobel des Valle di mezzo
(663 m) 20 Min. – Bordei (726 m) 15 Min. –
Proggia (807 m) 25 Min. – Anhöhe des
Vallegiascio (997 m) 15 Min. – Pian Baree
(1062 m) 13 Min. – Rasa (898 m) 17 Min. –

*Einer der Kreuzwegbildstöcke am alten
Onsernone-Saumweg zwischen Loco und
Intragna.*

Bosind (847 m) 15 Min. – Cadalom (661 m)
23 Min. – Remagliasco (461 m) 37 Min. –
Ponte Romano (309 m) 26 Min. – Intragna
(339 m) 24 Min.
Wegverhältnisse: Alte gepflegte Saumwege
und Bergpfade.
Einkehrmöglichkeiten: Ristorante in Bordei
mit herrlicher Aussicht, mehrere Ristorante
und Grotti in Intragna.
Karten: Topografische Wanderkarte
1:25 000 Locarno – Ascona Dintorni e Valli,
hrsg. vom Verkehrsverein der Region Locarno
e Valli.

23 Von Loco über Niva, Vosa und Pila hinab nach Intragna

Durchs Valle Onsernone, hoch über dem Isorno, talwärts ins Centovalli

Gehzeit: 2 Stunden und 10 Minuten.
Abwechslungsreiche Talwanderung auf
dem alten Onsernone-Saumweg.
Durch die Rebhänge von Loco geht's zur
tiefen Schlucht des Isorno hinab. Unter
den am Berghang klebenden Dörfern Lo-
co und Auressio wandern wir den Fluß
entlang talauswärts und auf aussichtsrei-
chem Weg in der letzten Etappe hinab ins
untere Centovalli nach Intragna.

Das enge, felsige und stark bewaldete Valle Onsernone ist das Tal des Isorno. Von Intragna im vordersten Centovalli zieht es sich nördlich hinauf bis Auressio und schwenkt schon nach fünf Kilometern westlich ab über Loco, Mosogno, Russo bis ins äußerste Spruga. Bei Russo mündet vom Norden her das Vergeletto-Tal mit dem Fluß Ribo ein. Die 1896 erbaute, windungsreiche, teilweise sehr schmale Poststraße führt in 17 Kilome-

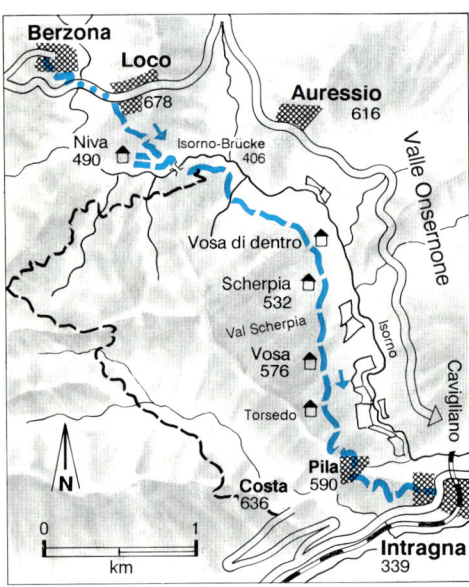

tern von Cavigliano im Pedemonte hinauf nach Spruga und zweigt bei Russo nach Vergeletto ab.

Typisch für das Tal sind die alten Häuser mit umlaufenden Laubenbalkonen, in mehreren Stockwerken, aus senkrechten Holzstäben, die zum Trocknen von Stroh benutzt wurden. Das Onsernone-Tal war in vergangener Zeit ein Zentrum der Strohflechterei. Bis zum Ende des letzten Jahrhunderts blühte das Gewerbe der vielfältigen Flechtarbeiten. Die begehrten Artikel aus Stroh wurden in alle Welt exportiert, bis die Billiganbieter aus fernöstlichen Ländern die Märkte überschwemmten.

Hoch über Loco liegt das Künstlerdorf Berzona. Vor allem die Schriftsteller Golo Mann, Max Frisch und Alfred Andersch trugen dazu bei, daß das fast vergessene typische Tessiner Bergdorf wieder belebt wurde. Sehenswert sind hier auch einige der alten Palazzi. Wer sich für einen Abstecher nach Berzona interessiert, kann mit dem Postbus gleich bis hierher fahren und nach der Besichtigung in einer Viertelstunde hinunter nach Loco zurückwandern.

Loco, der eigentliche Ausgangspunkt dieser Tour, ist der Hauptort des Tales. Die Häuser des alten Ortes kleben am sonnigen Steilhang, hoch über dem Isorno. Bis ins 13. Jahrhundert geht die sehenswerte Pfarrkirche S. Remigio zurück. Das kleine Onsernone-Museum birgt Zeugnisse der Talgeschichte und der Strohflechterei. In Loco wurde 1800 der Maler Carlo Antonio Meletta geboren, der bis 1875 wirkte.

Das Onsernone-Tal ist ein hervorragendes Wandergebiet. Sehr zu empfehlen ist eine 4stündige Wanderung von Mosogno über die Bergkapelle Madonna della Segna hinüber ins Centovalli nach Verdasio. Dort oben auf der Paßhöhe feiern die Talbewohner mit denen vom Centovalli öfters gemeinsame Bergmessen. Eine andere schöne Wanderroute führt von Loco über den Passo della Garina nach Aurigeno ins Valle Maggia.

Reizvoll und sehr lohnend ist die hier beschriebene Tour 23, die ebenfalls von Loco ausgeht und durchs untere Onsernone-Tal verläuft. Der Weg talwärts führt nach Niva, einem verlassenen Dorf mit kleiner Kirche, die dem heiligen Nepomuk geweiht ist. Nach Überquerung des Isorno geht's rechts des

Flusses zu alten Weilern und grandiosen Aussichtsplätzen. Das Ziel unserer Wanderung ist Intragna, ein stattliches Dorf im vorderen Centovalli am Auslauf des Pedemonte. Malerisch sind seine verwinkelten Gassen und der großartige Kirchplatz. Schon von weitem sieht man den schlanken, markanten Campanile der Pfarrkirche S. Gottardo. Das prunkvolle Rathaus, ein klassizistischer Brunnen und schöne alte Häuser, wie die barocke Casa Magnetti, können wir im Ortskern bewundern. Vor der Auffahrt nach Intragna überquert man den Isorno, über den sich die hochinteressante Stahlkonstruktion der alten Eisenbahnbrücke spannt.

Der Wegverlauf

Von der Bushaltestelle in *Loco* (678 m) müssen wir erst einmal bis ans westliche Dorfende gehen. Dort finden wir einen Wegweiser, der uns in den steilen Pfad durch die Weinberge, hinab nach *Niva* (490 m), einweist. Dort gelangen wir zur ersten Sehenswürdigkeit auf dieser Route, dem Kirchlein *S. Giovanni Nepomuceno*. An den Wiesenterrassen des Weilers vorbei geht's hinab zur tief eingeschnittenen Schlucht des wilden *Isorno*. Die alte Steinbrücke wurde leider 1980 durch ein Unwetter zerstört. Wir überqueren den Isorno auf der neuen *Brücke* (406 m),

Der kleine malerische Platz vor der Pfarrkirche S. Gottardo in Intragna mit schönem klassizistischem Brunnen.

wandern zuerst etwa 250 Meter rechts des Flusses talauswärts durch Kastanienwälder und sehen an freien Stellen hinauf zu dem hoch über uns am Hang klebenden Bergdorf Auressio. Dann windet sich unser Weg um eine scharfe Felsnase herum, und wir verlassen den Talgrund. Auf dieser gut markierten Route kommen wir ab und zu an alten Kapellen und Bildstöcken vorbei. Der traditionsreiche Saumweg, auf dem wir hier wandern, wurde schon 1768 auf Privatinitiative der Brüder Remonda aus Comologno erbaut, die auch die Kosten dafür übernahmen. Bis zum Bau der Poststraße vor knapp 100 Jahren stellte er die einzige Verbindung zwischen dem Centovalli und dem Onsernone-Tal dar. Wir durchqueren die Lichtung von *Vosa di dentro* und wandern in fünf Minuten auf ebener Strecke hinüber nach *Scherpia* (532 m) zur nächsten waldfreien Zone. Die Wegstrecke führt immer wieder durch schöne Kastanienwäldchen, die zwischen den einzelnen Weilern der Hochebene liegen. Bis zum nächsten Ort überqueren wir auch einige Runsen und Wildbäche des *Val Scherpia*. Tief unter uns rauscht und schäumt der wilde Isorno, der durch felsige Schluchten der Melezza entgegenstürzt. Von *Vosa* (576 m) nach *Torsedo* steigt der Weg wieder leicht an. Erst nach dieser Ansiedlung beginnt allmählich der Abstieg nach *Pila* (590 m). Wir kommen nun zur aussichtsreichsten Wegstrecke dieser Route, von der die Sicht ins weite Pedemonte von Intragna bis zum fernen Zusammenfluß von Melezza und Maggia reicht. Direkt unter uns winkt der Kirchturm von Intragna. Von Pila geht's in zahlreichen Kurven auf dem alten gepflasterten Saumweg, vorbei an schön bemalten Kreuzwegstationen, hinab nach *Intragna* (339 m). Staunend durchwandern wir zuletzt die schmalen Gäßchen des alten Ortes, vorbei an rustikalen Steinhäusern, bis wir zum malerischen Kirchplatz kommen. Hier sind wir am Ziel dieser abwechslungsreichen Wanderung durchs untere Onsernone-Tal angekommen. Bevor uns die Centovalli-Bahn wieder zurück zum Lago Maggiore bringt, sollten wir dem sehenswerten Museum von Intragna noch einen Besuch abstatten. Außerdem erwarten uns hier einladende Grotti und Ristorante, die uns gute Gelegenheit zu wohlverdienter Stärkung geben.

Touristische Angaben

Talort: Intragna (339 m).
Ausgangspunkt: Loco (678 m).
Anfahrt: Von Locarno Stazione mit dem PTT-Bus 630.50 ins Onsernone-Tal nach Loco.
Rückfahrt: Von Intragna mit der Centovalli-Bahn nach Locarno Stazione.
Höhendifferenzen: Abstieg: Loco−Isorno-Brücke 272 m; Aufstieg: Isorno-Brücke−Scherpia 126 m; Abstieg: Pila−Intragna 251 m.
Weglänge: Gesamtstrecke von Loco nach Intragna 5,3 km; Loco−Niva 0,8 km; Niva−Isorno-Brücke 0,4 km; Isorno-Brücke−Scherpia 1,7 km; Scherpia−Vosa 0,5 km; Vosa−Pila 0,8 km; Pila−Intragna 1,1 km.
Gehzeiten: Gesamtstrecke von Loco nach Intragna 2 Std. 10 Min.; Loco (678 m) − Niva (490 m) 27 Min. − Isorno-Brücke (406 m) 12 Min. − Scherpia (532 m) 32 Min. − Vosa (576 m) 10 Min. − Pila (590 m) 14 Min. − Intragna (339 m) 35 Min.
Wegverhältnisse: Gut markierte Route auf dem alten Onsernone-Saumweg. Teilweise steile Hang- und Bergpfade in gepflegtem Zustand.
Einkehrmöglichkeiten: Grotto in Loco, mehrere Grotti und Ristorante in Intragna.
Karten: Topografische Wanderkarte 1:25 000, Locarno−Ascona Dintorni e Valli, hrsg. vom Verkehrsverein der Region Locarno e Valli; Topografische Wanderkarte 1:50 000, Valle Maggia e Valle Onsernone, hrsg. vom Verkehrsverein der Region Maggia.
Zusatzmöglichkeit: Reizvolle Wanderung von Mosogno im Onsernone-Tal, die in 3 Std. und 50 Min. nach Verdasio im Centovalli hinüberführt. Mosogno (783 m) − Ponte Nuovo (559 m) 30 Min. − Madonna della Segna (1166 m) 2 Std. − Verdasio (711 m) 60 Min. − Stazione Verdasio (530 m) 20 Min.

Im Laufe der Jahrhunderte hat die Maggia ihr Bett tief in die Bergketten eingegraben. Der reichlich Geröllmassen mitführende Fluß kann bei heftigen Regenfällen zum reißenden Strom werden.

Großartiges wildes Maggia-Tal

Das Valle Maggia gehört zu den Tälern auf der Alpensüdseite, das am tiefsten in das Herz der Bergketten vordringt. Es zieht sich vom Lago Maggiore (Langensee) bis zum 2912 Meter hohen Cristallina hinauf. Vom Lago del Narét (2310 m) geht der 56 Kilometer lange Fluß Maggia aus, der viele Zuflüsse aufnimmt und auf diese Weise das halbe Tessin in den Langensee entwässert. In längeren Regenperioden wird die Maggia zum reißenden Strom, der dann allerhand Schlamm, Geröll und Gehölz mit sich führt und das Schwemmlandgebiet im Maggia-Delta zwischen Locarno und Ascona ständig vergrößert. Das glaziale Trogtal der Maggia wird regional in einen unteren und einen oberen Talabschnitt gegliedert. Das untere Maggia-Gebiet (Bassa Valle) zieht sich über 25 Kilometer von der Ponte Brolla bis hinauf nach Bignasco, ist breit und von schroffen Berghängen aus graugrünem Granit gesäumt, die etwa zur Hälfte mit Kastanien, Eichen, Birken, Eschen und Linden bewachsen sind. Das Tal ist sonnenreich und hat ein verhält-

In einem Seitental des Valle Maggia liegt das alte malerische Walserdorf Bosco/Gurin. Es ist mit 1503 Metern Höhe der höchstgelegene ständig bewohnte Ort des Tessin.

nismäßig mildes Klima. Viel rauher und wilder ist die obere Maggia-Region, deren Niveau um rund 1000 Meter höher liegt. Die Landschaft wird alpiner, der Mischwald macht Tannen und Lärchen Platz. Das Maggia-Tal verzweigt sich in eine fächerartige Tälerlandschaft, aus der das nordöstlich verlaufende Val Lavizzara, das nordwestlich orientierte Val Bavona und das nach Westen strebende Val Rovana hervorzuheben sind.

Das Haufendorf Maggia war wohl namensgebend für das Tal, aber Cevio ist seit 1403 zum Sitz der Statthalter der mailändischen Visconti und später der eidgenössischen Landvögte avanciert und somit zum Hauptort des Tales geworden.

Das Val Rovana liegt westlich von Cevio und führt in wenigen Kilometern über Linescio bergwärts nach Cerentino (761 m), wo sich das Tal teilt. Südwestlich zweigt das Valle di Campo ab, das sich der Rovana entlang aufwärts nach Campo (1318 m) zieht. Nordwestlich strebt das Valle di Bosco hinauf zum höchstgelegenen, ständig von deutschsprachigen Walsern bewohnten Bergdorf Bosco/Gurin (1503 m).

Von besonderem Reiz und wilder Schönheit sind die nördlichen Gebirgstäler Val Bavona und Val Lavizzara, die bei Hochwasser zum großen Erlebnis werden können. Von S. Carlo am Ende des Bavona-Tales erschließt die Robièi-Seilbahn die höheren Bergregionen des Cristallina Gebietes. Am Ende des Lavizzara-Tales liegt hoch über Fusio der Lago del Sambuco; dort beginnt das Hochtal Val Sambuco mit dem dahinter liegenden Berggebiet des Pne. di Vespero (2443 m).

Das Maggia-Tal bietet unbegrenzte Wandermöglichkeiten verschiedener Schwierigkeitsgrade. Die Touren 24 bis 28 sollen dazu beitragen, das Maggia-Tal und seine bedeutendsten Seitentäler kennenzulernen.

Touristische Angaben

Anfahrt: Aus östlicher Richtung von Lugano, dem Gambarogno oder von Bellinzona kommend, muß Locarno durchquert werden. Das 56 km lange Valle Maggia beginnt an dem Ponte Brolla, der nördlich von Losone bei Ascona liegt.

Verkehrsverbindungen: Von Locarno, Piazza Stazione verkehrt regelmäßig der FART-Bus Linie 10 durchs untere Maggia-Tal bis Bignasco. Von Bignasco fahren PTT-Busse in die Seitentäler Val Bavona und Val Lavizzara, der oberen Maggia-Region. Vom Hauptort Cevio bringen den Wanderer ebenfalls PTT-Busse in die westlichen Täler Valle di Bosco und Valle di Campo. Da die Seitentäler nur wenige Male pro Tag angefahren werden, empfiehlt es sich, beim zuständigen Verkehrsbüro rechtzeitig Fahrpläne zu beschaffen.

Verkehrsbüro der Region Maggia-Tal: Ente Turistico di Valle Maggia, CH-6673 Maggia, Tel. 093/87 18 85.

24 Von Tegna im Pedemonte über S. Anna, Streccia und die Hochebene von Dunzio hinab nach Aurigeno

Über Madonna delle Scalate durchs Val Ri da Riei und das Val Nocca zu schönen Plätzen mit Aussicht auf das Pedemonte und das untere Maggia-Tal

Höhenwanderung, die vom Pedemonte in 3 Stunden und 20 Minuten ins untere Maggia-Tal führt.
Entlang des Flüßchens Ri da Riei geht es durch ein großes Seitental hinauf zur Hochebene von Dunzio. Herrliche Rundblicke von S. Anna auf das Pedemonte und von Streccia auf das untere Maggia-Tal. Kunst am Wege bietet das Oratorio S. Anna, der schöne Vanoni-Bildstock kurz vor Aurigeno und die barocke Pfarrkirche S. Bartolomeo. Einen würdigen Abschluß findet die großartige Wanderung in Aurigeno; es ist eines der besterhaltenen Dörfer des Bassa Valle di Maggia.

Der 33 Meter hohe Ponte Brolla, eine alte Römerbrücke, überspannt die tiefe Maggia-Schlucht Orrido di Ponte Brolla, wo der eiszeitliche Fluß imposante Strudellöcher und

Erosionsmühlen aus dem harten Felsgestein herausgeschliffen hat. Hier öffnet sich nördlich das Maggia-Tal und westlich das Centovalli. Der Vorhof auf der Sonnenseite des »Tales der hundert Täler« wird Terre di Pedemonte genannt. Diese Flußlandschaft zieht sich nördlich der Melezza von der Ponte Brolla bis hinauf nach Intragna. Am Eingang der Terre di Pedemonte liegt Tegna. Sehenswert ist hier die Pfarrkirche S. Maria Assunta aus dem 14. Jahrhundert mit freistehendem Campanile. Außerdem sind einige Tessiner Landhäuser aus dem 17. und 18. Jahrhundert, wie die Casa Zurini und die Casa Zorbala, zu bewundern. Über dem Dorf erblicken wir auf einem Felsvorsprung die Überreste einer keltischen und einer mittelalterlichen Burganlage. Hoch über Tegna liegt die Kapelle Madonna delle Scalate, in der interes-

sante Votivbilder aufbewahrt werden. Hier ist der Ausgangspunkt für unsere lohnende Höhenwanderung durch das Tal Ri da Riei zur Hochebene von Dunzio mit großartiger Sicht aufs Pedemonte und das untere Maggia-Tal.

Drunten im Valle Maggia kommen wir an der Kapelle S. Antonio Abate mit Fresken aus dem Jahre 1508 und an dem außergewöhnlich schönen Kreuzweg-Bildstock von Vanoni (1853) vorbei. Giovanni Antonio Vanoni (1810–1896) ist in Aurigeno geboren und hat viele Kirchen im Maggia-Tal und anderen Locarneser Tälern geschmückt. Seine Malereien bestechen durch Klarheit der Szenerie und durch kräftige Farbgebung, die aber in äußerster Harmonie verläuft. In Aurigeno selbst hat er die Chorfresken in der Pfarrkirche S. Bartolomeo geschaffen. Wenn wir durch den Ort gehen, der anläßlich der 700-Jahr-Feier der Gründung der Schweizer Eidgenossenschaft 1991 herausgeputzt wurde, fällt besonders die mit großen rundgeschliffenen Maggia-Kieseln gepflasterte Dorfstraße auf. Diese Art des Straßenbelags harmoniert hervorragend mit den stattlichen, blumengeschmückten alten Häusern des abgelegenen Talortes. Auch das gegenüberliegende Haufendorf Moghegno mit reizvoller Piazza, schönen alten Brunnen und urwüchsigen Häusern mit Wandmalereien und Granitdächern in den schmalen Gassen ist sehenswert.

Der Wegverlauf

Mitten in *Tegna* (254 m) an der Hauptstraße, die ins Centovalli führt, beginnt vor dem Dorfplatz nordwärts bei einem Sentiero-Zeichen unser Wanderweg. Durch ein schmales Gäßchen, das teilweise über Stufen in einen plattenbelegten Weg übergeht, steigen wir den Hang hinauf zum *Oratorio S. Anna* (486 m). Das Gotteshaus mit Madonnenfresko wird auch Madonna delle Scalate genannt. Vom Vorplatz der Kapelle genießen wir das Panorama der Terre di Pedemonte. Von dort, auf fast gleicher Höhe bleibend, wandern wir, nördlich abschwenkend, ins *Val da Riei* hinein. Dann steigt unser Weg allmählich an, wir überqueren den Wildbach *Ri da Riei* und gehen nun, an mehreren Rustici vorbei, durch ausgedehnte Waldlichtungen, immer auf der linken Seite des Flüßchens, nach *Streccia* (663 m). Hier oben eröffnen sich neue Ausblicke aufs untere Maggia-Tal hinab zu den Talorten Avegno und Gordevio sowie zur langgezogenen Hochterrasse Dunzio. Von Streccia steigen wir hinab ins bewaldete *Val Nocca*, gehen über den Wildbach des großen Tobels und halten uns bei der Lichtung von *Djula* rechts weiter abwärts zum Sommerdörfchen *Dunzio* (517 m). Wieder etwas an Höhe gewinnend, wandern wir nach *Dunzio di dentro* (ins innere Dunzio) und erneut ein Stück hinauf zur Anhöhe *Forcarella di Dunzio* auf 627 Meter. Bevor wir wieder talwärts wandern, eröffnet sich hier nochmals ein weites Blickfeld auf das tief unter uns liegende Maggia-Tal bis hinauf nach Someo. Zuerst geht es ein Stück steil hinab, bis wir an eine Weggabelung kommen, bei der wir den mittleren, leichter abfallenden Weg in nordwestlicher Richtung wählen. Wir wandern den Hang entlang und gelangen auf ein geteertes Sträßchen, das nach zwei Serpentinen bei der spätgotischen Kapelle *S. Antonio Abate* (396 m) mit der Schutzmantel-Madonna herauskommt. Nach nochmals 56 Meter langsameren Abstiegs, zuletzt durch einen Weinberg, erreichen wir den Weiler *Ronchi* (340 m). Unten im Tal gehen wir auf dem schmalen, kaum befahrenen Sträßchen über *Terra di fuori* (340 m) hinüber zum großartigen *Vanoni-Bildstock*. Unweit davon sehen wir schon S. Bartolomeo von *Aurigeno* (341 m) liegen. Schnell ist das Dorf erreicht, und wir können uns gar nicht satt sehen an den stattlichen Häusern dieser Ansiedlung. Die letzte Etappe führt uns rechts hinunter durch die Wiesen zur *Maggia-Brücke* (314 m) zwischen Aurigeno und Moghegno. Gleich drüberhalb des Flusses stoßen wir auch schon auf die *Haltestelle des FART-Busses Nr. 10*, der uns zurück nach Locarno bringen wird.

Etwa ein Kilometer südlich von Aurigeno steht dieser überreich mit Fresken geschmückte Bildstock. Giovanni Antonio Vanoni, in diesem Ort geboren, schuf ihn 1853.

Touristische Angaben

Talort: Aurigeno (341 m).
Ausgangspunkt: Tegna (254 m).
Anfahrt: Von Locarno Stazione mit der Centovalli-Bahn bis Tegna. Achtung! Billette am Automaten lösen. Ab Ascona ist es zweckmäßig, mit dem PKW bis zur Ponte Brolla zu fahren (Parkplätze kurz vor der Brücke) und dort in die Centovalli-Bahn umzusteigen.
Rückfahrt: Von der Maggia-Brücke, Haltestelle: Aurigeno-Moghegno, mit dem FART-Bus Linie 10 zurück nach Locarno bzw. bis zur Ponte Brolla.
Höhendifferenzen: Aufstiege: Tegna—Oratorio S. Anna 232 m; Oratorio S. Anna—Streccia 177 m; Abstiege: Streccia—Dunzio 146 m; Dunzio—Ronchi 177 m.
Weglänge: Gesamtstrecke von Tegna zur Maggia-Brücke bei Aurigeno 10,5 km; Tegna—Oratorio S. Anna 1,1 km; Oratorio S. Anna—Streccia 2 km; Streccia—Dunzio 1 km; Dunzio—Aurigeno 5,3 km; Aurigeno—Maggia-Brücke 1,1 km.
Gehzeiten: Gesamtstrecke von Tegna zur Maggia-Brücke bei Aurigeno 3 Std. 20 Min.; Tegna (254 m) — Oratorio S. Anna (486 m) 40 Min. — Streccia (663 m) 53 Min. — Dunzio (517 m) 17 Min. — Ronchi (340 m) 60 Min. — Terra di fuori (340 m) 7 Min. — Aurigeno

(341 m) 8 Min. – Maggia-Brücke (314 m)
15 Min.

Wegverhältnisse: Plattenbelegter Saumpfad hinauf zur Kapelle Madonna delle Scalate. Steigende und fallende Bergpfade der markierten Wegstrecke wechseln mit einem schmalen, kaum befahrenen Sträßchen im Maggia-Tal.

Einkehrmöglichkeiten: Ristorante alla Cantina in Tegna, Grotto in Aurigeno, Grotti Mamma-Mia und all'Orrido in Ponte Brolla.

Karte: Topografische Wanderkarte 1:25 000, Locarno–Ascona, hrsg. in Zusammenarbeit mit dem Verkehrsverein der Region.

25 Von Coglio über Parcuroi und Voipo hinab nach Maggia

Aussichtsreicher Pfad, hoch über dem Maggia-Tal, auf steinigem Untergrund durch großartige Kastanienwälder, vorbei an verlassenen Almen und Rustici

> *Gehzeit:1 Stunde und 45 Minuten.*
> *Wanderung im unteren Maggia-Tal durch eine urwüchsige Landschaft üppiger Kastanien, die aus dem Granitgestein emporsprießen. Auf uralten Maultierpfaden geht's hoch über der Maggia an schönen Bildstöcken vorbei zu grandiosen Aussichtspunkten, Tobeln und Wasserfällen.*

Diese Wanderung im unteren Maggia-Tal (Bassa Valle) führt entlang der südöstlichen Hanglagen einer noch recht ursprünglich erhaltenen Landschaft. An den Berghängen des Pne. Piancascia (2360 m) zwischen Coglio und Maggia herrscht – wie überall im Maggia-Tal – der graugrüne Granitfels vor. Auf diesem steinernen Untergrund hat sich im Laufe der Jahrtausende eine großartige Vegetation entwickelt. Überall wachsen mitten aus den Felsblöcken riesige Edelkastanien empor, die in vielen Fällen zu Superexemplaren ausgereift sind. Dazwischen finden wir auch Hainbuchen, Eichen und in Quell-

gebieten kleine Birkenwäldchen. Unter den Bäumen dehnen sich große Farnflächen aus, die in moorigen Zonen den Erikasträuchern Platz machen. Wenn wir durch diese herrlichen Berghänge, zum Teil auf uralten Maultierpfaden, wandern, gelangen wir immer wieder über größere Granitfelsen, die von der Natur glattgeschliffen sind. Die gesamte Wegstrecke ist mit Steinplatten durchsetzt, an Steigungen mit steinernen Treppen versehen und zum Teil von Granitmauern gesäumt. Auf diesen Saumpfaden trugen in früheren Zeiten Maulesel die Versorgungsgüter zu den überall verstreuten Rustici und führten die Erzeugnisse der Älpler wieder hinab ins Tal. Heute sind die meisten der alten Granithütten herrenlos und in Verfall begriffen. Nur ab und zu stoßen wir auf ein intaktes Rustico und auf Ziegen- oder Schafhirten.

Ausgangspunkt dieser Tour ist das hübsche Coglio mit der Chiesa S. Maria di Monte Carmelo. Der in Aurigeno geborene Maler Giovanni Antonio Vanoni (1810–1896) hat die eindrucksvollen Fresken in der Kirche und am Beinhaus geschaffen. Ziel unserer Wanderung ist das kleine, aber langgestreckte Haufendorf Maggia, das inmitten ausgedehnter Weinberge am Fuße des Valle del Salto liegt. Durch dieses Tal führt über den Passo di Nimi ein Weg ins Val Verzasca hinüber. Daneben stürzen die Wasser des Rio del Salto über eine gewaltige Felsplatte hinab nach Maggia. Besonders reizvoll ist der alte Dorfkern mit steingedeckten Häusern und typischen Holzbalkonen; dazwischen liegen Granitbrunnen, die mit Löwenköpfen geschmückt sind. Der Ort Maggia war übrigens namengebend für das ganze Tal; an seinem nördlichen Ende steht die hochgelegene Kirche S. Maurizio. Sie zählt mit zu den ältesten Gotteshäusern des Tales. Auffallend ist die breite lange Treppe, die zur Chiesa führt.

Der Wegverlauf

Von der FART-Bushaltestelle in *Coglio* (353 m) nehmen wir das kleine Sträßchen rechts bergauf zum Ort. 50 Meter nach links

Vor dem Abstieg nach Maggia eröffnet sich dieser grandiose Ausblick auf das untere Maggia-Tal.

Die hochgelegene Kirche S. Maurizio in Maggia zählt zu den ältesten Gotteshäusern des Tales.

liegt das empfehlenswerte Ristorante Cristallina. Unsere Wanderung hat bei der südlich vom Ristorante gelegenen *Kirche S. Maria di Monte Carmelo* ihren Ausgangspunkt. Dort gehen wir nach links bergauf und stoßen gleich nach einer Kurve auf die Wegweiser nach Maggia. Von hier beginnt der schmale Bergpfad, der übrigens durchgehend mit den *weiß-rot-weißen Balken*, die für *Sentiero di Montagna* stehen, gekennzeichnet ist. In Serpentinen schraubt sich der mit Granitplatten belegte Bergpfad durch einen schönen Edelkastanienwald aufwärts. In ganz kurzer Zeit befinden wir uns 80 bis 100 Meter über dem Tal und haben herrliche Blicke auf das Bassa Valle und die Maggia. Zwischen den vielen Kastanien finden wir ab und zu eine Hainbuche und links sowie rechts des Weges

ten. Wir gehen geradeaus weiter und kommen nach knappen 10 Minuten an die Abzweigung nach Parcuroi. Während der geradeaus weiterführende Weg nun fast eben nach Maggia hinübergeht, schlagen wir den links bergan strebenden Pfad hinauf nach *Parcuroi* (664 m) ein. Wir kommen bei den Rustici des Ortes nach etwa 1 Stunde Gehzeit, von Coglio aus gerechnet, an. Von Parcuroi geht's nun durch kleine Birkenwälder und Almwiesen immer wieder über riesige Granitblöcke, die von Wind und Wetter glattgeschliffen sind, in 20 Minuten hinunter nach *Voipo* (514 m). Ab und zu kommen wir an einen schönen Aussichtsplatz, der zum Schauen und Verweilen einlädt. Von Voipo steigen wir rechts vom Tobel des *Valle del Salto* wieder über Steinplatten und teilweise treppenartige Wege steil hinunter nach Maggia. Beim Abstieg genießen wir noch einmal die schöne Sicht auf Maggia. In der Ferne das untere Maggia-Tal, das sich bei Ponte Brolla sehr verengt. Direkt unter uns der Campanile der Kirche S. Maurizio von Maggia. Unser *Treppenweg* führt nochmals an einem schönen *Marterl* mit Fresken des kreuztragenden Christus vorbei und kommt direkt bei den alten Rustici oberhalb der *Kirche S. Maurizio* (345 m) heraus. Wir steuern auf den Kirchvorplatz zu und gehen von dort über die breite Treppe hinab nach *Maggia* (332 m). Der schöne alte Ortskern des Haufendorfes Mag-

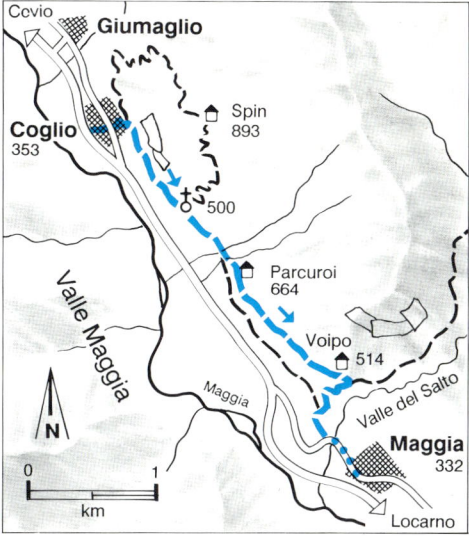

mannshohe Adlerfarne. Auf weichen Wegen gewinnen wir im Bergwald langsam an Höhe. Dazwischen immer wieder steinerne Treppenwege. Nach einer knappen halben Stunde kommen wir zu einer *Marienkapelle* (500 m) mit davor stehendem Marterl, das mit einem schönen Marienfresko bemalt ist. Die Datierung an der oberen Stirnseite gibt die Jahreszahl 1626 an. Gleich hinter der Kapelle zweigt der Sentiero di Montagna hinauf zur Spin ab, den wir aber nicht nehmen soll-

gia ist von Weinbergen umgeben. Dort liegt unten an der Hauptstraße unser Parkplatz bzw. die Haltestelle des FART-Busses der Linie 10, der uns zurück nach Locarno bringt.

Touristische Angaben

Talort: Maggia Ortszentrum (332 m).
Ausgangspunkt: Coglio (353 m).
Anfahrt: Von Locarno, Piazza Stazione mit dem FART-Bus Linie 10 nach Coglio. Alternativ mit dem PKW nach Maggia und von dort mit dem FART-Bus nach Coglio. Parkmöglichkeiten an der Hauptstraße in Maggia direkt gegenüber dem Verkehrsbüro.
Höhendifferenzen: Aufstieg: Coglio–Parcuroi 311 m; Abstieg: Parcuroi–Maggia 332 m.
Weglänge: Gesamtstrecke von Coglio nach Maggia 5 km; Coglio–Marienkapelle 1,2 km; Marienkapelle–Parcuroi 1,1 km; Parcuroi–Voipo 1,1 km; Voipo–Maggia 1,6 km.
Gehzeiten: Gesamtstrecke von Coglio nach Maggia 1 Std. 45 Min.; Coglio (353 m) – Marienkapelle (500 m) 28 Min. – Parcuroi (664 m) 27 Min. – Voipo (514 m) 20 Min. – Kirche S. Maurizio in Maggia (345 m) 20 Min. – Maggia Ortszentrum (332 m) 10 Min.

Wegverhältnisse: Schmale, steinige Bergpfade mit zum Teil steilen Wegstücken.
Einkehrmöglichkeiten: Grotto und Ristorante Cristallina in Coglio sowie Grotti in Maggia.
Karten: Topografische Wanderkarte 1:50 000, Valle Maggia, hrsg. vom Verkehrsverein der Region; Topografische Landeskarte 1:25 000, Blatt 1292 Maggia.
Zusatzmöglichkeiten: Wer die Wanderung um etwa eine halbe Stunde ausdehnen möchte, geht oben, in Voipo angekommen, nicht gleich rechts des Rio del Salto talwärts, sondern nach links weiter. Zunächst noch etwas bergwärts ins Valle del Salto hinein, wird bald das Tobel überquert und der Abstieg nach Maggia auf der linken Seite des Rio del Salto eingeleitet.
Eine weitere Möglichkeit ist die Umrundung der sogenannten Spin (893 m). Von der Marienkapelle, die wir nach einer knappen halben Stunde von Coglio erreichen, führt der schöne, aber steile Sentiero di Montagno direkt hinter der Kapelle links aufwärts in etwa ¾ Stunden hinauf zur Spin und in weiteren ¾ Stunden wieder hinunter nach Giumaglio und von dort auf dem Sträßchen in wenigen Minuten zurück nach Coglio.

Ein steiniger Saumpfad führt hoch über dem Tal durch üppige Kastanienwälder von Coglio nach Maggia.

26 Von Bosco/Gurin über Cerentino, Collinasca, Linescio und Faido nach Cevio

Vom einzigen deutschsprachigen Walserdorf im Tessin auf alten Saumwegen und schmalen Pfaden durch das Valle di Bosco und an der wilden Rovana durch das Valle di Campo talwärts

> *Großartige Wanderung, die in 3 Stunden und 25 Minuten durch das größte westliche Seitental des Valle Maggia führt. Durch Tannen- und Lärchenwald geht's auf alten, teilweise wiederhergestellten Saumwegen entlang des schäumenden Gebirgsflusses durchs Valle di Bosco hinab zu urtümlichen, gut erhaltenen Bergdörfern. In der zweiten Etappe steigen wir im unteren Valle di Campo, hoch über der wilden Rovana, talwärts zum Hauptort des Maggia-Tales.*

Bosco/Gurin ist die höchstgelegene Walsersiedlung im Kanton Tessin und darüber hinaus seit langem als deutsche Sprachinsel bekannt. Das seit dem 13. Jahrhundert ständig bewohnte Dorf liegt im abgeschiedenen Waldtal (Valle di Bosco), dem westlichsten Seitental des Valle Maggia.

Walsersiedlungen liegen durchwegs in den höchsten Weidegebieten schlecht zugänglicher Alpentäler. Es scheint sicher zu sein, daß eine ursprünglich germanische Bevölkerung von den Römern bis in die obersten Regionen des Schweizer Alpenhauptkammes zurückgedrängt wurde.

Walser Mundarten werden zusammen mit den Dialekten des Berner Oberlandes und des Wallis dem sogenannten Bergschweizerdeutsch zugerechnet. Gurinerdeutsch gehört ebenfalls zu dieser Sprachgruppe. Der walserdeutsche Dialekt und die Kultur der Vorfahren wurden in Gurin bis heute bewahrt.

Im 12. und 13. Jahrhundert warben italienische Feudalherren, zu denen auch die Orelli und die Muralti aus Locarno zählten, unter den freien Bauern des Oberwallis Kriegs- und Gefolgsleute für ihre Fehden an. Die widerstandsfähigen, mit dem Berg hart gewordenen Walser waren hierfür besonders gut geeignet. Für ihre Kriegsdienste versprach man ihnen Freiheit und billigte ihnen Siedlungsgrund in freier Erbleihe sowie Schutz zu. Aus einer Urkunde des Guriner Gemeindearchivs von 1311 geht hervor, daß die Gemeinde Losone auf Geheiß von Simone Orello einige Alpweiden im Gebiet von Buscho de Quarino (alte Bezeichnung von Bosco/Gurin) an Walser aus dem Pomat (Formazza-Tal) auf 29 Jahre verpachtet hat. Außerdem wird ein Vertrag aus dem Jahre 1273 erwähnt, nach dem denen von Bosco die genannten Weiden auf ewige Erbleihe überlassen werden.

Bereits 1253 wurde in Gurin die erste Kirche eingeweiht, was ebenfalls urkundlich belegt ist. Die heutige Pfarrkirche St. Jakobus und Christophorus ist 1581 aus der alten Kirche durch Umbau entstanden. Sie hat einen schlanken Turm mit interessanter Sonnenuhr und einen schön geschnitzten Rokokoaltar mit beachtenswerter Madonnenstatue. Um das Gotteshaus gruppieren sich die braunen Walliser Holzhäuser, die auf Steinsockeln und Steinsäulen mit Mäusesteinen stehen. Die wichtigste Sehenswürdigkeit in Bosco/Gurin ist das Museum Walserhaus. Dem Besucher werden seltene Exponate aus Kultur, Handwerk und Hausstand der Guriner Walser gezeigt. Das merkwürdigste Relikt ist ein Seelenbalken, mit dessen Hilfe die Seele eines Verstorbenen das Haus verlassen konnte.

Bosco/Gurin ist ein hervorragendes Wandergebiet. Eine landschaftlich reizvolle, leichte Wanderung führt von hier in vier Stunden über die Grossalp und den Passo Quadrella hinüber nach Campo. Auch eine Besteigung der Guriner Furka in 2½ Stunden ist interessant. Über den Passo di Bosco, der dort oben liegt, kamen einst die Guriner aus dem ebenfalls deutschsprachigen Pomat, dem heute italienischen Formazza-Tal, herübergewandert. Sehr lohnend ist auch die in dieser Tour beschriebene Talwanderung durch das Valle di Bosco und im zweiten Teil durch das Valle di Campo hinunter nach Cevio im Valle Maggia.

Auf dieser Wanderung kommen wir durch die traditionsreichen und typischen Tessiner Bergdörfer Cerentino, Collinasca und Linescio. Cerentino fällt uns durch seine am Hang stehende Kirche S. Maria von 1464 und das mit fünf Marienbildern bemalte Pfarrhaus auf. Hier, wo sich die Straßen hinauf nach Campo und Bosco/Gurin trennen, ist der Festungsbaumeister Ludwigs XIV., Pietro Morettini, geboren. Er vollbrachte im Jahre 1708 den Durchstich des als »Urner Loch« bekannten 64 Meter langen Tunnels durch den Kirchberg und leistete dadurch einen wesentlichen Beitrag zur späteren Befahrbarkeit der alten Gotthardstraße. Etwas tiefer finden wir inmitten des Valle di Campo den lieblichen Weiler Collinasca. Wenige Kilometer danach folgt das am Steilhang liegende romantische Dorf Linescio mit schöner Kirche. Der Ort wird schon 1484 als Linazio erwähnt. Hier wurden vor einigen Jahren römische Grabstätten entdeckt.

Cevio ist seit 1403 Hauptort des Maggia-Tales und war seitdem Sitz der Statthalter der mailändischen Visconti und später der eidgenössischen Landvögte, bis 1798 – durch den Sturz der alten Eidgenossenschaft – auch die Vogteien aufgelöst wurden. Die wappengeschmückte Fassade des Vogteihauses ist ebenso sehenswert wie die freskengeschmückten Herrschaftshäuser der Franzoni (17. Jahrhundert) und die Casa Respini mit prunkvollem Barockportal. Im Museo di Valmaggia, das in der Casa Franzoni untergebracht ist, sind Trachten, Volkskunst, Gebrauchsgegenstände aus dem Maggia-Tal sowie Gemälde von Giovanni Antonio Vanoni aus Aurigeno zu sehen. Am Eingang zum Valle di Campo, nahe der Rovana-Brücke, ist die reich mit Malereien und Stukkaturen geschmückte Wallfahrtskirche Madonna del Ponte aus dem Jahre 1615 sehenswert.

Der Wegverlauf

Von *Bosco/Gurin* (1503 m) gehen wir zunächst 800 Meter auf der Poststraße abwärts und biegen dann rechts in den markierten Saumweg ein. Durch schönen Lärchenwald geht's in einigen Windungen links des gurgelnden Wildwassers steil bergab. Der Weg führt zwischen Trockenmauern über zwei Seitenbäche, danach kommen wir auf ein Sträßchen, das die Weiden von *Ubarab* (1294 m) erschließt. Auf dem alten Saumweg, der erst 1974 wieder begehbar gemacht wurde, geht's entlang des Bergflusses hinab über weitere Zuflüsse, die von den Abhängen herabkommen, bis wir zu den Hütten von *Geschanu* gelangen, von denen einige als Folge von Unwettern mit dem Geröll des Wildbaches umgeben sind. Nachdem wir einem großen Felsblock hinter uns gelassen haben, wechseln wir auf einer kleinen *Brücke* ans rechte Ufer hinüber. Wir wandern nun durch Wald und Wiesen, die mit Felsbrocken durchsetzt sind, immer noch kräftig an Höhe verlierend, in einer zauberhaften Landschaft taleinwärts. Der Bergpfad geleitet uns entlang des tosenden Wildbaches hinunter zur *Brücke von Corino* (1093 m). Kurz hinter dieser Brücke gelangen wir wieder auf die Poststraße, der wir etwa einen halben Kilometer folgen, um dann links in einen Hangpfad abzuzweigen, der hinunter nach *Cerentino*

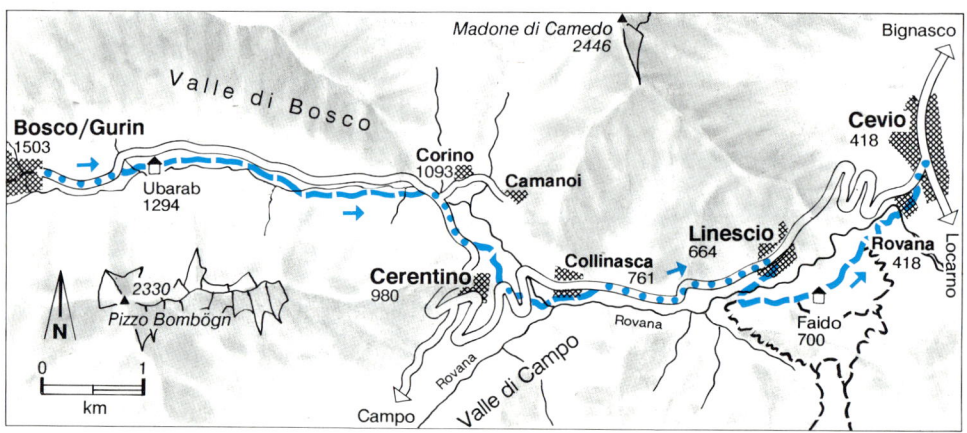

(980 m) führt. Am Dorfeingang empfängt uns ein Brunnen, wir gehen auf einem gepflasterten Gäßchen durch den schönen Ort und schwenken zuletzt links hinüber zur *Post* ein. Dort zweigt ein Weg ab, der zum Hotel Rovana und dann zwischen Trockenmauern in mehreren Serpentinen bergab verläuft, bis wir unten auf die alte Straße stoßen. Ihr folgen wir etwa 30 Meter und biegen in einer scharfen Kurve wieder in den Abkürzungsweg ein, auf dem wir im Zickzack durch Lärchenwald weiter hinab zu einer kleinen *Kapelle* steigen. Dort biegen wir links ein, überqueren die letzte Brücke des Valle di Bosco und nehmen den alten Fahrweg, der uns bald nach *Collinasca* (761 m) bringt. Vorbei an der Abzweigung, wo sich die alten Saumwege ins Campo- und ins Bosco-Tal trennten, gelangen wir nochmals auf die alte Straße, die kurz darauf in die neue Poststraße einmündet. Wir überqueren einen felsigen Graben und wandern auf der zwischen 1895 und 1899 erbauten neuen Straße nach *Linescio* (664 m). In der Nähe der Kirche biegt unser Saumpfad rechts ab und führt zunächst etwa 400 Meter wieder taleinwärts, hinunter zur wilden *Rovana*. Wir überqueren die enge Schlucht auf einer Brücke, hoch über dem Fluß. Drüben gabelt sich der Weg; wir nehmen den linken, der hinauf zu einem Stein-

Bevor man hinabwandert nach Cevio, sollte der herrliche Blick auf die mit schweren Granitplatten belegten Dächer der Walserhäuser von Bosco/Gurin noch etwas genossen werden.

Im Tal der Rovana liegt am Steilhang das alte Dorf Linescio.

bruch führt. Auf einem schönen Saumweg steigen wir, hoch über der Rovana, hinauf nach *Faido* (700 m). Von diesem alten Weiler führt das gut begehbare Säumerstraßerl abwärts, bis wir zu dem in Stufen angelegten Bergpfad gelangen, der uns steil hinab zur *Rovana* bringt. Hier, am Auslauf des Campo-Tales, liegt das Dorf gleichen Namens (418 m). Unweit der Einmündung des wild schäumenden Bergflusses in die Maggia gehen wir über die Brücke und sind schon an der großartigen Kirche Madonna del Ponte in Rovana. Eine schmale Straße bringt uns nun schnell hinüber nach *Cevio* (418 m), dem Ziel unserer Wanderung. Hier können wir uns in verschiedenen Restaurants von der abwechslungsreichen Talwanderung durch die wunderschönen Maggia-Seitentäler Bosco und Campo erholen. Bevor wir wieder zum Lago Maggiore zurückfahren, sollten wir dem interessanten Heimatmuseum von Cevio einen Besuch abstatten.

Touristische Angaben

Talort: Cevio (418 m).
Ausgangspunkt: Bosco/Gurin (1503 m).
Anfahrt: Mit dem PKW von Locarno oder Ascona durchs Maggia-Tal nach Cevio oder mit dem FART-Bus Linie 10 von Locarno Stazione nach Cevio mit Anschluß nach Bosco/Gurin. Von Cevio mit dem PTT-Bus 630.65 nach Bosco/Gurin.
Höhendifferenzen: Abstiege: Bosco/Gurin –

Im wappengeschmückten »Pretorio« von Cevio saßen die eidgenössischen Landvögte vom 15. bis zum 18. Jahrhundert zu Gericht.

Cerentino 523 m; Cerentino—Linescio 316 m; Linescio—Cevio 246 m.

Weglänge: Gesamtstrecke von Bosco/Gurin nach Cevio 11,5 km; Bosco/Gurin—Ubarab 1,1 km; Ubarab—Brücke von Corino 3,2 km; Corino—Cerentino 1 km; Cerentino—Collinasca 0,8 km; Collinasca—Linescio 2,4 km; Linescio—Faido 1,2 km; Faido—Cevio 1,8 km.

Gehzeiten: Gesamte Strecke von Bosco/Gurin nach Cevio 3 Std. 25 Min.; Bosco/Gurin (1503 m) – Ubarab (1294 m) 30 Min. – Brükke von Corino (1093 m) 38 Min. – Cerentino (980 m) 15 Min. – Collinasca (761 m) 25 Min. – Linescio (664 m) 35 Min. – Faido (700 m) 20 Min. – Rovana (418 m) 35 Min. – Cevio (418 m) 7 Min.

Wegverhältnisse: Alte Saumpfade, schöne Bergwege, einige Teilstrecken auf wenig befahrenen Straßen.

Beste Wanderzeit: Mitte Mai bis Ende Oktober.

Einkehrmöglichkeiten: Ristorante in Bosco/Gurin und mehrere Grotti und Ristorante in Cevio.

Karten: Topografische Wanderkarte 1:50 000, Valle Maggia e Valle Onsernone, hrsg. vom Verkehrsbüro der Region.

27 Wanderung im Val Lavizzara von Prato über Broglio und Menzonio talwärts nach Bignasco

Großartiges, von Bergketten umgebenes Lavizzara-Tal, mit der tief unten rauschenden Maggia, über die mittelalterliche Bogenbrücken gebaut sind

3stündige Wanderung durch ein bizarres Hochtal auf dem alten Saumpfad Via Maestro, der einst Hauptverkehrsweg der früheren Fuhrleute war.
Tief unten im Tal rauscht die wilde Maggia, die von der Bergregion des hochgelegenen Pizzo del Narèt herabkommt.
Durch die schöne Landschaft und die romantischen Hangdörfer sowie Kunst am Wege wird diese Tour zu einem bleibenden Erlebnis.

Das Val Lavizzara gilt als eines der schönsten Gebirgstäler des Tessin, das problemlos durchwandert werden kann. Es beginnt in Bignasco, wo es sich mit dem Val Bavona vereinigt. Mit einem Höhenunterschied von 1000 Metern zieht sich das Lavizzara-Tal von dort über 20 Kilometer aufwärts zum Sambuco-Stausee, wo es ins Val Sambuco übergeht. Vorher zweigt bei Peccia das gleichnamige Tal ab. Die Täler winden sich in engen, oft steil ansteigenden Abschnitten hinauf in die Bergeinsamkeit des Maggia-Quellgebietes. Es ist eine eigenständige Welt, in die wir hier eintreten; wir lernen ein neues Gesicht des vielfältigen Tessin kennen. Große Überschwemmungen der durch alle drei Täler fließenden Maggia, Bergstürze und harte Winter mit Lawinenabgängen haben die Landschaft samt den hier ansässigen Menschen geprägt.

Seinen Namen erhielt das Val Lavizzara vom Lavezstein oder Topfstein, der schon zur Römerzeit zu steinernem Kochgeschirr verarbeitet wurde. Dieser Stein wird auf der Alpe Sovénat, hoch über Peccia, in einer Höhe von 2000 Metern gefunden. Eine weitere Spezialität des Lavizzara-Tales ist der strohverpackte Käse »La Paglia« (das Stroh). Unten am Eingang ins Peccia-Tal bricht man weißen Marmor, der dem aus Carrara in keiner Weise nachsteht.

Das wilde Val di Peccia endet schon nach 10 Kilometern Länge oben unter dem Pizzo del Narèt (2585 m). Darunter liegt der eindrucksvolle Lago del Narèt in 2310 Metern Höhe. In diesem Gebiet entspringt die Maggia, die zweigeteilt in einem südlichen Oberlauf durchs Val di Peccia und in einem östlichen Oberlauf durchs Val Sambuco (Holundertal) fließt, um den 3,3 Kilometer langen Lago del Sambuco zu speisen. Erst 1956 hat man den Sambuco-Stausee mit einem Fassungsvermögen von 63 Millionen Kubikmetern gebaut, um die reißende Maggia in Regenperioden zu bändigen. Es galt einerseits, mit Hilfe dieses gewaltigen Bauwerkes das Lavizzara-Tal und die gesamte Maggia-Region bis hinab zu den am Langensee-Delta liegenden Städten Ascona und Locarno zu schützen und andererseits die Wasserkraft zur Stromerzeugung zu nutzen. Unten in Peccia, fast 1500 Meter tiefer als das Quellgebiet, treffen die beiden Oberläufe der Maggia wieder zusammen. Schon der keltische Name »leukera«, die weiß schäumende oder die große Maggia,

weisen darauf hin, wie gefürchtet der Fluß vor dem Staudammbau war.

In Prato-Sornico beginnt diese Wanderung, die uns teils links, teils rechts talwärts bis an den Auslauf des Lavizzara-Tales führt. Wir gehen in diesem wildromantischen Tal auf der alten Via Maestro, einem der ehemals wichtigsten Saumpfade des Tales. Sornico war über mehr als drei Jahrhunderte Hauptort und Gerichtssitz der vereinigten Comunità Vicinanza (Gemeinschaft der Umgebung) aller Dörfer des Val Lavizzara. Zwischen 1513 und 1798 kam zweimal monatlich der in Cevio residierende eidgenössische Landvogt herauf ins hiesige Gerichtshaus, um Recht zu sprechen. Ein Pranger mit geschmiedetem Halseisen zeugt noch heute von den damaligen Bestrafungsmöglichkeiten. Sornico ist die Heimat des Historikers Ernst Gagliardi. In Prato, das 1864 mit Sornico zu einer Gemeinde vereinigt wurde, steht die 1761 neu erbaute Kirche SS. Sebastiano e Rocco. Sehenswert ist auch die mit schönem Balkon geschmückte Casa Mignami. Hier ist das Lavizzara-Tal noch beachtlich breit, verengt sich aber zusehends bis hinab nach Bignasco. Wenn wir links der Maggia talwärts wandern, treffen wir an der Einmündung des Val di Prato auf eine sehr interessante schmale mittelalterliche Steinbogenbrücke und bald danach auf die schon 1758 erbaute Waldkapelle von Vedlà.

Mitten im unteren Lavizzara liegt im Talgrund rechts der Maggia das Dorf Broglio, Geburtsort des Tessiner Dichters Giuseppe Zoppi (1896–1952). Der schon 1397 urkundlich erwähnte Ort ist vor einigen Jahren durch Funde aus der Römerzeit bekannt geworden. Sehenswert ist die 1622 von der Familie Orelli erbaute Casa Pometta mit malerischem Arkadenhof. Die Pfarrkirche S. Maria Lauretana wurde 1486 eingeweiht und hat an der Frontseite ein schon etwas verbliches Christophorus-Fresko aus dem 15. Jahrhundert.

Weiter unten wird das Tal so eng und schmal, daß sich die Dörfer Menzonio und Brontallo an Bergabhängen ansiedeln mußten. Menzonio liegt auf einer sanft abfallenden Terrasse und kann eine südländisch anmutende Kapelle SS. Giacomo e Filippo aus dem Jahre 1505 vorzeigen. Bis 1949 war das

Bergdorf nur auf dem Lavizzara-Saumpfad über die Merla-Brücke zu erreichen, denn erst zu diesem Zeitpunkt wurde ein schmales Teersträßchen hinauf in den Ort gebaut. Noch viel weiter oben klebt Brontallo an einem abschüssigen Hang. Das stark terrassierte Gelände ist durch 22 Kilometer Mauern abgestützt. Tausende von Treppenstufen wurden im Dorf angelegt, so daß es wie eine tibetische Siedlung anmutet. Erst 1955 wurde dieses Dorf durch eine befahrbare Autostraße an das Verkehrsnetz angeschlossen.

Unten an der Maggia gehen wir über die prächtige Bogenbrücke Ponte della Merla, die einst wichtigster Übergang der Via Maestro, dem alten Saumpfad durch das Lavizzara-Tal, war. Gegen Bignasco wird das Tal noch viel enger, so daß wir auf schmalen Waldpfaden etwa 150 Meter über der schäumenden und tosenden Maggia gehen müssen, die sich dort tief in das Granitgestein hineingegraben hat. In Bignasco angekommen, überqueren wir die letzte der schönen alten Steinbrücken dieses Tales, den Ponte S. Rocco.

Der Wegverlauf

Von *Bignasco* fahren wir mit dem Postbus nach *Prato* (742 m) hinauf, wo an der Maggia-Brücke unsere Wanderung beginnt. Wir gehen zuerst durch die mit Steinbogen überspannte Dorfgasse hinauf zur Kirche. Dort zweigt in südlicher Richtung ein Weg ab, der nach wenigen Metern in ein schmales Sträßchen einmündet. Links der Maggia wandern wir nun hoch über dem Fluß, ein Stück leicht ansteigend, bis nach wenigen Minuten eine Wegmarkierung rechts in ein schmales Wiesensteigerl weist. Der wunderschöne Pfad, der sich zu Recht *Sentiero Panoramico* nennt, führt uns, nun ständig etwas an Höhe

Das romantische Dorf Prato-Sornico liegt inmitten des Lavizzara-Tales. Hier beginnt der wunderschöne Wanderweg »Sentiero Panoramico«, der später in den alten Saumpfad nach Bignasco einmündet.

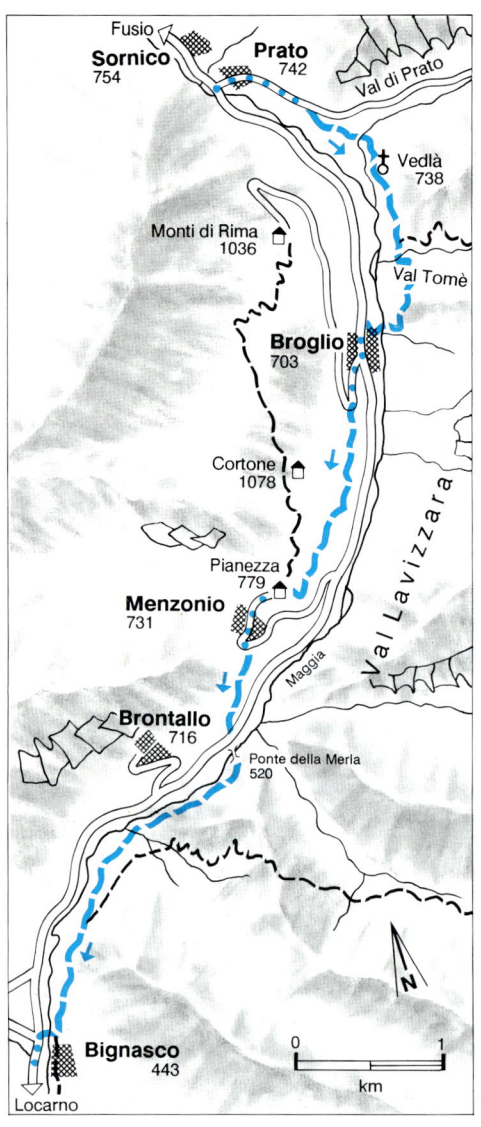

Fusio
Sornico **Prato**
754 742
Val di Prato
Vedlà
738
Monti di Rima
1036
Val Tomè
Broglio
703
Cortone
1078
Val Lavizzara
Pianezza
779
Menzonio
731
Maggia
Brontallo
716
Ponte della Merla
520
N
0   1
Bignasco
443
km
Locarno

Vedlà (738 m), über dessen Eingang wir die Jahreszahl 1758 ablesen können. Unser reizvoller Steig geht nun durch einen lichten Wald aus Birken, Erlen und Haselnußstauden allmählich hinunter zur Brücke des Wildbaches *Ri di Tomè* (735 m). Das Val Tomè führt 3 Kilometer steil hinauf zum 957 Meter höheren Lago Tomè, der dort oben eindrucksvoll direkt unter dem Monte Zucchero (2736 m) liegt. Das wäre sicher auch ein interessanter Abstecher, für den aber knapp 1½ Stunden einzukalkulieren wären. Wir wandern weiter auf einem breiter gewordenen Sandsträßchen nur noch wenige Meter über dem blaugrünen Fluß, auf offenem Gelände talwärts zur nächsten Maggia-Brücke. Drüberhalb steigen wir hinauf nach *Broglio* (703 m), wo in der Ortsmitte die Osteria Zoppi mit einer Brotzeit aufwartet. Wer noch ein knappes Stünderl dranhängen kann, sollte seinen Hunger besser noch bis Menzonio aufsparen. Auf der anderen Straßenseite der Osteria weist die Markierung aufwärts durch die Häuser des Dorfes. Einem schmalen, wenig befahrenen Sträßchen, das nun rechts der Maggia einen halben Kilometer ständig leicht an Höhe gewinnt, folgen wir, bis in einer scharfen Rechtskurve ein Hangsteig geradeaus weiter nach Menzonio führt. Wir wandern eine Zeitlang an diesem Steilhang, der teilweise bewaldet ist, aber trotzdem immer wieder schöne Ausblicke bietet, und haben den tosenden Fluß nun tief unter uns. Ab und zu kommen wir an einem alten Steinhaus oder auch einer Gruppe von größtenteils verlassenen Rustici vorbei. Das wunderschöne, vor noch nicht allzu langer Zeit neu angelegte Steigerl bringt uns zu den Weinbauern von *Pianezza* hinauf. Eine kleine Straße führt von dort schnell bergab nach *Menzonio* (731 m). Beim Hinuntermarschieren haben wir das schöne Hangdorf ständig im Blickfeld. An der großen alten Kapelle SS. Giacomo e Filippo vorbei gehen wir zur Dorfmitte und stoßen dort auf die romantisch gelegene Osteria Cagnesi, bei der wir eine Zwischenrast einlegen können. Von dort geht rechts der breiteren Dorfstraße der markierte alte Saumweg ab, der uns durch die letzten Häuser, an Wegmarterln vorbei, in Serpentinen wieder hinunter zur Maggia bringt. Kurz vor dem Talboden nehmen wir den links abwärts führenden

verlierend, durch Wiesen und Baumgruppen des Lavizzara-Tales. Nach einer guten Viertelstunde kommen wir zu einem steinernen Wegmarterl, und gleich danach liegt sie vor uns, die schöne alte *Steinbogenbrücke*, die uns über den Wildbach des tief eingeschnittenen *Val di Prato* hinüberbringt; sie ist eine der interessantesten Flußüberquerungen des ganzen Maggia-Tales. Ein kurzes Stück über offene Wiesen, dann gelangen wir wieder in ein Wäldchen und stehen plötzlich vor dem einsamen, aber wunderschönen Kircherl

Steig zur 1949 gebauten Straße von Menzonio. Unten auf der Hauptstraße des Tales
geht's gleich gegenüber wieder in einen
Waldweg zur *Maggia* hinab. Da liegt sie
dann auch schon vor uns, die prächtige mittelalterliche, gewölbte Steinbrücke *Ponte
della Merla* (520 m), die einst wichtigstes
Verbindungsstück des alten Lavizzara-Saum-
weges war. Drüberhalb der Brücke wandern
wir auf diesem Talweg, ständig etwas an Höhe gewinnend, nun am linken Flußufer durch
dichten Wald von Buchen und Kastanien,
weiter hinab nach Bignasco. Nach einer
knappen Viertelstunde gelangen wir zur engsten Stelle des Tales. Sehr weit unter uns
fließt die brodelnde, weißschäumende Maggia durch das tief eingehöhlte Granitgestein.
Dann sind wir schon gleich an dem schönen,
wieder bergab gerichteten Fußweg, der
durch Steinmauern gesäumt ist und bei den
verfallenden Häusern des Weilers *Presa* herauskommt. Der Saumweg setzt sich, nun allmählich wieder breiter werdend, ins tiefere
Tal nach *Ronco* fort. Nach einer weiteren
Brücke liegt unter uns im Wald eine alte Kapelle. Ein Fahrsträßchen bringt uns bald zur
großen Steinbogenbrücke *Ponte S. Rocco*
und über sie zum oberen Ortsteil von *Bignasco* (443 m). Wieder rechts der Maggia sind

wir bald am Zusammenfluß von Bavona und
Maggia. Hier vereinen sich die beiden großartigen Hochgebirgstäler Bavona und Lavíz-
zara. Vor uns sehen wir auch schon das Postamt von Bignasco, wo sich die Haltestelle
unseres FART-Busses Nr. 10 befindet.

Touristische Angaben

Talort: Bignasco (443 m).
Ausgangspunkt: Prato (742 m).
Anfahrt: Mit dem PKW durchs untere Mag-
gia-Tal über Cevio nach Bignasco oder von
Locarno, Piazza Stazione mit dem FART-Bus
Linie 10 nach Bignasco. Von Bignasco mit
dem PTT-Bus nach Prato.
Höhendifferenzen: Abstieg: Menzonio–
Ponte della Merla 211 m; Ponte della Merla–
Bignasco 77 m.
Weglänge: Gesamtstrecke von Prato nach
Bignasco 10,1 km; Prato–Vedlà 1,4 km;
Vedlà–Broglio 1,8 km; Broglio–Menzonio
2,9 km; Menzonio–Bignasco 4 km.
Gehzeiten: Gesamtstrecke von Prato nach
Bignasco 3 Std.; Prato (742 m) – Vedlà
(738 m) 23 Min. – Brücke im Val Tomè
(735 m) 12 Min. – Broglio (703 m) 13 Min. –
Menzonio (731 m) 55 Min. – Ponte della
Merla (520 m) 30 Min. – Bignasco (443 m)
47 Min.
Wegverhältnisse: Gepflegte Wege und Pfa-
de. Von Broglio 500 m auf einem schmalen,
wenig befahrenen Sträßchen, dann folgt ein
schmales Steigerl an einem Steilhang bis Pia-
nezza. Nach Menzonio abwärts führt wieder
ein enges Teersträßchen. Steiler Abstieg von
Menzonio hinunter zur Maggia.
Einkehrmöglichkeiten: Ristorante al Ponte in
Prato, Osteria in Broglio, Osteria Cagnesi in
Menzonio und Osteria sowie Ristorante in
Bignasco.
Karte: Topografische Wanderkarte 1:50 000,
Valle Maggia e Valle Onsernone, hrsg. vom
Verkehrsverein der Region.
Zusatzmöglichkeiten: Verlängerung der Tour
um 2½ Stunden, wenn wir Fusio (1289 m) als
Ausgangspunkt wählen. Anfahrt mit dem
PTT-Bus von Bignasco über Prato nach Fusio.
Wanderung von Fusio über Mogno, Cam-
blee, Corsgell und Peccia nach Prato-Sorni-
co. Fortsetzung der Wanderung gemäß Weg-
verlauf der Tour 27.

*Blick auf das felsige Flußbett der Maggia bei
Menzonio im Lavizzara-Tal.*

28 Im Val Bavona talwärts von S. Carlo über Foroglio, Fontana und Cavergno nach Bignasco

Hohe Bergketten, alte Rustici, einladende Grotti, stiebende Wasserfälle und Brückenromantik am wilden Rio Bavona

3stündige erlebnisreiche Talwanderung entlang der tosenden Bavona durch eines der letzten Naturparadiese des Tessin. Eine Vielzahl kleiner, aber romantischer Sommerdörfchen in uralter Granitbauweise ist zu durchwandern. Von den hohen Bergketten, die das Bavona-Tal einsäumen, stürzen Wasserfälle zu Tal. Auch die Kunst am Wege und die leiblichen Genüsse kommen nicht zu kurz.

Das zauberhafte, bizarre Bavona-Tal, das von Bergstürzen und Hochwasser gekennzeichnet ist, beeindruckt den Wanderer wegen seiner einmaligen landschaftlichen Schönheit. Dieses enge Hochtal ist von zakkigen Gebirgskämmen gesäumt, von denen zahlreiche Wasserfälle herunterstürzen. Es gilt als wildestes Tal der Schweiz, das sich vor allem seine Tradition und sein altes Brauchtum weitestgehend bewahren konnte. Oberhalb von S. Carlo führt eine Großgondel-Seilbahn hinauf zur Bergstation Robièi (2000 m), von der aus dem Naturbewunderer wie dem Hochgebirgswanderer eine großartige Bergwelt erschlossen wird. Lohnende Touren führen über den Cristallina-Paß hinüber ins Bedretto-Tal oder über den Narèt-Paß ins Lavizzara-Tal. Oben am Lago di Robièi befinden wir uns unter der mächtigen Bergkulisse des Cristallina (2912 m) und des Basòdino (3272 m). Eine Reihe großartiger Bergseen, wie der Lago Sfundau (2392 m), der Lago Nero (2387 m) und der Lago dei Cavagnöö (2310 m), vervollständigt diese beeindruckende Gebirgslandschaft.
Unsere Talwanderung, die von S. Carlo entlang dem Rio di Bavona bis nach Bignasco hinunterführt, wird den Wanderer nicht minder begeistern. Das einsame Hochtal, das ein

noch völlig intaktes Landschaftsbild vergangener Zeiten aufweist, ist fast überall nur im Sommer bewohnt. Das typische Tessiner Steinhaus (Rustico) ist hier noch unverdorben erhalten. In den kleinen geschlossenen Orten wie Faèd, Sonlèrt, Foroglio und Mondada sind die Rustici, die noch durch die alten Steintreppen verbunden sind, besonders schön anzusehen.
Ausgangspunkt dieser Tour ist das am Ende des Val Bavona in 938 Meter Höhe gelegene Sommerdorf S. Carlo. Mitten im Ort finden wir ein sehenswertes, winzig kleines Post-

Das romantische Sommerdorf Foroglio im wilden Bavona-Tal, das sich in seiner alten Granitbauweise harmonisch in die Landschaft einfügt.

amt, das kleinste der ganzen Schweiz. Etwas oberhalb von S. Carlo liegt am Berghang die Kapelle La Presa mit bemerkenswerten Fresken von 1523. Sie soll an den gewaltigen Bergsturz erinnern, der zum Verlassen der Siedlung Presa zwang. Bei unserer Talwanderung stoßen wir schon knapp ein Kilometer nach S. Carlo auf eine einsame Bergkapelle, die zwischen riesigen Felsblöcken liegt. Die Kapelle S. Maria delle Grazie von Gannariente ist ein seltenes Kleinod. Das Bethaus ist schon 1566 aufgrund einer Schenkung gebaut worden. Das Presbyterium des Kirch-

leins ist mit wunderschönen Fresken ausgestattet. Alljährlich im Mai ist es Ziel einer Prozession, die auf ein jahrhundertealtes Brauchtum zurückgeht.

Im romantischen, auf einem Felshügel liegenden Dörfchen Sonlèrt finden wir eine spätbarocke, dem heiligen Josef geweihte Kapelle. Das nächste Sommerdorf ist Foroglio, das mitten in der großartigen Landschaft dieses Tales liegt. Der Blick von der Brücke erweckt den Eindruck, als hätten Titanen hier mächtige Granitblöcke in den Fluß geschleudert. Besonders beeindruckt der prächtige Wasserfall, der am Ende des Val Calnègia über eine hohe, fast senkrechte Felswand herabstürzt. Gischtend und brausend zerschellen die Wasser des Calnègia-Falles, wenn sie unten zwischen Stein und Geröll aufschlagen und sich in gigantische Nebel auflösen. Hinter dem Wasserfall ragt die Bergspitze des Wandfluhhornes (2863 m) eindrucksvoll empor und vervollständigt die großartige Naturkulisse.

Am Fuße des romantischen, urtümlichen Hügeldorfes Foroglio finden wir ein typisches Tessiner Grotto, das zum Verweilen einlädt. Aus den alten Steinhäusern ragt etwas oberhalb des Grottos der gedrungene, mittelalterliche Turm der Kapelle S. Maria Assunta (Mariä Himmelfahrt) empor. In diesem Bethaus, das seinen Ursprung schon im 16. Jahrhundert hat, kann ein schöner geschnitzter Flügelaltar aus dem Jahre 1553 bewundert werden.

Bei unserer Wanderung an der blaugrünen Bavona kommen wir dann und wann auch an alten Bildstöcken vorbei. Cavergno, am Auslauf des Val Bavona, ist das eigentliche Winterdorf des Tales. Sein Name ist von Ca' d'inverno (=Winterhaus) abgeleitet. Es ist die Heimat des Tessiner Schriftstellers Plinio

Martini (1923–1979) und hat durch seine arkadengeschmückte Piazza südländischen Charakter angenommen. Die spätbarocke Dorfkirche ist dem heiligen Antonius von Padua geweiht.

Am Schnittpunkt der Täler Lavizzara und Bavona liegt Bignasco, das Ziel unserer Wanderung. Das Dorf ist mit dem linken Maggia-Ufer durch eine mittelalterliche Steinbogenbrücke verbunden und wegen seines alten Ortskerns und vieler Bauten aus dem 16. Jahrhundert besuchenswert. Der Campanile der Pfarrkirche S. Michele stammt noch vom Vorgängerbau aus dem 15. Jahrhundert. Mehrere Restaurants sorgen für das leibliche Wohl des tüchtigen Wanderers.

Der Wegverlauf

Unser Ausgangspunkt ist *S. Carlo* (938 m) am Ende des Bavona-Tales, wohin uns der Postautobus gebracht hat. Achtung! Rechtzeitig aussteigen, unten an der Post, nahe der Bavona-Brücke, denn die Endhaltestelle des PTT-Busses liegt weit oberhalb des Dorfes an der Talstation der Robièi-Bahn. Nach Besichtigung des kleinsten Schweizer Postamtes und der Bergkapelle von S. Carlo beginnen wir diese wunderschöne Talwanderung an der *Bavona-Brücke*. Auf der wenig befahrenen Straße gehen wir etwa 800 Meter talwärts, genießen rückblickend das schöne Ortsbild von S. Carlo und werfen ab und zu

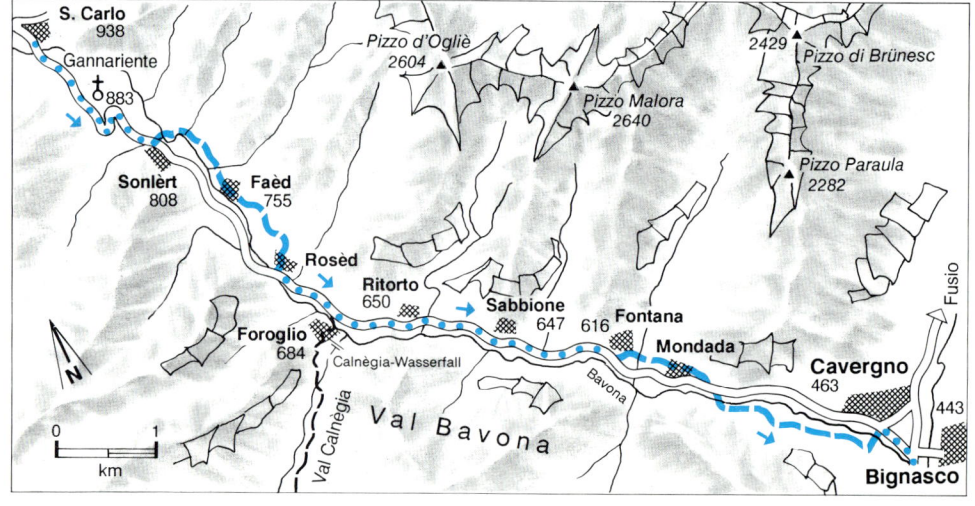

Grotto am Calnègia-Fall, dessen Wasser gischtend und brausend zu Tal stürzen.

einen Blick auf die unter uns fließende Bavona und die riesigen verstreuten Felsblöcke. Bei der *Kapelle* (weiß-rot-weiße Markierung) biegen wir rechts ab ins Gebüsch. Der Pfad schneidet zwei Straßenkehren ab, um dann wieder darauf zurückzukommen. Trotz des Stückchens Straße ist der Weg paradiesisch schön. Bald sind wir in *Sonlèrt* (808 m), einem hübschen Sommerdörfchen, das wir unbedingt besuchen sollten. Über alte Steintreppchen geht's hinauf auf den Felshügel zur Ortsmitte. Dort stehen wir und bestaunen die schönen geraniengeschmückten Rustici. Am Ende des Dörfchens müssen wir auf der Straße etwas zurückgehen, denn dort zweigt beim Dorfbrunnen drüberhalb der Straße eine steinerne Stiege zu den tiefer liegenden Wiesen ab. An der Treppenmauer ist wieder die weiß-rot-weiße, aber schlecht sichtbare Markierung angebracht.

Ein schöner Wiesenpfad leitet uns hinüber zur rauschenden *Bavona,* über die ein lustiger Steg führt. Dem Fluß entlang bringt uns das Wegerl nach einer Weile wieder über einen Wildbach, den wir auf Steinen überqueren, und dann schnell hinunter nach *Faèd* (755 m). Fontanelada lassen wir drüben am anderen Ufer liegen und wandern links der Bavona weiter bis nach *Rosèd.* Mitten im Ort finden wir in den Gassen unterhalb der Kapelle die Markierung wieder, die uns nun hinüber auf die andere Flußseite weist. Rechts des Rio Bavona wandern wir nun wieder vorbei an einem Kreuzwegbildstock rasch hinab nach Foroglio. Im tief eingeschnittenen Flußbett zwängt sich der blaugrüne Fluß durch die riesigen Felsbrocken hindurch. Dann taucht vor uns plötzlich *Foroglio* (684 m) mit dem grandiosen *Calnègia-Wasserfall* auf. Unten am Bach lockt ein romantisches Grotto mit typischen Steintischen unter Weinlauben und macht uns so richtig

Appetit auf einen Tessiner Schinken- oder Käseteller sowie einen guten Nostrano (einheimischer Rotwein). Nachdem der prächtige Wassersturz genügend bestaunt ist, begeben wir uns wieder zurück ans linke Flußufer. Ein Stück auf der Straße talwärts, nehmen wir unten am Kapellchen rechts der Straße erneut einen Waldweg, bis vor uns *Ritorto* (650 m) auftaucht. Neben der Straße auf einem weichen Wegstreifen geht's weiter hinunter über *Sabbione* (647 m) bis kurz vor *Fontana* (616 m). Wieder zeigt eine Wegmarkierung den Beginn eines Wiesenpfades an, der uns über kleine Wildbäche leicht bergauf, dann, von Mauern gesäumt, zum Hangdorf *Mondada* bringt. Erneut ist ein romantischer Ort mit dichtgedrängten Steinhäusern auf Treppenwegen zu durchqueren. Achtung! Nach den letzten Häusern führt unsere Talroute über die Straße und die Bavona. Wir wandern nun wieder rechts der Bavona durch einen Wald von Kastanien, Ahornen und Akazien, vorbei an hohen Farnen weiter hinab nach Cavergno. Nach einiger Zeit kommen wir zu einer alten *Hängebrücke*, über die wir auf zwei schwankenden Brettern, rechts und links gut abgesichert, hinüberpendeln müssen. Drüben hat uns die Zivilisation wieder, und wir werfen einen letzten Blick zurück ins erlebnisreiche Bavona-Tal, bevor wir in *Cavergno* (463 m) die stattlichen Häuser bewundern. Mit dem Gefühl, bei dieser Talwanderung eines der letzten Naturparadiese des Tessin begangen zu haben, begeben wir uns auf der Straße hinunter nach *Bignasco* (443 m). Unser FART-Bus Nr. 10 wartet fahrplangemäß, um uns durchs untere Maggia-Tal zurück zum Lago Maggiore nach Locarno oder Ascona zu bringen.

Touristische Angaben

Talort: Bignasco (443 m).
Ausgangspunkt: S. Carlo (938 m).
Anfahrt: Von Locarno, Piazza Stazione mit dem FART-Bus Linie 10 nach Bignasco. Alternativ mit dem PKW über Losone, Ponte Brolla, Maggia, Cevio nach Bignasco. Von Bignasco im Postbus (PTT-Bus) nach S. Carlo.
Höhendifferenzen: Abstiege: S. Carlo–Sonlèrt 130 m; Sonlèrt–Foroglio 124 m; Foroglio–Bignasco (241 m).

Weglänge: Gesamtstrecke von S. Carlo nach Bignasco 11,9 km; S. Carlo–Sonlèrt 2 km; Sonlèrt–Faèd 1 km; Faèd–Foroglio 2,1 km; Foroglio–Sabbione 1,7 km; Sabbione–Fontana 1,2 km; Fontana–Cavergno 3 km; Cavergno–Bignasco 0,9 km.
Gehzeiten: Gesamtstrecke von S. Carlo nach Bignasco 3 Std.; S. Carlo (938 m) – Sonlèrt (808 m) 26 Min. – Faèd (755 m) 15 Min. – Foroglio (684 m) 31 Min. – Ritorto (650 m) 12 Min. – Sabbione (647 m) 13 Min. – Fontana (616 m) 20 Min. – Cavergno-Posta (463 m) 48 Min. – Bignasco (443 m) 15 Min.
Wegverhältnisse: Teilstrecken auf Teersträßchen, ansonsten alte Saumwege am Rio Bavona und einige Wegstücke schmale Wiesenpfade.
Einkehrmöglichkeiten: Ristorante Basodino in S. Carlo, Grotto in Foroglio, mehrere Grotti und Ristorante in Cavergno und Bignasco.
Karte: Topografische Wanderkarte 1:50 000, Valle Maggia e Valle Onsernone, hrsg. vom Verkehrsverein der Region.

Reizvolles, abgeschiedenes Verzasca-Tal

Das Verzasca-Tal beginnt in Gordola und zieht sich 29 Kilometer nach Norden hinauf bis zum Pizzo Barone (2864 m). Dort oben entspringt die smaragdgrüne Verzasca, die durch den Lago di Vogorno in den Lago Maggiore fließt. Vom Grün ihres Wassers (»verde acqua«) leitet sich auch der Name Verzasca ab. Im unteren Talabschnitt rauscht der Fluß durch eine Gletscherrinne von Serizit-Gneis, die von Erosionsmühlen und seltsam geformten, tief hineingeschliffenen Löchern durchsetzt ist. Das Farbenspiel des klaren Gebirgswassers wechselt von der ganzen Palette der Grüntöne bis hin zu tiefem Blau. Bei Lavertezzo wird diese Flußromantik noch gesteigert durch die großartige Doppelbogenbrücke Ponte dei Salti aus dem Mittelalter.

Bis 1873 war die bizarre Verzasca-Schlucht nur auf schmalen Fußpfaden zu überwinden, die an den steilen Abhängen, vorbei an teilweise lebensgefährlichen Stellen, über den Abgründen der Verzasca entlangliefen. Auf dem Wege zum Markt mußten die Verzaschesen, schwerbeladen mit Butter, Käse und Leintüchern, die 200 Meter tiefe Schlucht, die oft mit einem aufgerissenen Felsrachen verglichen wurde, auf einer schwindelerregenden Brücke überqueren. Erst 1873 wurde eine Straße durch das lange Tal gebaut, die gleich zu Beginn an der Ostseite durch sieben kurvige Tunnels führt. Die talüberspannende

Beschauliche Ruhe strahlt der smaragdgrüne Lago di Vogorno aus, der von dichten Wäldern und Weinbergen umgeben ist.

alte Brücke und die großartige Verzasca-Schlucht fielen 1965 dem Bau der mächtigen Talsperre zum Opfer. Der tiefe Gebirgseinschnitt ist heute von den Wassern des aufgestauten Sees bedeckt. Die riesige Staumauer, die La Selvatica genannt wird, hat das Gesicht der Landschaft gründlich verändert. Hoch über dem Wasserspeicher liegen an den westlichen Abhängen die alten Bergdörfer Mergoscia und Corippo. Das erste größere Dorf an der Uferstraße ist Vogorno. Erst in Lavertezzo weitet sich das von hohen Bergketten eng gefaßte Tal. Der Ort, in dem die eidgenössischen Landvögte in vergangener Zeit zu Gericht saßen, konnte sich bis heute sein altes reizvolles Gesicht bewahren. Hauptort des oberen Talabschnittes ist Brione. Das malerische Dorf am Eingang des Valle d'Osola besitzt nicht nur das bedeutendste Gotteshaus des Tales, sondern auch das Marcacci-Schlößchen aus dem späten 17. Jahrhundert und mehrere alte Tessiner Landhäuser mit Gerätschaften aus vergangener Zeit, die an den Hauswänden zur Schau gestellt sind. Am Abschluß des Tales und der Poststraße liegt das Dorf Sonogno mit einem noch in Betrieb befindlichen alten Backhaus. Wie Ausgrabungen belegen, war das herbe und rauhe Tal offensichtlich schon in der Jungsteinzeit (1800 v.Chr.) und auch später in der Römerzeit besiedelt.

Die Abgeschiedenheit des Tales hat es möglich gemacht, daß hier noch ein ziemlich unverfälschtes Bild von der traditionellen Lebensweise und Kultur in Tessiner Gebirgstälern vorgefunden wird. Die Bewohner sprechen bis heute einen eigentümlichen Dialekt, der ans Walserdeutsch erinnert. Andere Sprachforscher wiederum meinen, daß er auf Sprachstämme der Germanen oder Kelten zurückzuführen sei.

Im Valle Verzasca wird eine Fülle von gut angelegten Wanderwegen angeboten, die auch in die noch völlig unberührten Seitentäler hineinführen. Von Lavertezzo kann man eine lohnende Wanderung ins wilde Val Pincascia unternehmen. Brione ist Ausgangspunkt für eine empfehlenswerte Route ins einsame Valle d'Osola. Sehr interessant ist auch eine Wanderung von Frasco durch die enge Efra-Schlucht über die Alpe dell'Efra hinauf zum gleichnamigen See in 1836 Metern Höhe. Zu

guter Letzt muß noch das Val Redorta genannt werden, durch das man zum Wasserfall Froda und weiter zum Passo di Redorta in 2181 Metern Höhe aufsteigen kann. Die Touren 29 bis 32 sind ausgewählt worden, um das großartige Verzasca-Tal näher kennenzulernen.

Touristische Angaben

Anfahrt: Von Locarno mit dem PKW in Richtung Tenero bis Gordola und von dort links hinauf ins Verzasca-Tal. Außerdem besteht von Locarno Posta oder Locarno Stazione Busverbindung (PTT-Bus 630.55) bis nach Sonogno, dem letzten Ort des Tales. **Verkehrsbüro der Region:** Ente Turistico Tenero e Valle Verzasca, Via ai Giardini, CH-6598 Tenero, Tel. 093/671661.

29 Von Cardada über die Alpe Cardada, Sceres und Monti di Lego nach Mergoscia

Höhenweg mit brillanter Aussicht, die vom Lago Maggiore übers Magadino bis hinüber zum Lago di Vogorno reicht

Vom Locarneser Aussichtsbalkon Cardada in 3 Stunden über Almen hinüber ins Valle Verzasca.
Ein Panoramaweg mit großartiger Sicht auf den Lago Maggiore und das Magadino führt über den größten Teil der Wegstrecke durch üppige Farnfelder bis Monti di Lego. Nach genußvollem Tiefblick vom dortigen Bergkircherl geht's hinunter ins bewaldete Valle di Mergoscia. Nach Durchquerung des Tobels folgt bald ein überwältigender Szenenwechsel! Das Hangdorf Mergoscia, hoch über dem grünen Lago di Vogorno, taucht vor uns auf.

Vom Aussichtsbalkon Cardada-Cimetta hat man einen umfassenden und schönen Blick auf den Langensee und das gegenüberliegende Gambarogno. In den schnellen Gondeln der zwei Kilometer langen Cardada-Seilbahn erreichen wir von der Wallfahrtskirche Madonna del Sasso die Bergstation in 10 Minuten. Erste Eindrücke von der berühmten Aussicht auf den Lago Maggiore können wir von den Terrassen der Restaurants an der Cardada-Bergstation und der Talstation des Cimetta-Sesselliftes bekommen. Die anschließend vorgestellte Wegstrecke vermag allerdings diese ersten Eindrücke noch zu übertreffen. Sie kann wohl wegen der Vielfalt der Blickrichtungen und der langen Passagen mit großartiger Panoramasicht als eine der schönsten der Tessiner Wanderrouten gelten.

Über einige Bergvorsprünge herum führt diese Tour durch das Val Resa und das Valle di Mergoscia hinüber ins Val Verzasca. Das Maiensäss Monti di Lego mit einem Berg-Grotto bietet vom Vorplatz der Kapelle sicher den besten Blick auf das uns zu Füßen liegende Magadino mit dem Vogelparadies Bolle di Magadino und hinüber ins Val Vedeggio und zum Monte Tamaro. Einige schöne Rustici und ein kleiner romantischer Teich ergänzen die Eindrücke von dieser Hochalm.

Nachdem wir das Tobel des Valle di Mergoscia hinter uns gelassen haben, folgt ein großer Szenenwechsel. An einem von der Sonne begünstigten Steilhang über dem Lago di Vogorno liegt inmitten von Weinbergen Mergoscia mit den Ortsteilen Benitti, Busada, Lissoi und Rivapiana. Dominierend steht hoch über dem Bergdorf die Pfarrkirche SS. Carpoforo e Gottardo. Die Ursprünge des interessanten Gotteshauses gehen bis ins 14. Jahrhundert zurück. Es hat ein bemerkenswertes Portal, einen freistehenden Campanile und ist innen mit wertvollen Fresken der Schule Tradates und Deckenmalereien von Giovanni Antonio Vanoni aus Aurigeno ausgestattet. Vom palmenbestandenen Kirchenvorplatz hat man eine großartige Sicht hinab auf die Verzasca-Talsperre, den grünen Lago di Vogorno und hinauf zum mächtigen Pizzo di Vogorno (2442 m), der sich hinter dem Stausee erhebt. Die gewaltige Staumauer der Verzasca-Talsperre wurde zwischen 1960 und 1965 erbaut; sie ist 220 Meter hoch und 380 Meter lang. Das Fassungsvermögen des sieben Kilometer langen Vogorno-Stausees beträgt maximal 105 Millionen Kubikmeter.

Hoch über dem Magadino führt der schöne Waldweg hinab ins Valle di Mergoscia.

Auf der Hochalm Monti di Lego steht eine schöne Bergkapelle, von deren Vorplatz die prächtige Rundsicht zum Verweilen einlädt.

Hier in Mergoscia befinden wir uns im geographischen Mittelpunkt des gesamten Kantons Tessin. Eine verwegene, kurvenreiche Straße schwingt sich von Contra durch die Schluchten über einige Steinbogenbrücken hinüber nach Mergoscia. Bis zum Bau dieser Straße war das Bergdorf nur durch einen Saumpfad zu erreichen, der von Brione sopra Minusio über Monti di Lego zum Valle di Mergoscia hinabführte.

Der Wegverlauf

Von der *Bergstation der Cardada-Bahn* (1332 m) führt ein wunderschöner, breiter, mit Platten belegter Weg hinüber zum *Cimetta-Sessellift* (1329 m). Bei der Cimetta-Bahn rechts, einige Treppchen hoch, beginnt nach etwa 25 Metern ein sandiger, aber herrlicher

Panoramaweg, der sich in Serpentinen aufwärts windet. Wir genießen den Ausblick auf Ascona, den Lago Maggiore und die Brissago-Inseln. Der Hang ist mit Adlerfarnen bewachsen; vorbei an einzelnen Birken schraubt sich unser Höhenweg hinauf zur *Alpe Cardada* (1496 m). Dort wird der Weg zum Pfad und führt links herum hinab zu einem Buchenwäldchen. Der weiche schöne Waldpfad bringt uns in wenigen Minuten durch dichten Baumbestand zu einem alten Granitbrunnen. Gleich danach sind wir an der *Abzweigung* (1380 m) des oberen Bergpfads über Alpe di Bietri und Mottone. Wir nehmen den *unteren Panoramaweg*, der über Sceres zu den Monti di Lego führt. Wieder leicht abwärts geht unser schmales Wegerl über mehrere Bäche und Runsen. Nach einiger Zeit kommen wir aus dem Buchenwald heraus, und der schmale Hangpfad führt nun über eine lange Strecke ziemlich eben durch offenes Gelände. Auf dieser Wegstrecke wechselt die Blickrichtung, und das Magadino liegt tief unter uns. Am Ende des großartigen Weges geht's über Steinplatten hinauf zu den wenigen romantisch gelegenen Rustici von *Sceres* (1287 m). Nach den alten Steinhäusern setzt sich der schmale Pfad um das grandiose Tobel des *Val Resa* herum fort. Ein kurzes Stück durch ein Wäldchen, das mit Birken und vielen Haselnußstauden bewachsen ist, und wir gelangen zum zweiten Abschnitt des phantastischen Panoramapfades, der wiederum völlig eben eine große Strecke durch den offenen, farnbewachsenen Hang führt. Nach Durchschreiten des Bergeinschnittes wird uns nun wieder eine schöne Aussicht hinab auf den Lago Maggiore, die Städte Locarno und Ascona und hinauf zu den Bergketten des Gambarogno geboten. Ab und zu kommen wir an einem Ginsterfeld oder einer kleinen Birkengruppe vorbei, die

aber unterhalb der Sichtgrenze liegen. Zurück ein schöner Blick auf die Rustici von Sceres. 17 Minuten nach Sceres erreichen wir eine Abzweigung, die hinunter nach Fontai führt. Wir halten uns aber geradeaus und bleiben noch eine Weile auf unserem Hangpfad, an dessen Ende der Weg links herum und nun wieder leicht bergab in eine bewaldete Strecke übergeht. Von dort sind wir in wenigen Minuten unten bei den *Monti di Lego* (1149 m). Ein typisches Grotto erwartet uns dort. Über dem Gasthaus steht eine schöne Bergkapelle, von deren Vorplatz die prächtige Rundsicht hinab ins Magadino, hinüber ins Val Vedeggio und zum Monte Tamaro zur Rast einlädt. Von Monti di Lego wandern wir links herum weiter durch dichten Buchenwald. In mehreren Serpentinen schlängelt sich das liebliche Wegerl am blumigen Rain abwärts ins Valle di Mergoscia. Der weiche Waldweg bringt uns teilweise über felsigen Untergrund rasch talwärts. Bald schon sind wir an einem aus Granitsteinen gebauten und mit schönen Fresken bemalten Bildstock mitten im Wald. Von hier gelangen wir in wenigen Minuten zum tiefsten Punkt des *Valle di Mergoscia* (771 m), wo eine 1920 erbaute Brücke über den tosenden

Kurz vor Mergoscia kommt man an diesem Kreuzwegbildstock von 1818 vorbei.

Wildbach führt, dessen Wasser tief ins Tal hinabstürzen. Drüben geht's wieder etwas aufwärts durch Haselnuß-, Kastanien- und Buchenwälder nach *Fordigia* (802 m). Am Beginn von Busada fällt uns erneut ein großartiger Kreuzwegbildstock von 1818 auf. Wir gehen auf einem schmalen Teersträßchen vorbei an einem Bergkircherl, das unter uns am Hang klebt, durch den mitten in Weinbergen liegenden schönen alten Ortsteil *Busada* (724 m). Nach einer Kurve liegt plötzlich das imposante Hangdorf *Mergoscia* (731 m) vor uns; wir haben es im letzten Wegstück ständig vor Augen. Genußvoll ist der Blick vom palmenbestandenen Vorplatz der Kirche SS. Carpoforo e Gottardo hinab auf den Lago di Vogorno. Ein FART-Bus bringt uns von dem romantischen alten Mergoscia zurück nach Locarno.

Touristische Angaben

Talort: Mergoscia (731 m).
Ausgangspunkt: Bergstation Cardada (1332 m).
Anfahrt: Von Locarno, Piazza Stazione mit der Standseilbahn nach Orselina. In Orselina umsteigen in die Cardada-Seilbahn bis zur Bergstation Cardada.
Rückfahrt: Von Mergoscia mit dem FART-Bus Linie 24 nach Locarno.
Höhendifferenzen: Aufstieg: Cardada-Bergstation—Alpe Cardada 164 m; Abstiege: Alpe Cardada—Sceres 209 m; Monti di Lego—Brücke im Valle di Mergoscia 378 m.
Weglänge: Gesamtstrecke von der Cardada-Bergstation bis Mergoscia 9 km; Cardada-Bergstation—Cimetta-Sessellift 0,4 km; Cimetta-Sessellift—Alpe Cardada 1,3 km; Alpe Cardada—Sceres 1,1 km; Sceres—Monti di Lego 2,7 km; Monti di Lego—Fordigia 2 km; Fordigia—Mergoscia 1,5 km.
Gehzeiten: Gesamtstrecke von der Cardada-Bergstation bis Mergoscia 3 Std.; Cardada-Bergstation (1332 m) — Cimetta-Sessellift (1329 m) 6 Min. — Alpe Cardada (1496 m) 34 Min. — Abzweigung nach Sceres (1380 m) 10 Min. — Sceres (1287 m) 12 Min. — Monti di Lego (1149 m) 50 Min. — Brücke im Tobel des Valle di Mergoscia (771 m) 25 Min. — Fordigia (802 m) 10 Min. — Busada (724 m) 15 Min. — Mergoscia (731 m) 18 Min.
Wegverhältnisse: Gepflegte Wege und schmale Bergpfade. Abstieg ins Valle di Mergoscia teilweise auf steilem steinigem Waldpfad.
Einkehrmöglichkeiten: Bergrestaurant an der Cardada-Bergstation, Ristorante Col Magnico mit Aussichtsterrasse an der Cimetta-Bahn, Grotto Capanna in Monti di Lego und Grotto in Mergoscia.
Karten: Topografische Wanderkarte 1 : 25 000, Locarno-Ascona, hrsg. in Zusammenarbeit mit dem Verkehrsverein der Region; Topografische Wanderkarte 1 : 50 000, Tenero e Valle Verzasca.
Zusatzmöglichkeit: Von Cardada mit dem Sessellift zum Cimetta (1672 m). Wanderung über die aussichtsreiche Cima della Trosa (1869 m), Alpe di Bietri (1500 m) und Bresciadiga (1128 m) nach Mergoscia (731 m) in 3 Std. 20 Min.

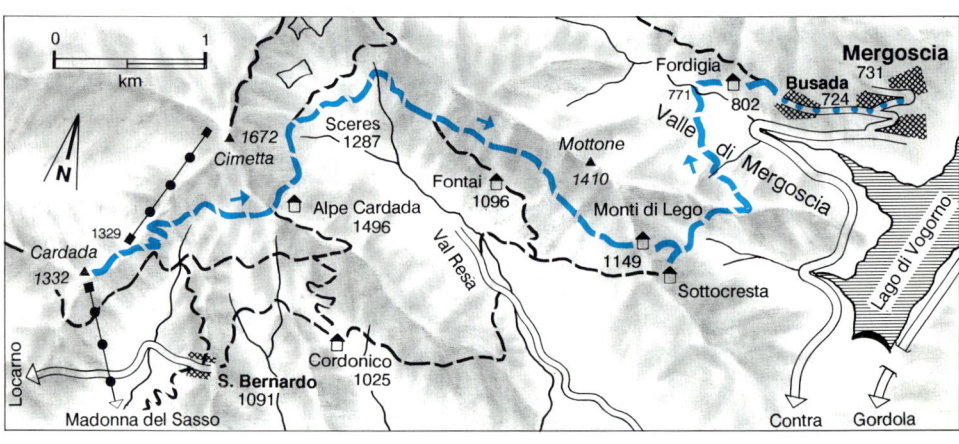

30 Von Sonogno über Frasco, Lorentino, Alnasca und Ganne talwärts nach Lavertezzo

Auf dem Sentierone des Verzasca-Tales an den Ufern des wilden Flusses hinab zu den Gletschermühlen des Ponte dei Salti

> *3½stündige leichte Wanderung ohne große Steigungen durch eines der reizvollsten Täler des Tessin.*
> *Auf gut markierten, gepflegten Wegen und teilweise Hangpfaden wandert man beidseitig der Verzasca durch Auen und alte Bergdörfer über romantische Brücken talauswärts.*

Am Ende des Verzasca-Tales, wo die Poststraße ausläuft, liegt Sonogno. Hier zweigt westlich das urige Val Redorta und nördlich das Val Vegornèss ab. Den Talabschluß bilden im Westen die mächtigen Gipfel des Monte Zucchero (2736 m) und der Corona di Redorta (2804 m) sowie im Norden des Pizzo Barone (2864 m). Dort oben entspringt die Verzasca, die wild schäumend durch das Val Vegornèss zu Tal stürzt. Im Osten grenzen die Bergketten des Pizzo di Mezzodì (2708 m), des Madom Gröss (2741 m) und des Pizzo Cramosino (2718 m) das Val Verzasca gegen die Leventina ab.

Sonogno liegt auf einem Felsvorsprung zwischen den beiden Quellflüssen der Verzasca. Der schon um 1410 urkundlich erwähnte Ort hieß damals noch Senogio. Die rauchgeschwärzten Rustici, das noch in Betrieb befindliche alte Backhaus, die Casa Genardini mit dem Verzasca-Tal-Museum sowie die

Fast immer am Fluß entlang führt der Sentierone von Sonogno nach Lavertezzo durch die Auen des Verzasca-Tales. Er gehört mit zu den reizvollsten Wanderwegen im Tessin.

kleine Bergkirche S. Maria di Loreto geben dem Ort ein wohltuendes Gepräge früherer Zeit mit besonderer Stimmung. Das vom Juli bis September, immer nachmittags, geöffnete Museo di Val Verzasca vermittelt einen guten

Die mittelalterliche Doppelbogenbrücke »Ponte dei Salti« schwingt sich elegant über das Flußbett der Verzasca. Sie ist wohl die berühmteste und bekannteste Brücke des Tessin.

Einblick in Brauchtum, Kultur und früheres Handwerk des Tales. Das bezaubernde Dorf ist Ausgangspunkt für zahlreiche Bergwanderungen zu Wasserfällen, Bergseen und Übergängen durchs Val Chironico in die Leventina oder übers Val di Prato zum Lavizzara-Tal.

Ziel dieser Tour ist Lavertezzo, der einstige Gerichtsort eidgenössischer Landvögte. Das reizvolle alte Ortsbild ist weitgehend erhalten. Mitten im Dorf dominiert die schöne, im

15. Jahrhundert erbaute Pfarrkirche S. Maria degli Angeli, die im 18. Jahrhundert barockisiert wurde. Von der Straßenbrücke in Lavertezzo schaut man tief hinunter in die felsige Schlucht des Wildbaches von Pincascia. In dieses schmale Gebirgstal führt von hier eine sehr lohnende Wanderung hinauf in die Bergregion des Pne. Rosso (2505 m). Bei Forno zweigt das Val d'Agro ab, durch das ebenfalls ein schöner Bergweg führt.

Der Wegverlauf

Diese Tour beginnt in *Sonogno* (918 m), dem letzten Dorf des Tales, bei der kleinen Kirche. In südwestlicher Richtung führt ein Sträßchen hinunter zum Fluß. Wir gehen über die Brücke, biegen links ein und wandern jetzt am Auslauf des *Val Redorta* etwa einen halben Kilometer entlang des Wildbaches, bis er in den großen Fluß des Haupttales einmündet. Nun geht's durch die Flußauen rechts der mehrfach aufgefächerten wilden *Verzasca* weiter talwärts, bis wir am anderen Ufer *Frasco* liegen sehen. Wir gehen an der Brücke gegenüber dem Dorf vorbei noch etwa 800 Meter am Ufer entlang und stoßen dann auf die Poststraße. Hier überqueren wir die *Straßenbrücke*, um diese Tour nun am linksseitigen Flußufer fortzusetzen. Gleich drüberhalb zweigt rechts ein Pfad ab, der, an einem Steilhang entlang, schon nach 200 Metern über einen Taleinschnitt mit Wildbach führt und uns dann zum Weiler *Cordasc* bringt. Hier ist noch ein alter Backofen zu sehen. Unser Weg neigt sich jetzt zum Fluß hinunter, um die Geröllhalde eines Bergrutsches zu umgehen. Dann taucht vor uns auch schon das Dörfchen *Lorentino* (813 m) auf, und gleich danach sind wir an der nach Gerra hinüberführenden Hängebrücke, an der wir vorbeigehen. Wir bleiben links der Verzasca und steigen in den nächsten Talengpaß ein. Schon nach einem knappen halben Kilometer stößt unser Pfad aufs *Val Mött*. Welch eine Brückenromantik, vor uns die nächste *Hängebrücke*, die wir diesmal benutzen, um über den Wildbach dieses Seitentales zu kommen; sie ist erst 1972 erbaut worden. Danach gewinnt unser Pfad beträchtlich an Höhe, um einen Engpaß zu umgehen, und fällt dann wieder ziemlich abrupt zum Wiesengrund von *Alnasca* (757 m) ab. Bevor wir dorthin kommen, passiert der Weg gleich zweimal hintereinander einen Nebenarm der Verzasca. Wir gehen mitten durch Alnasca, dann über die ausgedehnten Weideflächen des Ortes und gelangen erneut an einen steilen Abhang. Hier befinden wir uns direkt gegenüber von Brione, dem Hauptort des Verzasca-Tales. Tief unter uns schlängelt sich die ungebändigte Verzasca mit mehreren Verzweigungen zwischen Fels und Ge-

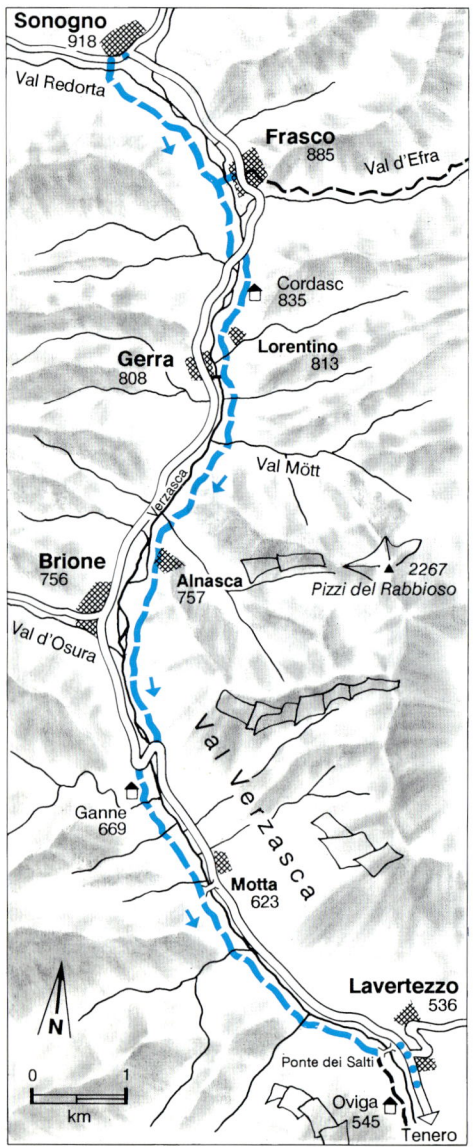

te und folgen jetzt dem schönen Steig durch Wald und Wiesen auf der nun langgezogenen letzten Wegstrecke hinab nach *Oviga* und *Lavertezzo*. Nach einer Dreiviertelstunde, von Motta aus gerechnet, sehen wir durch das Grün der Bäume die wunderbare Steinbrücke *Ponte dei Salti* vor uns liegen. Rechts, oberhalb der Brücke, lädt uns ein typisches Grotto mit Steintischen unter Weinlauben zur Rast ein, die wir uns hier auch leisten können, denn bis zum Ziel *Lavertezzo* (536 m) haben wir nur noch wenige Minuten zurückzulegen. Nachher überqueren wir die schwungvolle Brücke und sind schon nach 200 Metern an der Bushaltestelle in Lavertezzo angekommen.

Touristische Angaben

Talort: Lavertezzo (536 m).
Ausgangspunkt: Sonogno (918 m).
Anfahrt: Von Locarno Stazione mit dem PTT-Bus 630.55 nach Sonogno. PKW-Fahrer können von Gordola durchs Valle Verzasca bis Lavertezzo fahren, wo eine gewisse Anzahl von Parkplätzen vorhanden ist. Ab Lavertezzo weiter mit dem Bus nach Sonogno.
Rückfahrt: Busbenutzer fahren von Lavertezzo mit dem PTT-Bus zurück nach Locarno.
Höhendifferenzen: Abstiege: Sonogno–Alnasca 161 m; Alnasca–Lavertezzo 221 m.
Weglänge: Gesamtstrecke von Sonogno nach Lavertezzo 13,6 km; Sonogno–Brücke von Frasco 2,1 km; Brücke von Frasco–Lorentino 2,1 km; Lorentino–Alnasca 2,4 km; Alnasca–Ganne 2,8 km; Ganne–Lavertezzo 4,2 km.
Gehzeiten: Gesamtstrecke von Sonogno nach Lavertezzo 3 Std. 30 Min.; Sonogno (918 m) – Brücke von Frasco (885 m) 32 Min. – Lorentino (808 m) 32 Min. – Alnasca (757 m) 37 Min. – Ganne (669 m) 44 Min. – Brücke von Motta (623 m) 16 Min. – Oviga (545 m) 46 Min. – Lavertezzo (536 m) 3 Min.
Wegverhältnisse: Gut markierte, gepflegte Hang- und Flußpfade, die größtenteils leicht abwärts führen.
Einkehrmöglichkeiten: Grotto in Sonogno und an der Ponte dei Salti in Lavertezzo sowie Ristorante in Lavertezzo.
Karte: Topografische Wanderkarte 1 : 50 000, Tenero e Valle Verzasca.

stein das Tal hinab. Unser Pfad zieht sich am Steilufer entlang abwärts zur *Brücke unterhalb von Brione*. Wir überqueren hier den Fluß, gehen etwa 300 Meter auf der Poststraße westwärts bis zur nächsten Spitzkehre und biegen dort wieder auf markierter Route in den rechtsseitigen Flußweg nach *Ganne* (669 m) ein. Von hier geht's in den Flußauen über viele Runsen und Wildbäche, dann auf dem Damm abwärts zur *Brücke von Motta* (623 m). Wir bleiben auf der rechten Flußseite

31 Von Mergoscia über Monti di Gresina, Corippo, Bivio Corippo und Oviga di fuori nach Lavertezzo

Grandioser Aussichtsbalkon, hoch über dem Lago di Vogorno, als Startpunkt für den Abstieg ins untere Verzasca-Tal zur berühmten mittelalterlichen Doppelbogenbrücke

> *Gehzeit: 2 Stunden und 20 Minuten. Leichte Wanderung an den Abhängen des Vogorno-Stausees und durch die Flußauen der wilden Verzasca. Höhepunkte sind die alten Dörfer Mergoscia, Corippo und Lavertezzo. Diese Talwanderung zählt mit zum Schönsten, was uns im Tessin erwartet.*

Im geographischen Mittelpunkt des Tessin liegt, hoch über dem Lage di Vogorno, das Hangdorf Mergoscia. Von hier oben bietet sich ein eindrucksvoller Tiefblick auf den von Bergen und Wäldern umgebenen grünen Stausee.

Eine besonders gute Aussicht hat man vom Plateau des Kirchvorplatzes. Das schon 1338 erwähnte und dem heiligen Gotthard geweihte Gotteshaus mit freistehendem Campanile weist sehenswerte Fresken der Schule da Tradates sowie eine hervorragende Gewölbebemalung von Vanoni auf.

In Mergoscia beginnt der »Sentierone«, ein Wanderweg durch das Verzasca-Tal, der an den Ufern des wilden Bergflusses, immer gegenüber der Straße auf der anderen Seite, bis hinauf nach Sonogno führt. Bei dieser Tour wandern wir auf der unteren Teilstrecke dieses großartigen Weges, der uns zuerst auf einem Pfad, hoch über dem Stausee, hinunter nach Corippo bringt. Das intakte Ortsbild eines architektonisch einheitlichen Hangdorfes in rustikaler Granitbauweise hebt Corippo beim Vergleich mit anderen heraus. Wie Schwalbennester kleben die kleinen Häuser

Wild schäumend stürzt die Verzasca in ihrem Granitbett zu Tal.

aneinander, deren verschiedene Stockwerke oft nur über Gassen unterschiedlicher Höhe zu erreichen sind. Die offenen Giebelseiten der Häuser und deren weiß umrandete Fenster sind charakteristisch für diesen Ort. Eingebunden in das Dorf ist die Kirche S. Maria del Carmine aus dem 16. Jahrhundert, mit Erweiterungen von 1794. Corippo ist wegen seiner einmaligen Geschlossenheit und Schönheit heute denkmalgeschützt. In vergangener Zeit befand sich hier ein Zentrum

der Leinenweberei, die noch 1890 fünfzig Personen Arbeit gab.

Die zweite Etappe dieser Tour führt uns durch die zauberhaften Auen der ungebändigten Verzasca hinauf zur mittelalterlichen Doppelbogenbrücke Ponte dei Salti. Sie ist wohl die berühmteste und gleichzeitig bekannteste Brücke im Tessin. Beim Überschreiten kann man die grandiosen Felsausspülungen und Gletschermühlen des Flußbettes mit dem schönen Ortspanorama von Lavertezzo im Hintergrund bestaunen. Ein gemütliches Grotto mit Steintischen unter Weinlauben erwartet uns direkt an der Brücke.

Der Wegverlauf

Eingeleitet wird diese Tour mit einer aussichtsreichen Busfahrt, hoch über dem Lago Maggiore. Sie bringt uns über Orselina, Brione sopra Minusio nach Contra und führt zum Schluß durch eine gewaltige Schlucht hinauf zum Bergdorf *Mergoscia* (731 m). Nachdem wir uns an dem Talblick auf den schönen Vogorno-Stausee sattgesehen haben, nehmen wir diese Tour in Angriff. Wir starten zwischen dem Gemeindehaus und der Pfarrkirche S. Gottardo, bei den Stufen, wo uns die gelben Sentiero-Schilder schon den Weg weisen. Die steile Treppe endet in *Benitti*, dem obersten Ortsteil von Mergoscia. Von hier gehen wir rechts in nördlicher Richtung auf dem taleinwärts führenden Sträßchen weiter, das bald in einen angenehmen Wanderweg übergeht. Wir steigen zuerst durch Weinberge, dann durch Kastanienwald in mehreren Serpentinen zu den Felsköpfen empor. Dann wird der Weg flacher, und wir gelangen zur Lichtung *Bedeglia* (840 m). Hier, am höchsten Punkt der Tour angelangt, eröffnet sich der Blick hinab zum oberen Abschnitt des Lago di Vogorno auf die Orte Berzona, Vogorno und Bartolomeo, aber auch weiter hinauf ins untere Verzasca-Tal bis Lavertezzo. Dann geht's wieder in mehreren Kehren durch den Wald abwärts nach *Redond* (752 m), der nächsten Lichtung. In der Fortsetzung verliert der Hangpfad nochmals ein Stück an Höhe, und wir queren das erste große Tobel und dessen Wildbach. Nachdem wir drüben wieder hochgestiegen sind, kommen wir zu den größtenteils verfallenen

Eindrucksvoller Tiefblick vom Hangdorf Mergoscia auf den von Bergen und Wäldern umgebenen grünen Vogorno-Stausee. Im Vordergrund das Bergkirchlein des Ortsteiles Busada.

Rustici der *Monti di Gresina* (626 m). An einer der Hütten können wir noch ein Fresko aus dem 17. Jahrhundert erkennen; das Thema: die heilige Maria und der Tod. Nun führt unser schöner Weg über eine längere Strecke fast eben durch Kastanienwald, vorbei an den wenigen Steinhäusern von *Bolla* (662 m). Hoch über dem immer schmäler werdenden Stausee wandern wir von dort hinunter zur großen Lichtung und zu den Häusern von *Liano* (562 m) und weiter nach *Corippo* (563 m). Unmittelbar vor dem am Berghang zusammengeschachtelten Dorf überschreiten wir auf einer steinernen Brücke den tief unter uns rauschenden Wildbach des Valle di Corippo. Über eine steile Treppe

gelangen wir zum Kirchplatz von S. Maria del Carmine.

Nach der Ortsbesichtigung gehen wir auf einem schmalen Sträßchen taleinwärts. Hier befinden wir uns schon über dem Auslauf des Stausees. Unten an der *Bivio Corippo* (485 m), wo die Fahrstraße rechts abbiegt, steigen wir einige Stufen an der Straßenmauer hinunter und folgen nun dem markierten Uferweg über der wilden Verzasca. Wie ein schmales Band durchzieht der Pfad die traumhaft schöne Landschaft. Ab und zu hören wir ein wenig dem Rauschen und Gurgeln des schäumenden Gebirgsflusses zu und betrachten seine smaragd- bis blaugrünen Wasserwannen und andere Erosionsformen

*Im Bild das schöne Hangdorf Corippo in
rustikaler Granitbauweise.*

seines felsigen Bettes. Der reizvolle, fast ebene Weg bringt uns durch Wald und einige
Lichtungen zur nächsten Verzasca-Brücke
und von dort wieder etwas aufwärts nach
Oviga di fuori (540 m). Wie verzaubert liegen dort einzelne Rustici in den Flußauen.
Von dieser Wanderung in einer traumhaft
schönen Landschaft nehmen wir unvergeßliche Naturbilder mit nach Hause. Bald kommen wir nun in Oviga an und können von
hier aus das am linken Verzasca-Ufer liegende Lavertezzo erstmals aus der Nähe sehen.
Und dann, im letzten Wegstück, taucht sie

vor uns auf, die großartige Doppelbogenbrücke mit der niedrigen Steinbrüstung. Bevor wir hinübergehen, können wir in dem typischen Grotto al Ponte einkehren und uns
vor der Rückfahrt noch etwas stärken. Nicht
ohne Bewunderung des eindrucksvollen
Flusses aus der Brückensicht müssen wir jenseits nur noch ein kurzes Stück talauswärts
gehen, und wir sind am Ziel unserer Wanderung, in *Lavertezzo* (536 m), angekommen.

Touristische Angaben

Talort: Lavertezzo (536 m).
Ausgangspunkt: Mergoscia (731 m).
Anfahrt: Von Locarno Stazione mit dem
FART-Bus Linie 24 nach Mergoscia. Wegen

di Gresina (626 m) 22 Min. – Bolla (662 m) 8 Min. – Corippo (563 m) 21 Min. – Bivio Corippo (485 m) 23 Min. – Oviga di fuori (540 m) 21 Min. – Ponte dei Salti (536 m) 14 Min. – Lavertezzo (536 m) 3 Min.
Wegverhältnisse: Hangpfade und schmale Fußwege in gutem Zustand.
Einkehrmöglichkeiten: Grotti in Mergoscia, Ristorante in Corippo, Grotto Bivio Corippo, Grotto al Ponte an der Doppelbogenbrücke bei Lavertezzo und Ristorante in Lavertezzo.
Karte: Topografische Wanderkarte 1 : 50 000, Tenero e Valle Verzasca.

32 Von Brione durchs enge und wilde Val d'Osura über Bolastro, Daghei und Vald zur Alpe d'Osura

Vorstoß in eines der abgeschiedensten westlichen Seitentäler des Val Verzasca, hinauf in die Bergregion unter dem Monte Zucchero

Gehzeit: 4 Stunden und 40 Minuten. Wanderung an den steilen, mit Farn und Ginster bewachsenen Abhängen des Tales, vorbei an einigen alten Maiensässen, hinauf in die Bergeinsamkeit der Alpe d'Osura und auf dem gleichen Weg wieder zurück nach Brione. Der obere Talgrund wird vom prächtigen Monte Zucchero beherrscht, an dessen Abhängen, dem Corte del Sambuco (Holunderhof), der klare, smaragdgrüne Wildbach d'Osura entspringt, der über viele Stufen und Becken zu Tal stürzt.

der aussichtsreichen Fahrt sollte die rechte Sitzreihe bevorzugt werden.
Rückfahrt: Von Lavertezzo mit dem PTT-Bus 630.55 nach Locarno.
Höhendifferenzen: Aufstieg: Mergoscia–Bedeglia 109 m; Abstiege: Bedeglia–Monti di Gresina 214 m; Bolla–Corippo 99 m; Corippo–Bivio Corippo 78 m; Aufstieg: Bivio Corippo–Oviga di fuori 55 m.
Weglänge: Gesamtstrecke von Mergoscia nach Lavertezzo 7 km; Mergoscia–Monti di Gresina 1,8 km; Monti di Gresina–Corippo 1,7 km; Corippo–Bivio Corippo 0,9 km; Bivio Corippo–Lavertezzo 2,6 km.
Gehzeiten: Gesamtstrecke von Mergoscia nach Lavertezzo 2 Std. 20 Min.; Mergoscia (731 m) – Bedeglia (840 m) 28 Min. – Monti

Hauptort des Val Verzasca ist Brione im oberen Talabschnitt. Das malerische Dorf liegt an der Einmündung des Val d'Osura, das auch Val d'Osola genannt wird. Inmitten des Ortes steht die stattliche Pfarrkirche S. Maria Assunta mit schönem Glockenturm. Sie ist das bedeutendste Gotteshaus des Verzasca-Tales und geht auf das Jahr 1350 zurück. An der Außenseite der Vorhalle können wir das aus dem 14. Jahrhundert stammende Fresko

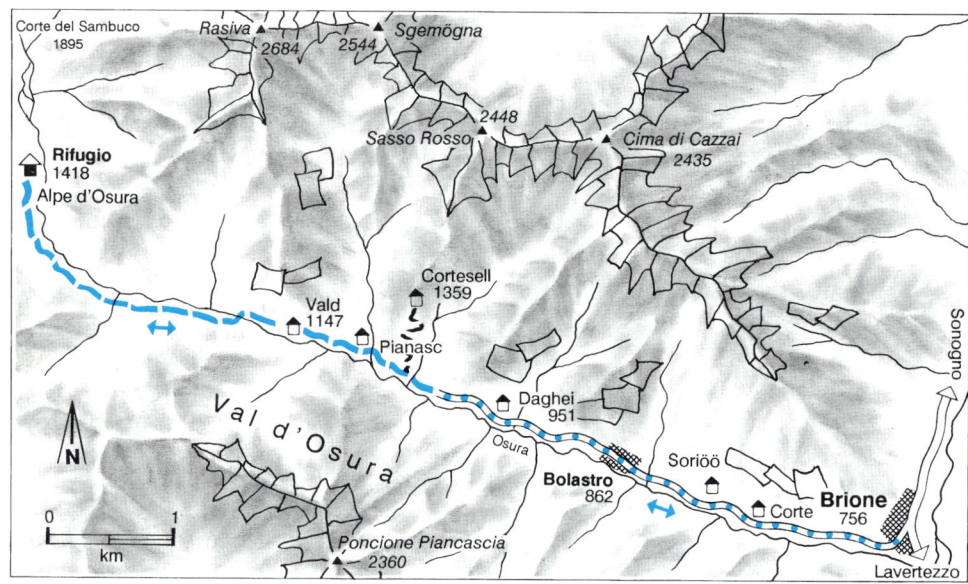

Einige Häuser im Ortszentrum von Brione Verzasca haben allerlei alte Hausgeräte und Werkzeuge an ihren Außenwänden zur Schau gestellt.

des heiligen Christophorus in Überlebensgröße bewundern. Sehenswert sind die Wandmalereien in der Kirche, die Giovanni Baronzio, ein Schüler Giottos, 1350 schuf. Ein viertürmiges Castello überrascht uns am Kirchplatz; es ist schon 1516 von der Adelsfamilie Marcacci aus Locarno als Sommersitz erbaut worden. Der mit einem großen Kamin, Stukkaturen und Deckengemälde ausgestattete Saal im Erdgeschoß des Schlosses ist heute Wirtsstube. Einige alte Häuser im Ortszentrum haben allerlei Handwerkszeug und Hausgerätschaften an ihren Außenwänden zur Schau gestellt.

Brione Verzasca ist Ausgangspunkt für eine Wanderung in das enge abgeschiedene Seitental Val d'Osura, das im mittleren Abschnitt zwischen den Gipfeln des Pne. Piancascia (2360 m), des Sasso Rosso (2448 m) sowie des Rasiva (2684 m) liegt. Am Ende des Tales dominiert der prächtige Monte Zucchero (2736 m). Es ist schon lohnend, an den Kaskaden des Gebirgsflusses d'Osura hinaufzuwandern, und ein Erlebnis, bis vor das Angesicht des großartigen weißen Berges hinzutreten.

Der Wegverlauf

Beginnen wir diese schöne Wanderung durch das romantische Val d'Osura bei der

Kirche von *Brione* (756 m). Wir verlassen den Hauptort des Verzasca-Tales auf dem kleinen Sträßchen in westlicher Richtung. Gleich am Dorfausgang sehen wir den großen Dammbau, der den Wildbach des Tales bei Hochwasser im Zaum halten und weitere Landausschwemmungen verhindern soll. Wir wandern auf diesem Sträßchen, leicht ansteigend, links des Bergflusses taleinwärts über die Maiensässe *Corte* und *Soriöö*, an Granitsteinbrüchen vorbei, in 40 Minuten hinauf zum Weiler *Bolastro* (862 m). Von den steilen Abhängen des Tales kommen verschiedentlich Bäche herunter. Die Hänge sind an der Sonnenseite mit Farnkraut und Ginster bewachsen, an die sich ab und zu graue Rustici klammern. Hoch darüber spitzen die Gipfel der höheren Bergketten hervor. Ständig begleitet von der Osura, führt unsere schmale Straße noch weiter hinauf bis *Daghei* (951 m). Kurz nach diesem Maiensäss geht es in einen schönen Weg über, der uns durch das enger werdende Osura-Tal mit seinen außerordentlich steilen Abhängen bringt. Auf der gleichen Flußseite wandern wir nun, stärker ansteigend, über mehrere Wildbäche hinauf zum Maiensäss *Vald* (1147 m). Bevor wir diese alte Ansiedlung erreichen, liegen am nordöstlichen Abhang des Sasso Rosso weit über uns die Hütten von Pianasc und Cortesell. Die Osura stürzt kaskadenartig über viele Stufen talwärts. An den Auffangstellen entstanden tief ausgespülte smaragdgrüne Becken mit klarem Wasser. Knapp 500 Meter nach Vald überqueren wir an gut markierter Stelle den Fluß und beginnen nun, durch ein Bergsturzgebiet mit großen Felsbrocken und Buchenwald hinaufzusteigen in den oberen flachen Talabschnitt, wo früher ein See aufgestaut war. Dort oben, wo sich das Val d'Osura nach Norden abwendet, eröffnet sich der reizvolle Talgrund, eine breite Schwemmlandebene mit dunklen Wäldchen und hellem ausgetrocknetem Flußbett. Unser Gebirgsfluß ist hier durch die porösen Schuttmassen in die tieferen Abgründe entwichen. Der reizvolle, romantische Talgrund wird vom eindrucksvollen Monte Zucchero beherrscht. Nun ist es nicht mehr weit zur *Alpe d'Osura* (1418 m), auf der zwar Unterkunft für ein Dutzend Übernachtende, aber keine Verpflegungsmöglich-

keit besteht. Der grasbewachsene Schuttkegel dient heute nur noch als Schafweide. Gleich hinter der Alm beginnen schöne Lärchen- und Erlenwälder, die sich steil zur höher gelegenen Alpe Sambuco hinaufziehen, wo die Osura entspringt.

Bergerfahrene Wanderer mit guter Kondition können von hier in 1½ Stunden zur *Corte del Sambuco* (1895 m) und von dort nochmals in 2½ Stunden auf den *Monte Zucchero* (2736 m) hinaufsteigen. Von diesem Berg hat man eine hervorragende Aussicht.

Nach einer Rast in diesem großartigen Talgrund machen wir uns an den Rückmarsch. Auf gleichem Weg, nun beständig bergab, erreichen wir *Brione* in zwei Stunden.

Touristische Angaben

Talort und Ausgangspunkt: Brione Verzasca (756 m).

Anfahrt: Von Locarno Stazione mit dem PTT-Bus 630.55 nach Brione Verzasca. Auch mit dem PKW kann man durch das Verzasca-Tal gut nach Brione gelangen. Anfahrt ins Verzasca-Tal von Gordola, nahe Tenero.

Höhendifferenzen: Aufstiege: Brione–Daghei 195 m; Daghei–Alpe d'Osura 467 m; Abstieg: Alpe d'Osura–Brione 662 m.

Weglänge: Von Brione zur Alpe d'Osura und zurück 16,6 km; Brione–Bolastro 2,5 km; Bolastro–Daghei 1,1 km; Daghei–Vald 1,8 km; Vald–Alpe d'Osura 2,9 km; Alpe d'Osura–Brione 8,3 km.

Gehzeiten: Von Brione zur Alpe d'Osura und zurück 4 Std. 40 Min; Brione (756 m) – Bolastro (862 m) 40 Min. – Daghei (951 m) 20 Min. – Vald (1147 m) 30 Min. – Alpe d'Osura (1418 m) 1 Std. 10 Min. – Brione 2 Std.

Wegverhältnisse: Zwischen Brione und Daghei kleines schmales Sträßchen. Guter Weg zwischen Daghei und Vald. Im letzten Stück zur Alpe d'Osura führt ein ansteigender Bergpfad durch ein mit Buchenwald bestandenes Bergsturzgebiet.

Einkehrmöglichkeiten: Trattoria im Marcacci-Schlößchen in Brione. Auf der Alpe d'Osura besteht Übernachtungsmöglichkeit, aber es gibt keine Verpflegung.

Karte: Topografische Wanderkarte 1:50 000, Tenero e Valle Verzasca.

Bellinzona, Biasca und Riviera

Ob wir vom St. Gotthard durchs Livinental oder vom Lukmanier durchs Blenio ins Tessin anreisen, beide Paßstraßen vereinigen sich in Biasca. Von dort führen sie über das Riviera-Tal hinunter nach Bellinzona. Wenige Kilometer davor stößt die S.-Bernardino-Paßstraße dazu, die aus dem Misox-Tal (Valle Mesolcina) herabkommt. Bei der Fahrt gegen Bellinzona grüßen uns schon von weitem die mächtigen, zinnenbekrönten Burgen

der Stadt. Von hier aus werden die Zugänge zu allen übrigen Regionen des Tessin erschlossen und die Tore nach Italien geöffnet. Über den Monte Ceneri führt die Südstrecke in die Regionen rund um die Luganer Seelandschaft bis ins Mendrisiotto und die Lombardei. Westlich gelangt man durch die Magadino-Ebene zum Lago Maggiore, der beidseitig umfahren werden kann. An seiner Ostseite kommt man durchs Gambarogno nach

Blick vom Castello Grande auf Bellinzona, die Hauptstadt des Schweizer Kantons Tessin. Im Mittelpunkt der Turm des wunderschönen Palazzo Civico, dem heutigen Rathaus. Dahinter der mächtige Camoghè über dem Morobbia-Tal.

Hoch über Biasca liegt an steiler Felswand die romanische Stiftskirche SS. Pietro e Paolo. Im Inneren eine überraschende Vielfalt hervorragender Wandmalereien des 13. bis 17. Jahrhunderts. Im Bild die Fresken der Apsis aus der Renaissancezeit.

Luino in die Lombardei und auf seiner West-seite nach Locarno und Ascona sowie über Brissago ins piemontesische Italien.

Bellinzona und Umgebung

Hier in Bellinzona, an strategisch vorteilhaf-ter Stelle, entstand schon zur Römerzeit (30 v.Chr. bis 450 n.Chr.) ein Bollwerk gegen die Barbaren. Die zentrale Lage verschaffte der Stadt auch im Mittelalter eine Schlüssel-position. Im Jahr 1242 kam es unter die Herr-schaft der Mailänder Herzöge Visconti und Sforza. Zu dieser Zeit wurde Bellinzona zu

einer fast uneinnehmbaren Festung ausge-baut. Drei mächtige Burgen bestimmen das Bild Bellinzonas und zeugen von seiner Wehrhaftigkeit. Nach langen Kämpfen über-nahmen die Eidgenossen um 1500 die Herr-schaft im damaligen Bellenz und richteten auf den Burgen die Vogteien Schwyz, Uri und Unterwalden ein.

Älteste der Burgen ist das von einer ausge-dehnten Ringmauer umgebene und mitten in der Stadt liegende Castello Grande, früher Schloß Uri, das über einer römischen Fe-stung erbaut ist. Die interessanteste und reiz-vollste Burg ist aber das Castello di Monte-bello, früher Schloß Schwyz, das auf einem

86 Meter hohen Hügel über der Stadt liegt. Bergfried, Pallas und Innenhof wurden schon im 13. und 14. Jahrhundert erbaut. Das heutige Aussehen erhielt die Burg unter den Sforza (1460–1480), die sie ausbauen ließen, um das Vordringen der Urner zu stoppen. Das Castello di Sasso Corbaro, früher Schloß Unterwalden, wurde 1479 im Anschluß an die Schlacht von Giornico erbaut, um die Festungslinie gegen die angreifenden Eidgenossen zu verstärken. Der Ausblick von der 230 Meter hoch über der Stadt liegenden Burg hinunter auf das Riviera-Tal ist überwältigend.

Seit 1803 ist Bellinzona Hauptstadt des neu geschaffenen Schweizer Kantons Tessin. Locarno und Lugano konnten sich aber damit nicht abfinden, so entschied man salomonisch, ab 1814 Sitz und Mitglieder der Regierung alle sechs Jahre zwischen den drei Städten auszuwechseln. Erst nach 1878 wurde Bellinzona als alleinige Hauptstadt anerkannt.

Die malerische Altstadt Bellinzonas liegt zwischen zwei Burghügeln und konnte ihren lombardischen Charakter bis heute weitgehend bewahren. Idyllische Plätze und enge Gassen mit stattlichen Patrizierhäusern, schönen Arkaden sowie sehenswerten Kirchen ergänzen das Gesamtbild. Besonders interessant ist ein Besuch in der Altstadt während der bunten Samstagsmärkte. Unter den vielen Sehenswürdigkeiten, die den Charme der Stadt ausmachen, sind der wunderschöne Palazzo Civico (heute Rathaus), die freskengeschmückte Jugendstilvilla Casa Bruni mit monumentalem Aufgang und die Kollegiatskirche mit prächtiger Rokokofassade hervorzuheben.

Die Umgebung Bellinzonas ist noch nicht sehr überlaufen, so daß es sich lohnt, das schöne Umland mit seinen teilweise recht abgeschiedenen, aber liebenswerten Seitentälern und Hochplateaus kennenzulernen. Allein in der Region Bellinzona und Umgebung werden dem Naturfreund 350 Kilometer gut markierte Wanderwege angeboten.

Im Zentrum von Biasca die neuromanische Kirche S. Carlo. An der Gabelung von Leventina und Blenio das mächtige Bergmassiv des Moncucco.

Biasca und Riviera

Der mittlere Abschnitt des Tessin-Tales, die Riviera, verbindet Biasca mit der Kantonshauptstadt Bellinzona. Biasca ist seit dem zehnten Jahrhundert das Zentrum der ambrosianischen Täler Riviera, Leventina und Blenio. Die Stadt und das Riviera-Tal bilden zusammen eine der 15 touristischen Regionen des Tessin.

Biasca, am Zusammenfluß von Tessin und Brenno, ist heute Hauptort des Bezirkes Riviera. Als Verkehrsknotenpunkt der uralten Paßstraßen über den St. Gotthard und den Lukmanier hat es schon frühzeitig Bedeutung erlangt. Wenig bekannt ist über die Anfänge der damaligen Siedlung Aviasca, später Habiascha, Ablentsch oder Abläsch. Aufgrund einer Schenkung kam Biasca schon 948 gemeinsam mit den ambrosianischen Tälern an das Erzbistum Mailand, das die weltliche Macht den Herzögen Visconti und Sforza übertrug. Es wurde Hauptort und Sitz eines Generalvikars des Bischofs von Mailand. Im 14. Jahrhundert erhielten die Biaschesen einen Freibrief für weitgehende Selbstverwaltung. 1477 wurde es von den Urnern zerstört und bis zur Gründung des Kantons Tessin (1803) von Uri beherrscht.

Früher galt die Riviera als Korridor zum Süden, als eines der blühendsten Täler der ganzen Schweiz. Ein gewaltiger Bergsturz des Monte Crenone an der Westflanke des Pizzo Magno, dessen Abbruchstelle noch heute zu erkennen ist, begrub im September 1512 das alte Biasca. Die Stadt wurde dann südlich des gewaltigen Schuttberges Buzza di Biasca neu aufgebaut. Durch diese mächtige Steinlawine staute sich der Brenno zu einem See auf, der bis Malvaglia reichte. Es dauerte bis Mai 1515, dann hatte der See die Schuttmassen durchfressen und überschwemmte das neue Biasca und das ganze Riviera-Tal, riß bei Bellinzona eine Brücke weg und verwüstete selbst noch die Magadino-Ebene. Weitere Überschwemmungen in den Folgejahren trugen dazu bei, daß in der Riviera immer mehr Talorte verlassen und die Dörfer an den Hängen angesiedelt wurden. Viele Einheimische wanderten damals auch aus. Die Wende kam erst mit dem Ausbau der Gotthard-Straße und der Eröffnung der Gotthard-Bahn

Die Kollegiatkirche SS. Pietro e Stefano in Bellinzona und das Castello di Montebello über der Altstadt.

im Jahre 1882. Biasca und das Riviera-Tal er-
lebten einen neuen wirtschaftlichen Aufschwung und wurden ein Zentrum erster großer Industrieansiedlungen im Tessin. Leider
ging dadurch die Almwirtschaft weiter zurück. An ihre Stelle trat der Tourismus; die
Wanderer benutzen heute die alten Saumwege, die teilweise zu schmalen Fußpfaden geworden sind. Man fördert den Fremdenver-
kehr und bietet dem Wanderer eine Reihe
von markierten Touren durch die schönsten
Gebiete dieser Region an. Das Riviera-Tal
weist trotz aller Industrieansiedlungen und
der breiten Verkehrswege an seinen Berghängen schöne Naturlandschaften aus. Von
südlichem Klima begünstigt, wachsen hier
neben Edelkastanien auch Nuß-, Feigen- und
Maulbeerbäume. Das sonnige Wetter fördert
außerdem den Wein- und Obstbau.
Allen Naturereignissen zum Trotz sind doch

noch Bauwerke aus alter Zeit erhalten geblieben. Ein beachtliches Zeugnis ist die hoch
über Biasca thronende Stiftskirche SS. Pietro
e Paolo, Hauptkirche der ambrosianischen
Täler. Das romanische Gotteshaus wurde
schon im 11. und 12. Jahrhundert erbaut und
1585 bis 1629 in eine dreischiffige Pfeilerba-
silika umgestaltet. Sie war die einzige Tauf-
kirche für die Leventina, das Blenio und die
Riviera; ihr hatte man bis ins 15. Jahrhundert
den Zehnten zu entrichten. Die großartige
Kirche weist im Innenraum eine überraschende Vielfalt äußerst wertvoller Wandmalereien des 13. bis 17. Jahrhunderts auf. Mit
zu den ältesten Darstellungen zählt der Sen-
nenheilige Luzius mit dem Käserad; beachtenswert ist auch der heilige Ambrosius hoch
zu Roß. Antonio da Tradate soll die Fresken
in der Apsis geschaffen haben, einige der
seitlichen Wandmalereien werden den Se-

regnesi zugeschrieben. Der große Bilder-zyklus aus dem Leben des heiligen Karl Borromäus, Erzbischof von Mailand, über und neben dem Seitenportal, stammt aus dem Anfang des 17. Jahrhunderts und soll von Alessandro Gorla ausgeführt worden sein.

Touristische Angaben

Anfahrt: Mit der Schweizer Bundesbahn über den St. Gotthard nach Biasca oder Bellinzona. Im PKW durch den St.-Gotthard-Tunnel auf der Autobahn N2 oder über den Lukmanier-Paß nach Biasca. Alternativ über den S.-Bernardino-Paß durchs Misox-Tal oder vom Süden her über den Monte Ceneri nach Bellinzona.

Verkehrsverbindungen: Hauptverkehrsmittel dieser Regionen ist die Schweizer Bundesbahn, die zwischen Chiasso, Lugano, Bellinzona und Airolo in kurzen Abständen verkehrt. Auch zum Lago Maggiore führen zwei Bahnstrecken, von Bellinzona über Cadenazzo durchs Gambarogno nach Luino und von Bellinzona über Cadenazzo nach Locarno. Von Bellinzona verkehren Postautobusse (Autoservizi pubblici Bellinzona e dintorni) in die Umgebung der Stadt, die zum Teil vom Bahnhof (Stazione FFS) abfahren. Die Busse in die Seitentäler, zum Beispiel ins Valle Morobbia, fahren in der Via Cancelliere Molo ab, die parallel zur Bahnhofsstraße verläuft. Von der gleichen Stelle verkehren Busse zwischen Bellinzona und Biasca, die alle wichtigen Talorte in der Region Riviera anfahren; ebenso der Bus in Richtung Cugnasco, hinüber nach Monte Carasso. Von Biasca aus wird der Autobusverkehr ins Blenio-Tal bis hinauf zum Lukmanier-Paß von der Autolinee Bleniesi S.A. bestritten.

Verkehrsbüros: Region Bellinzona und Umgebung: Ente Turistico Bellinzona e dintorni, Via Camminata, Palazzo Civico, CH-6500 Bellinzona, Tel. 092/25 21 31. Region Biasca und Riviera: Ente Turistico Biasca e Riviera, Ufficio Turistico, CH-6710 Biasca, Tel. 092/72 32 27. Überregionaler Touristikverband für den Kanton Tessin: Ente Ticinese per il Turismo (ETT), Villa Turrita, Via Lugano 12, CH-6501 Bellinzona, Tel. 092/25 70 56.

33 Am Sonnenhang des Valle Morobbia von Carena über Melera, Piano Dolce und die Monti di Paudo zum Castello di Montebello und nach Bellinzona

Erlebnis Wandern gegenüber dem mächtigen Camoghè im Morobbia-Tal, über traditionsreiche Maiensässe und die großartige Festung auf dem Montebello-Hügel

> *Wanderung vom Morobbia-Tal in 3 Stunden und 50 Minuten auf wunderschönen Bergpfaden hinüber nach Bellinzona. Sie führt am Sonnenhang des Valle Morobbia entlang, durch seine berühmten Kastanienwälder und über noch bewirtschaftete Maiensässe. Anschließend geht's hinüber ins Burgenland Bellinzonas. Vom Castello di Montebello einmaliger Panoramablick, der von der Kantonshauptstadt über die große Magadino-Ebene bis zum Lago Maggiore reicht.*

Die landschaftliche Schönheit, die guten Wandermöglichkeiten und die Einsamkeit des bisher überwiegend Kennern vorbehaltenen Gebietes machen den besonderen Reiz des Valle Morobbia aus. Das Tal zieht sich von Giubiasco in östlicher Richtung aufwärts bis zum Stausee von Carena. Der Rio Morobbia kommt vom Passo S. Jorio (2014 m), der auch Jöris-Berg genannt wird, herab und mündet bei Giubiasco in den Ticino. Von Carena führt ein Saumweg in 3½ bis 4 Stunden über den Jöris-Berg hinüber nach Dongo am Comer See. Südlich von Carena, wo früher eine Eisenschmelze stand, zweigt das wilde Seitental La Valletta ab, in dem Mitte des letzten Jahrhunderts noch Bären und Wölfe gehaust haben.

Fährt man von Giubiasco ins Morobbia-Tal, so gelangt man nach einigen Kehren aufwärts durch Weinberge zum Dorf Pianezzo. Dann folgen die kleinen Hangorte Vellano, S. Antonio, Melera und am Ende des Tales Carena. Besonders schön ist der Sonnenhang des Val-

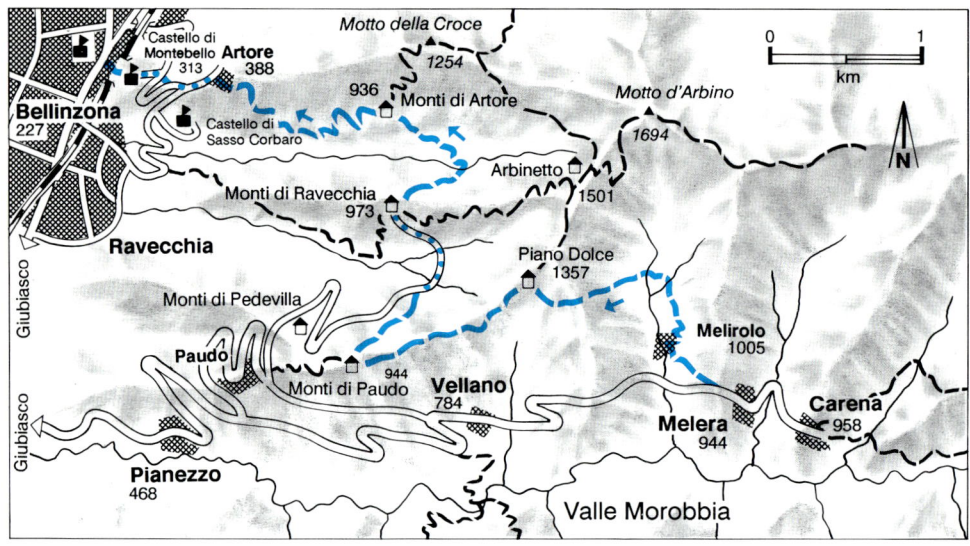

le Morobbia mit seinen großen Kastanienwäldern und der herrlichen Aussicht hinüber
auf den stolzen Camoghè (2228 m). Die Tour
33 verläuft auf dieser Talseite und führt zu
grandiosen Aussichtsplätzen der noch bewirtschafteten Maiensässe Pian Dolce sowie
Monti di Paudo und wendet sich dann hinüber zu den Osthängen Bellinzonas. Der große Szenenwechsel beginnt an den Monti di
Ravecchia und kommt am Montebello-Hügel
zum Höhepunkt. Das Castello di Montebello, ursprünglich Castello Piccolo, später Burg
Schwyz und ab dem 19. Jahrhundert Castello
di S. Martino genannt, liegt über Bellinzona
auf dem 86 Meter hohen Montebello-Hügel.
Die wehrhaften Türme und die zinnenbekrönten Ringmauern der alten Festung machen den Reiz des Castello di Montebello
aus, das unter den drei Burgen Bellinzonas
die interessanteste ist. Der Bergfried, der Pa-
las und der Innenhof stammen schon aus
dem 13. Jahrhundert; ihr heutiges Aussehen
samt Gestaltung der äußeren Burghöfe verdankt die Festung dem Geschlecht der Sforza, die sie 1460 bis 1480 gegen die vordrin-
genden Urner ausbauen ließen. Vom Bergfried hat man eine einzigartige Aussicht hinunter in die Magadino-Ebene bis hinüber
zum fernen Lago Maggiore. Die Tour endet
in Bellinzona an der Kollegiatskirche SS. Pietro e Stefano. Tomaso Rodari hat sie 1517 an
Stelle eines älteren spätgotischen Gotteshau-

ses erbaut und damit einen der bedeutendsten Sakralbauten der Renaissance im Tessin
geschaffen. Besondere Aufmerksamkeit verdienen die prächtige Marmorfassade mit
zwölfstrahliger Rosette aus dem 15. Jahrhundert sowie der marmorne Hochaltar mit
der Kreuzigung Jesu (1658), die Kanzel von
1784 und das Weihwasserbecken aus dem
15. Jahrhundert am rechten Seitenportal.

Der Wegverlauf

Von *Carena* (958 m), am Ende des Valle Morobbia, wohin uns der PTT-Bus von Bellinzona gebracht hat, gehen wir zunächst ein kurzes Stück auf der kaum befahrenen Straße
nach *Melera* (944 m), einem kleinen Dörfchen; es hat den Anschein, als ob hier die
Zeit stehengeblieben sei. Am westlichen
Ortsrand weist ein Wegweiser hinauf nach
Melirolo. Malerisch liegen die wenigen Häuser dieses Ortes am Berghang, weit unten erblicken wir den Stausee am Talabschluß. Wir
wandern nun auf der Sonnenseite des Mo-
robbia-Tales auf einem lieblichen Bergpfad
durch Farnfelder ständig etwas ansteigend.
Drüben thront der mächtige Camoghè über
den Ortschaften Carena und Melera. Birken
und Haselnußstauden stehen am Wegrand;
wir gewinnen ständig an Höhe und überqueren bald die zwei Gabelungen des Wildbaches im *Valle di Melirolo*. Nach einer Stunde

und zwölf Minuten, die seit dem Abmarsch vergangen sind, taucht das sonnige Maiensäss *Piano Dolce* (1357 m) vor uns auf. Ein paar Rustici und die Gebäude der im Sommer noch bewirtschafteten Alp liegen verträumt auf dieser aussichtsreichen Sonnenterrasse. Wir gehen in Piano Dolce nicht bergwärts in Richtung Motto d'Arbino weiter, sondern nach genußvollem Rundblick vom Aussichtspunkt der Hochebene unter der Alm westwärts hinunter zu den Monti di Paudo. Zuerst geht's im Wald steil bergab, und wir gelangen bald auf ein offenes Gelände, das wir durchqueren. Beim erneuten Beginn des Waldes halten wir uns an die Wegweiser zu den *Monti di Paudo* (944 m), die wir in einer halben Stunde erreichen. Nach den ersten Häusern biegen wir rechts in nördlicher Richtung ab. Wir kehren jetzt dem schönen Valle Morobbia den Rücken und wandern Bellinzona entgegen. Auf waldreicher Strekke gehen wir nach der Passage einer großen Schleife in einer knappen halben Stunde hinüber zu den *Monti di Ravecchia* (973 m). An freien Geländestellen eröffnet sich uns nun ein völlig neues Blickfeld hinab nach Bellinzona. Bei den Monti di Ravecchia gabelt sich der Weg; rechts geht's hinauf zur Alpe d'Arbino, wir halten uns aber geradeaus und wandern nun fast eben hinüber zu den *Monti di Artore* (936 m). Von dort nimmt uns ein von Motto della Croce herabkommender gepflasterter alter Saumweg auf, der durch schöne Kastanienwälder in Kehren steil abwärts nach Artore führt. Schon ziemlich weit unten wird unser Saumweg zeitweilig durch ein Fahrsträßchen unterbrochen. In *Artore* (388 m) halten wir uns direkt auf das schon weithin sichtbare Castello di Montebello zu. Wir steigen in etwa 15 Minuten, auf gepflasterten Stufen, durch Weinberge hinab zur großartigen *Festung von Montebello* (313 m). Eine Besichtigung des imposanten geschichtsträchtigen Bauwerkes sollten wir uns nicht entgehen lassen, denn es ist die interessanteste der Burgen Bellinzonas. Außerdem muß der einzigartige Ausblick hinab auf den Lago Maggiore gewürdigt werden. Danach bringt uns eine Treppe vom 86 Meter über Bellinzona liegenden Montebello-Hügel hinab zur Kollegiatskirche der Kantonshauptstadt.

Touristische Angaben

Talort: Bellinzona (227 m).
Ausgangspunkt: Carena (958 m).
Anfahrt: Von Bellinzona, Via Cancelliere Molo (eine Parallelstraße zur Viale Stazione, Nähe Bahnhof) mit dem PTT-Bus nach Carena ins letzte Dorf des Valle Morobbia.
Höhendifferenzen: Aufstieg: Carena–Piano Dolce 399 m; Abstiege: Piano Dolce–Monti di Paudo 413 m; Monti di Ravecchia–Bellinzona 746 m.
Weglänge: Gesamtstrecke von Carena nach Bellinzona 12 km; Carena–Melera 1,4 km; Melera–Piano Dolce 2 km; Piano Dolce–Monti di Paudo 1,4 km; Monti di Paudo–Monti di Ravecchia 1,5 km; Monti di Ravecchia–Monti di Artore 1,5 km; Monti di Artore–Artore 2 km; Artore–Castello di Montebello 1,2 km; Castello di Montebello–Bellinzona 1 km.
Gehzeiten: Gesamtstrecke von Carena nach Bellinzona 3 Std. 50 Min.; Carena (958 m) – Melera (944 m) 12 Min. – Piano Dolce (1357 m) 60 Min. – Monti di Paudo (944 m) 30 Min. – Monti di Ravecchia (973 m) 25 Min. – Monti di Artore (936 m) 28 Min. – Artore (388 m) 45 Min. – Castello di Montebello (313 m) 15 Min. – Bellinzona (227 m) 15 Min.
Wegverhältnisse: Schöne Bergpfade, wenige schmale Straßenstücke, alte Saumwege und zuletzt steile Treppenwege. Überwiegend gemütliche, ebene, zum Teil leicht abwärts führende und wenige steile Wegstrecken.
Einkehrmöglichkeiten: Unterwegs keine; in Bellinzona reiche Auswahl verschiedenster Restaurants.
Karte: Topografische Wanderkarte 1:50 000, Bellinzona und Umgebung, hrsg. vom Verkehrsverein der Region.
Zusatzmöglichkeiten: Von Carena über den Passo S. Jorio in 3½ bis 4 Stunden hinüber nach Dongo am Comer See.
Außerdem ist eine Wegvariante empfehlenswert, die von Pian Dolce über Arbinetto (1501 m), Motto della Croce (1254 m) und Monti di Artore (936 m) hinab zum Castello di Montebello führt. Die Gehzeit von Carena nach Bellinzona verlängert sich dabei auf 4 Std. und 45 Min.

Leventina und Blenio

Beide Täler werden zusammen mit dem Riviera-Tal von alters her die ambrosianischen Täler genannt. Die Bezeichnung leitet sich von den ambrosianischen Domherren Mailands ab, die schon im 12. und 13. Jahrhundert durch Abordnung eines Generalvikars ihr Herrschaftsrecht in Biasca ausübten. Es ist bis heute Mittelpunkt und Hauptort dieser drei Täler geblieben. Hier trifft das Valle Leventina, durch das der noch junge Ticino fließt, der oben im Bergmassiv des St. Gotthard seine Quellen hat, mit dem Valle di Blenio zusammen. Der aus diesem Tal kommende Brenno mündet westlich der Stadt in den Ticino. Eine Besonderheit beider Täler sind die alten, dunkelbraun gebeizten Häuser in der traditionellen waagrechten Blockschichtbauweise (Holzstrickbau).

Hoch über Biasca liegt eines der schönsten romanischen Bauwerke des Tessin. Die aus dem 11. Jahrhundert stammende Kirche S. Pietro ist ein wahres Museum von Wandmalereien des 12. bis 17. Jahrhunderts (Schlüssel unten im Ort mitnehmen).

Die zahlreichen Wanderwege in der Leventina und im Blenio sind gepflegt und gut ausgeschildert. Die normalen, von jedem problemlos begehbaren Wege sind durch gelbe Sentiero-Zeichen und die Bergrouten durch die weiß-rot-weißen Markierungen gekennzeichnet.

Das 37 Kilometer lange *Valle Leventina*, deutsch Livinental, wird in der Kurzform Leventina genannt und in drei Talabschnitte unterteilt. Der Name Leventina wird von den um die Zeitwende hier lebenden Lepontiern abgeleitet. Das Alpental oder die obere Leventina beginnt bei Airolo am Südportal des Gotthard-Tunnels und zieht sich bis zur Piottino-Schlucht hinab. Daran schließt sich die mittlere Leventina an, deren Hauptort Faido ist. Bei Lavorgo und Nivo, wo das Tal an der

Biaschina-Schlucht durch einen Bergsturz verengt ist, fängt die untere Leventina an, die auch Bassa Leventina genannt wird. In dem langen Tal dieser drei Welten liegen viele Ortschaften mit blühendem Gewerbe, die von internationalen Verkehrswegen durch-

In den Höhenlagen der Leventina liegt, unterhalb Lurengo, weithin sichtbar die mit Steinplatten gedeckte Kirche von Catto.

zogen sind. An beiden Talflanken finden wir schöne Dörfer, in denen man vom Verkehrsstrom des Tales völlig abgeschieden lebt. Bis zum Beginn unseres Jahrhunderts waren sie nur über Saumpfade erreichbar. Der Bau von Poststraßen zog sich bis in die ersten Jahre nach dem Zweiten Weltkrieg hin.

Hervorzuheben ist das zu beiden Seiten des Flusses Tessin angesiedelte traditionsreiche Dorf Giornico, für dessen Verbindung mittel-alterliche Steinbogenbrücken sorgen. Durch Burgen gesichert, war es jahrhundertelang wichtiger Warenumschlagplatz der St.-Gotthard-Route und damit wirtschaftlicher und geistiger Mittelpunkt der unteren Leventina. Der Atto-Turm, ein Wohnturm aus dem 9. Jahrhundert, ist eventuell Bestandteil der ehemaligen Langobardenburg. Der alte Gotthard-Saumweg fängt an der Türe von S. Nicolao in Giornico an. Die romanische Nikolaus-

kirche, die auf das frühe 12. Jahrhundert zurückgeht, ist zweifellos eine der schönsten des Tessin. Prunkstück der Innenausstattung ist der spätgotische Schnitzaltar, der jetzt nebenan in S. Michele von Giornico aufgestellt ist.

Die Leventina kann auf ein wechselvolles Schicksal zurückblicken. Nach der langen Herrschaft der ambrosianischen Domherren übernahmen Ende des 13. Jahrhunderts die einflußreichen Visconti aus Mailand die Macht. Damalige Abkommen mit den Urnern über den wachsenden Gotthard-Handelsverkehr führten zu kriegerischen Auseinandersetzungen. 1403 zogen die Urner und Oberwaldner bis vor Bellinzona; dabei wurde die Leventina eingenommen. 1478 erlagen die Mailänder in der großen Schlacht von Giornico endgültig. Die Täler Leventina, Blenio und Riviera wurden nun von Urner Landvögten verwaltet; erst seit 1803 ist die Leventina dem Kanton Tessin zugeteilt.

Das Wegnetz der Leventina ist sehr ausgedehnt. An der linken Talseite läuft die einmalige, wunderbare Strada alta; sie führt auf halber Höhe zwischen 1000 und 1400 Meter an einem Sonnenhang über viele romantische Bergdörfer und Schluchten in drei Tagen von Airolo hinab nach Biasca (vgl. Touren 34 und 35). Besonders schön ist auch der Alpenpark Piora, den man über die steile Ritòm-Standseilbahn erreichen kann. Wer diese Routen einmal begangen hat, ist um unvergeßliche Erlebnisse bereichert. Auch auf der rechten Leventina-Seite verlaufen in wesentlich größeren Höhen empfehlenswerte Bergwanderwege.

Das *Blenio* zieht sich vom Lukmanier-Paß (1914 m) in 37 Kilometern Länge hinab nach Biasca (301 m). Val del Sole nennt sich stolz das untere Blenio-Tal, das nach Süden hin geöffnet ist. Diese Lage sorgt für mildes, sonniges Klima, so daß neben Edelkastanien auch Nußbäume und Wein bis in Höhen von 800 Metern gedeihen. Der Talanfang ist jetzt nicht mehr so breit, wie er früher war, denn 1512 stürzte der Monte Crenone zu Tal und begrub den nördlichen Teil der Stadt Biasca. Bei einer Fahrt ins Blenio-Tal kommt man noch heute über den Schutthügel »Büza di Biasca«, an den sich eine wilde Buschlandschaft anschließt, die von Felsblöcken aller Größen durchsetzt ist. Vom Büza di Biasca

kann man rechts des Brenno auf der linken Talseite über Semione und Ludiano nach Motto oder links des Brenno auf der anderen Talseite zum langgestreckten Dorf Malvaglia fahren. Dort öffnet sich östlich das Val Malvaglia, das trotz Stausee und Erschließungssträßchen bis heute eines der unberührtesten Seitentäler des Tessin geblieben ist. Reizvolle Dörfchen, Maiensässe, verfallene Mühlen, Kornhisten und schöne Wanderwege kennzeichnen das abgeschiedene Tal. Mitten im Dorf Malvaglia können wir eine der kunstgeschichtlich interessantesten Kirchen bewundern; sie hat den höchsten romanischen Turm des ganzen Tessin. Hinter Semione wird das Tal wieder enger, und gegen Ludiano erblicken wir einen alten Wehrturm, der zur großen Ruine Serravalle (Talsperre) gehört; die Burg hat in der Talgeschichte eine bedeutende Rolle gespielt.

In Motto, wo sich die beidseitigen Straßenführungen wieder vereinigen, beginnt das Blenio medio, das die Bewohner gern Paradiesland nennen. Am Brenno entlang verläuft es über Dongio und Acquarossa zum Hauptort des Blenio, Lottigna, und geht bei Aquila in die obere Talstufe des Blenio über. Zunächst noch einiges Wissenswerte zum Mittelabschnitt. Acquarossa war einst ein Heilbad und Endstation der Blenio-Talbahn. Hier wölbt sich der westliche Talhang halbkreisförmig über den Brenno wie ein riesiges Amphitheater. Im Mittelpunkt des Hanges steht auf halber Höhe die Perle der Region, S. Carlo in Negrentino, eines der unverfälschtesten Zeugnisse lombardischer Romanik im Tessin. Besonders hervorstechend sind die außergewöhnlich schönen spätgotischen Wandmalereien. Drunten am Brenno führt von Semione über Acquarossa nach Olivone der herrliche Wanderweg Sentiero basso.

Das alpine Blenio, das bis hinauf zum Lukmanier-Paß reicht, wird am Beginn dieses Talabschnittes vom kegelförmigen Sosto beherrscht. Der Lukmanier wird zuweilen auch Kaiserpaß genannt, weil über ihn verschiedene Kaiser des Heiligen Römischen Reiches Deutscher Nation auf ihren Italienzügen geritten sind. Nördlich des Brenno zieht sich vom Passo del Lucomagno das hochgelegene Val di Campo hinab gegen den Sosto. Das Tal des Brenno del Lucomagno heißt Valle Santa Maria und ist eines der bezauberndsten Gebirgstäler des Tessin. Durch das wildromantische Tal führt der großartige Sentiero alta, der schon am Naturpark Piora am Lago Ritòm beginnt und sich durch das Santa-Maria-Tal hinabzieht bis Semione im unteren Blenio. Der reguläre Einstieg zum Sentiero alto di Blenio beginnt oben am Passo del Lucomagno (1914 m) und zieht sich ständig talwärts über Acquacalda (1758 m) bis nach Camperio (1244 m) und Olivone (889 m). Von dort setzt er sich durch herrliche Wälder wieder hinauf zu den Almen von Gorda (1779 m) fort, wo eine besonders schöne Aussicht auf das mittlere Blenio-Tal und das Rheinwaldhorn geboten wird. Er bringt den Wanderer sanft ansteigend zum höchsten Punkt auf 1950 Meter hinauf und mit leichtem Auf und Ab durch die

Hänge des Nara-Gebietes zur Sesselbahn Leontica. Kurz danach kreuzt der Sentiero alto den alten bedeutenden Saumpfad, der von der Leventina über den Nara-Paß herüberkommt und über S. Carlo in Negrentino und Prugiasco nach Acquarossa hinunterführt.

Touristische Angaben

Anfahrt: Von Bellinzona auf der Autobahn N 2 bis Biasca oder vom Passo del S. Bernardino durch das Valle Mesolcina (Graubünden) über Bellinzona-Nord nach Biasca. Über den Passo del S. Gottardo gelangt man

Ein Teilstück des ehemaligen Gotthard-Saumweges der Leventina.

nach Airolo ins oberste Valle Leventina (Livinental). Biasca ist Ausgangspunkt für die Anfahrt ins Livinental und ins Blenio-Tal. **Verkehrsverbindungen:** Durchs Valle Leventina führt die Autobahn N2 und die Eisenbahnstrecke Bellinzona über Biasca nach Airolo (Gotthard-Strecke). Vom Talort Faido bringen uns PTT-Busse hinauf nach Osco und nach Rossura zur Strada alta. Von den Bahnstationen Airolo oder Piotta-Ambri fahren Busse zur Talstation der Ritóm-Bahn. Mit dem Funicolare Ritóm gelangt man sowohl zur Zwischenstation Altanca (Anschluß an die Strada alta) als auch zur Bergstation als Ausgangspunkt zum Naturpark Piora rund um den Ritóm-Stausee.

Durch das Blenio-Tal verkehren Busse der Autolinee Bleniesi S. A. Biasca (Tel. 092/ 72 31 72-73). Da die oft entlegenen Bergorte nicht allzuoft angefahren werden, empfiehlt

es sich, rechtzeitig Fahrpläne bei den zuständigen Verkehrsbüros einzuholen.
Regionale Verkehrsbüros: Ente Turistico Leventina, CH-6760 Faido, Tel. 0 94/ 38 16 16.
Ente Turistico Blenio, CH-6716 Acquarossa, Tel. 092/78 17 65.
Ente Turistico Biasca e Riviera, CH-6710 Biasca, Tel. 09 2/72 33 27, Fax: 0 92/ 72 42 69.

34 Strada alta, auf der linken Talseite der oberen Leventina, von Altanca über Deggio, Lurengo und Freggio talabwärts nach Osco

Eine der schönsten Wanderungen im Tessin auf aussichtsreichen Höhenwegen über dem Fluß Ticino unter dem St.-Gotthard-Massiv

Knapp 3½stündige Höhenwanderung, bei der wir die Romantik, die südliche Schönheit und die Vielfalt des Livinentales kennenlernen.
Das Hervorstechendste sind dabei die einzigartige Talsicht und der Panoramablick auf das Gotthard-Massiv und die zackigen Grate der rechtsseitigen Leventina. Eine hochinteressante Standseilbahn, uralte Kirchen, malerische Bergdörfer mit den typischen Holzhäusern dieses Tales und viele Einkehrmöglichkeiten sorgen für Abwechslung.

Von Airolo, das am Fuße des Gotthard-Massivs liegt, zieht sich auf der Sonnenseite des Livinentales (Valle Leventina) die Strada alta talwärts bis nach Biasca hinab. Sie führt in drei Wandertagen durch die obere, die mittlere und die untere Leventina. Die südliche Schönheit dieses Gebirgstales, der abwechslungsreiche Höhenweg durch malerische Bergdörfer mit großartiger Aussicht und viel Kunst am Wege machen diese Wanderung zu einem Klassiker.
Haupteinnahmequelle der hier lebenden Menschen war in vergangener Zeit neben der Almwirtschaft vor allem die Säumerei. Bis zum Beginn unseres Jahrhunderts erreichte man die meisten der ganzjährig bewohnten Bergorte nur über Saumpfade. Viele dieser historischen Saumrouten sind noch vorhanden und werden heutzutage zu Wanderwegen umfunktioniert. In den Talorten entstanden Warenumschlagplätze, von denen Faido

In exponierter Lage mit Gotthard-Blick liegt südlich Deggio am Berghang die romanische Kapelle S. Martino aus dem 11. bis 12. Jahrhundert.

*Eine Fahrt mit der 1921 er-
bauten Ritóm-Standseilbahn,
die mit maximal 87,8 Prozent
Steigung zu den steilsten Bah-
nen der Welt zählt, ist ein unvergeßliches Erlebnis. An der
Zwischenstation Altanca beginnt die Höhenwanderung
auf der Strada alta der Leventina.*

und Giornico mit zu den größten gehören. Der Bau von Fahrwegen und Poststraßen zu den Bergdörfern wurde größtenteils erst nach dem Zweiten Weltkrieg in Angriff genommen.

Das Herz geht uns auf, wenn wir hinaufschauen zum mächtigen St.-Gotthard-Massiv, dem Quellgebiet von Rhone, Reuss, Rhein und natürlich dem Ticino. Bei den alten Römern hieß der Gotthard noch Elvelinus, später Urserenberg. Sein heutiger Name geht auf den heiligen Bischof Godehardus von Hildesheim zurück (960–1038), dem das Kloster Disentis ein Hospiz weihte. Erst 1230 wurde der Verkehr über den St.-Gotthard-Paß (2108 m) und 1882 die Gotthard-Bahn eröffnet.

Unsere knapp 3½stündige Tour bewegt sich im schönsten Streckenabschnitt der oberen Leventina und führt von Altanca auf aussichtsreicher Strecke durch die Bergdörfer Ronco, Deggio und Lurengo. In diesen Orten finden wir überall die für dieses Tal so typischen alten dunkelbraunen Holzhäuser auf Steinsockeln in Blockhausbauweise mit granitgedeckten Dächern.

Zu Beginn der Wanderung werden wir mit der technisch hochinteressanten Ritóm-Standseilbahn konfrontiert, die schon 1921 für den Bau des Ritóm-Kraftwerkes erstellt wurde. Sie hat eine maximal 87,8prozentige Steigung und überwindet von Piotta den Höhenunterschied von 786 Metern hinauf zur Bergstation Piora (1793 m) in nur 12 Minuten. Eine Fahrt mit der Ritóm-Bahn bleibt ein unvergeßliches Erlebnis. Das Ritóm-Kraftwerk ist die Stromquelle für die Gotthard-Bahn. Es handelt sich dabei um ein Hochdruckkraftwerk, das das Gefälle des Baches Foss nutzt. In den Rohren der Hochdruckleitung werden pro Sekunde maximal 7,4 Kubikmeter Wasser transportiert. Das Ritóm-Kraftwerk erzeugt pro Jahr durchschnittlich 155 Millionen Kilowattstunden.

Unsere Wanderung beginnt bei der Zwischenstation Altanca der Ritóm-Bahn und geht hinüber zur Bergkirche des malerischen Dorfes. Altancas Kirchlein SS. Cornelio e Cipriano liegt auf einem aussichtsreichen Hangvorsprung, wurde schon 1603 erbaut und besitzt im Inneren sehr schöne alte Fresken. Jeder Schritt dieser Wanderung ist ein

Genuß, bei der auch die Kunst nicht zu kurz kommt. In den Wiesen unterhalb Deggio stoßen wir auf die romanische Kapelle S. Martino aus dem 11. bis 12. Jahrhundert. Sie ist eines der ältesten Gotteshäuser des Tessin und liegt in exponierter Lage mit Gotthard-Blick am Berghang. Weiß getüncht steht der Rechteckbau mit offenem Glockenstuhl und Granitdach in den Wiesen. Im Inneren nehmen uns die Fresken aus dem 15. Jahrhundert mit dem heiligen Martin gefangen, der seinen goldbestickten Mantel mit einem Bettler teilt.

Am Abschluß der oberen Leventina beginnt ein ausgedehnter Hochwald, durch den es hinabgeht ins Val di Freggio auf das wesentlich niedrigere Höhenniveau der mittleren Leventina. Drunten im Tal verschwindet die Gotthard-Bahn in ihrem langen Tunnel. Drüben streifen wir noch die ersten Bergdörfer des mittleren Streckenabschnittes der Strada alta, Freggio und Osco. Mitten im schönen Dorfkern von Osco steht ein alter Gemeinschaftsbrunnen neben einem Grotto, das zu wohlverdienter Rast einlädt. Im Ort stoßen wir auf die Pfarrkirche S. Maurizio, die noch einen romanischen Campanile aufweist. Aus Osco stammt die älteste heute bekannte Säumerordnung von 1237 für den Gotthard-Verkehr.

Der Wegverlauf

Nachdem uns die halsbrecherisch steile *Ritóm-Standseilbahn* in einer knappen Viertelstunde hinauf zur Zwischenstation *Altanca* (1378 m) gebracht hat, treten wir diese großartige und überaus aussichtsreiche Wanderung auf der Strada alta in der oberen Leventina hinab nach Osco an. Zuerst gehen wir auf einem schmalen Teersträßchen, das aber kaum befahren wird, in wenigen Minuten hinüber zu der auf einem Felsvorsprung gelegenen Bergkirche *SS. Cornelio e Cipriano*. Vom Vorplatz genießen wir den Blick hinauf zum Gotthard-Massiv und hinüber zum malerischen Hangdorf Altanca. Inmitten der schönen Holzhäuser des Ortes lädt uns ein Ristorante mit Aussichtsterrasse schon hier zum Verweilen und Schauen hinunter auf das herrliche Valle Leventina ein. Kurz nach Altanca überqueren wir den Wildbach *Foss*, der vom Lago Ritóm herabkommt. Gleich danach steigt unser Sträßchen etwas an und bringt uns schon nach guten 20 Minuten zum höchsten Punkt der Strada alta in *Cresta* (1421 m). Tief unten liegen die Taldörfer, an denen sich die Gotthard-Verkehrswege bergwärts entlang ziehen. Der geruhsame, nun beständig leicht fallende Höhenweg bezaubert uns durch seine Talblicke; jeder Schritt ist hier ein Genuß, und zurückschauend fasziniert uns das großartige Panorama des St.-Gotthard-Massivs. Kurz nach *Ronco* (1368 m) nehmen wir den lieblichen alten Saumpfad, auf dem wir rechts hinab durch das offene Wiesengelände bis kurz vor *Deggio* (1208 m) gelangen. Im geschlossenen Hangdorf Deggio dominieren wiederum die schönen alten Holzhäuser, die für die Leventina so typisch sind. Unser Sträßchen gewinnt wieder etwas an Höhe, und schon nach 10 Minuten erblicken wir unter uns in den Wiesen die uralte Bergkapelle *S. Martino*

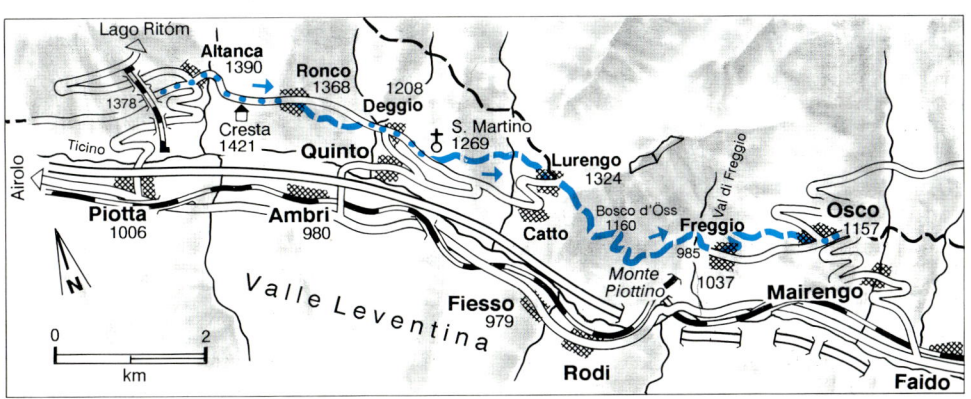

Der einstige Leventinaweg zwischen Airolo und Giornico, heute die schöne Wanderroute »Strada alta«, führt durch viele malerische Terrassendörfer.

(1269 m). Wir sollten ihr einen kurzen Besuch abstatten, um sie aus der Nähe bestaunen zu können. Von der Kapelle weist uns ein Sentiero-Zeichen aufwärts durch die Wiesen zum *Grotto Strada alta*, wo auch eine mitgebrachte Brotzeit verzehrt werden darf.

Durch grüne Bergwiesen schraubt sich unser Straßerl vom Grotto hinauf zu einer Gruppe von Häusern. Höher und höher, jetzt auf einem Feldweg, der uns über das weitgehend offene Gelände nach *Lurengo* (1324 m) bringt. Nur vereinzelt stehen an diesem schönen Wanderweg Pappeln, Ebereschen, Birken und Kastanien, so daß die herrliche Talsicht zumeist nicht verdeckt ist. Von Lurengo blicken wir hinunter auf das Dörfchen Catto und seiner weithin sichtbaren, mit Steinplat-

gelegte Granitplatten häufig unterbrochen wird, beginnt nun der steile Abstieg hinab in die mittlere Leventina. In vielen Serpentinen leiten uns weiß-rot-weiße Markierungen durch Tannen und Fichten hinab zu einem Felskopf. Unten angelangt, überquert der Pfad das breite Felsgebiet, und wir gelangen zum *Tobel des Val di Freggio* (985 m), wo tosend ein Wildbach hinunter in die Piottino-Schlucht stürzt. Hier treffen wir auf den alten Gotthard-Saumweg, der wegen eines Fels-sturzes schon 1311 aufgegeben wurde. Dieser alte Weg bringt uns wieder ins offene Gelände des Talhanges zurück, wo plötzlich vor uns majestätisch der Pizzo Campo Tencia (3072 m) aufragt. Nun wieder leicht ansteigend, nähern wir uns über Weiden und Wiesen *Freggio* (1037 m). Bei der steingedeckten Kapelle S. Bernardo nimmt uns ein schmales Sträßchen auf, das wir aber schon bald wieder verlassen und einen bergwärts gerichteten Feldweg einschlagen, der uns in mehreren weitläufigen Serpentinen über *Campagna* hinauf zu einer *Anhöhe* bringt. Unter uns liegt eine ausgediente Mühle, von der die Bewohner der umliegenden Dörfer bis in die vierziger Jahre noch ihr Mehl bezogen. Oben angekommen, breitet sich drunten *Modrengo* aus, und gleich dahinter liegt das Ziel dieser Tour, *Osco* (1157 m). Von der Poststation in Osco können wir am Spätnachmittag mit dem PTT-Bus wieder ins Tal nach Faido Stazione oder bis in die Ortsmitte von Faido zurückfahren.

Touristische Angaben

Talort: Osco (1157 m).
Ausgangspunkt: Zwischenstation Altanca der Ritóm-Bahn (1378 m).
Anfahrt: Mit dem PKW auf der Autobahn N2 von Bellinzona über Biasca bis Ausfahrt Faido. Von Faido mit der Schweizer Bundesbahn Richtung Airolo bis Ambri-Piotta und von Ambri-Piotta Stazione mit dem PTT-Bus zur Talstation der Ritóm-Bahn. Mit dem Funicolare Ritóm bis zur Zwischenstation Altanca.
Rückfahrt: Mit dem PTT-Bus von Osco nach Faido.
Höhendifferenzen: Abstieg: Ronco–Deggio 160 m; Aufstieg: Deggio–Lurengo 116 m;

ten gedeckten Kirche. Lurengo ist der letzte Ort in der oberen Leventina. Das Val di Freggio, auf das wir nun zumarschieren, trennt die obere von der mittleren Leventina deutlich ab. Ebenen Weges wandern wir die letzte Etappe der oberen Leventina von Lurengo in guten 20 Minuten hinüber zum *Bosco d'Öss* (1160 m), einem dichten Bergforst. Vorbei an Farnfeldern, Heidesträuchern geht's nun hinein in den Hochwald. Auf weichem Waldpfad, der durch treppenartig auf-

Abstieg: Lurengo–Freggio 287 m; Aufstieg: Freggio–Osco 120 m.

Weglänge: Gesamtstrecke von Altanca bis Osco 11,5 km; Ritóm-Bahn–Altanca 0,6 km; Altanca–Cresta 0,8 km; Cresta–Ronco 0,8 km; Ronco–Deggio 1,5 km; Deggio–S. Martino 0,7 km; S. Martino–Lurengo 1,7 km; Lurengo–Bosco d'Öss 1,5 km; Bosco d'Öss–Freggio 1,9 km; Freggio–Osco 2 km.

Gehzeiten: Gesamtstrecke von Altanca nach Osco 3 Std. 25 Min.; Ritóm-Bahn (1378 m) – Altanca (1390 m) 8 Min. – Cresta (1421 m) 14 Min. – Ronco (1368 m) 12 Min. – Deggio (1208 m) 20 Min. – S. Martino (1269 m) 11 Min. – Lurengo (1324 m) 22 Min. – Bosco d'Öss (1160 m) 22 Min. – Übergang im Tobel des Val di Freggio (985 m) 35 Min. – Freggio (1037 m) 23 Min. – Osco (1157 m) 38 Min.

Wegverhältnisse: Teilweise schmale, kaum befahrene Höhensträßchen, teilweise gepflegte Saumwege. Abstieg durch den Bosco d'Öss zum Tobel des Val di Freggio steiler, steiniger, wurzeliger, feuchter Waldpfad, der gutes Schuhwerk erfordert.

Einkehrmöglichkeiten: Ristorante Genziana mit Aussichtsterrasse in Altanca. Ristorante Campagnola in Deggio. In Lurengo Ristorante Casa Cureggio. Außerdem in Osco Osteria Salzi und Ristorante Marti.

Karte: Topografische Nationalkarte mit Wanderrouten (Carta nazionale della Svizzera) 1 : 50 000, Blatt 266 T Valle Leventina.

Zusatzmöglichkeiten: Verlängerung der Wanderung um 1 Stunde und 40 Minuten bei Abmarsch in Airolo (1159 m). Der Weg führt über Madrano (1156 m) und Brugnasco (1380 m) zum Anschlußpunkt in Altanca. Besonders empfehlenswert ist auch eine Rundwanderung um den Lago Ritóm (1850 m). Von der Bergstation Piora der Ritóm-Bahn (1793 m) wandert man durch einen einzigartig schönen Alpenpark in 3 Stunden entlang dem Ritóm-See durch herrliche Bergwälder, vorbei am Lago di Tom (2021 m) und um den Lago Cadagno (1923 m) über Pinett zurück zur Bergstation Piora.

Besonders schön ist auch der zweite Streckenabschnitt der Strada alta zwischen Rossura und Sobrio.

35 Strada alta, auf der linken Talseite der mittleren Leventina, von Rossura über Ravatói, Anzonico und Cavagnago nach Sobrio

Auf alten Saumpfaden, hoch über dem Fluß Tessin, durch Bergwiesen, über alte Maiensässe, zu stattlichen Dörfern und grandiosen Aussichtspunkten sowie eindrucksvollen Kapellen und Kirchen

> *Wanderung im mittleren Livinental auf aussichtsreichen Wegen in 3 Stunden und 45 Minuten hinunter nach Sobrio, dem äußersten Dorf der linken Talterrasse. Die mächtigen Bergketten der rechtsseitigen Leventina stehen ständig im Blickfeld. Für Kunstgenuß sorgen viele sehenswerte Kapellen und Kirchen. Die Tradition der Leventina wird uns durch die typischen braunen Holzhäuser, Kornhisten, Maiensässe und die alten Saumpfade, auf denen wir wandern, deutlich gemacht.*

Die Strada alta der Leventina kommt im mittleren Streckenabschnitt zu ihrem Höhepunkt. Auf Bilderbuchwegen wandern wir von Rossura, auf der schönsten Teilstrecke des linksseitigen Livinentales, hinab nach Sobrio. Wir bewegen uns hier im Gebiet zwischen der Piottino- und der Biaschina-Schlucht, wo der Ticino mit einem schönen Wasserfall zur unteren Talstufe der Leventina durchbricht. Beeindruckende Tiefblicke auf die Talorte Chiggiogna, Chironico und Giornico wechseln mit der großartigen Panoramasicht hinüber auf die mächtigen Bergketten der rechtsseitigen Leventina. Malerische Bergdörfer, sehenswerte Kirchen, Kapellen und die Tradition des Livinentals komplettieren den Naturgenuß und machen diese Wanderung zu einem unvergeßlichen Erlebnis. Eine Besonderheit sind die fast hausgroßen Kornhisten, die einst zahlreich an den Hängen der Leventina standen, um auf ihnen das Korn reifen zu lassen.

Gleich am Startpunkt in Rossura überrascht uns die sehenswerte Kirche SS. Lorenzo e

Agata. Sie ist auf einen Felsvorsprung gebaut und von 14 Kreuzwegstationen umgeben. Das schon 1247 erwähnte Gotteshaus ist zwar später modernisiert worden, weist im Inneren aber wertvolle Malereien von Nicolao Seregno (1463) auf.

In der Mitte dieses Streckenabschnittes liegt Anzonico, ein terrassenförmig angelegtes Bergdorf. Dort stoßen wir noch auf viele der schönen braunen Blockhäuser der Leventina. Wir gehen durch die schmalen Gäßchen des gut erhaltenen Ortes, finden auch ab und zu noch eines der alten Steinhäuser und kommen am südlichen Ortsausgang zur 1687 erbauten Kapelle S. Antonio di Padova. Sie birgt in ihrem Inneren bemerkenswerte Malereien des 17. Jahrhunderts. Etwas abseits steht unterhalb des Dorfes die Pfarrkirche S. Giovanni Battista, deren Vorgängerin 1667 durch eine Lawine zerstört wurde. Gute zwei Kilometer südlich thront die spätromanische und dem heiligen Ambrosius geweihte malerische Kapelle von Segno hoch über dem Tal. Sie hat eine halbkreisförmige Apsis und sehenswerte Außen- und Innenfresken aus dem 14. und 15. Jahrhundert. S. Ambrogio in Segno (13. Jahrhundert) gilt als eines der ältesten Kleinode des Tessin.

Das vorletzte Dorf dieser Tour ist Cavagnago, ein großes, aber liebliches Dorf in 1020 Meter Höhe, das direkt über dem berühmten Talort Giornico liegt (vgl. Einleitung zu Leventina und Blenio). Die Pfarrkirche S. Anna (16. Jahrhundert) ist auch mit Fresken des 16. und 17. Jahrhunderts geschmückt. Ein Steinkreuz am Dorfausgang erinnert an das schwere Lawinenunglück von 1951, bei dem einige Häuser und Ställe weggerissen wurden.

Höhepunkt dieser Tour auf der Strada alta ist aber Sobrio, der letzte Ort auf der Hochterrasse der linksseitigen Leventina. Schlank und rank steht der Kirchturm von S. Lorenzo in der ummauerten Anlage, zu der ein Pfarrhaus und Kreuzwegstationen gehören. Das Gotteshaus ist reich mit Stukkaturen und einem schönen Tempietto-Hochaltar des 17. Jahrhunderts geschmückt. Das malerische, etwas erhöht liegende Dorf weist ein selten schönes geschlossenes Ortsbild auf. Es ist sicher einer der urtümlichsten Orte an der Strada alta.

Der Wegverlauf

Nachdem uns der PTT-Bus von Faido hinauf nach *Rossura* (1056 m) gebracht hat, gehen wir zuerst zum Dorfplatz, um der sehenswerten Pfarrkirche SS. Lorenzo e Agata einen Besuch abzustatten. Wir beginnen diese wunderschöne Wanderung in den Hochlagen der linken Seite der mittleren Leventina auf einem alten Saumweg, der oberhalb der Straße südwärts verläuft. Am Wildbach *Froda* mündet er wieder in die Poststraße ein; wir gewinnen noch etwas an Höhe und haben schon das kleine Dorf *Tengia* (1099 m) vor uns. Hier tragen noch alle Häuser die schweren Granitplatten auf den Dächern. Vor der Kapelle weisen uns die Sentiero-Zeichen darauf hin, daß sich die Strada alta hier teilt. Während die untere Route talauswärts weiterführt, schlagen wir den aussichtsreicheren *oberen Weg* über die Monti di Cò ein. Von Tengia verläuft der Weg ein gutes Stück in Gegenrichtung taleinwärts. Er steigt über die Wiesen von *Campinengo* hinauf zum ehemaligen Maiensäss *Sorsello* (1234 m). Die einstigen Almgebäude sind allesamt zu Wochenendhäusern umgebaut. Vom felsigen Bergabhang stürzt der gewaltige *Wasserfall Ri di Sassengo* rauschend zu Tal. Nun haben wir eine langgezogene Bergstrecke vor uns, die sich hinaufzieht zum höchsten Punkt der Strada alta. Der alte Saumpfad führt zunächst über Wiesen, dann bergwärts zu den Almhütten der *Monti di Cò* (1362 m), von wo wir talauf und talab eine herrliche Aussicht genießen. Diese Hochalm wurde früher von den Bauern von Calonico bewirtschaftet, aber auch hier sind aus Almgebäuden Ferienhäuser geworden. Von Monti di Cò gelangen wir in einer knappen Viertelstunde nach *Gianón*, das mit 1388 Metern zugleich höchster Punkt der Strada alta ist. Die Sicht ist einzigartig, hinunter auf das Tessintal, darüber strahlend majestätisch die Felsgipfel des Pizzo Campolungo (2714 m), des Pizzo Campo Tencia (3072 m) und des Pizzo Forno (2907 m). Nur schwer können wir uns losrei-

Im Bild Osco unter dem Pizzo di Campello (2660 m). In der Ferne Rossura, dahinter der Pizzo Molare (2585 m).

ßen, um zu den Almen von Ravatói und Casioni weiterzumarschieren. Wir kommen bald wieder in den Bergwald, *Bosco Salvagata*, der Weg wird rauh und steinig und führt steil bergab zu den Häusern von *Ravatói* (1376 m). In weit ausladenden Serpentinen gehen wir durch die ehemaligen Almgehöfte. Nun folgt eine langgezogene Strecke, die nicht mehr so stark abfällt. An der Abzweigung hinunter nach Calonico halten wir uns geradeaus nach *Casioni* (1173 m). Von dort geht unser Waldpfad wieder deutlich mehr bergab. Nachdem wir auf dieser Strecke einige hundert Meter an Höhe verloren haben, stehen wir plötzlich in einer großen Lichtung und sind von hier bald in *Anzonico* (984 m). Im terrassenförmig angelegten Bergdorf vereinigt sich die untere und die obere Wegvariante der Strada alta wieder. Wir gehen durch die Gäßchen des alten Ortes und bewundern die braungefärbten Holzhäuser der Leventina. Es lohnt sich, der alten Kirche S. Giovanni Battista einen Besuch abzustatten, bevor wir die letzte Etappe unserer Tour in Angriff nehmen. Wenn wir am Südrand von Anzonico zur *Kapelle S. Antonio di Padova* hinaufsteigen, sehen wir im Tal Chironico liegen. Von hier setzen wir unsere Wanderung auf der Strada alta, wieder ein wenig an Höhe gewinnend, fort. Der Weg verläuft oberhalb der Fahrstraße durch Wiesen und über das *Tobel Ri di Suàisa*, jetzt wieder zunehmend an Höhe gewinnend, hinauf zum Weiler *Segno* (1090 m). Vor uns liegt nun das am Berg thronende spätromanische Kircherl des heiligen Ambrosius mit Fresken des 14. und 15. Jahrhunderts. Ebenso beeindruckend ist der Fernblick von hier oben. Besonders gut sind die rechtsseitig der Leventina liegenden Gipfel des Pizzo Barone (2864 m), des Pizzo di Piancoi (2769 m), des Pizzo di Mezzodi (2708 m) und des Madom Gröss (2741 m) zu sehen.
Unser Weg führt nun durch das Wiesengelände in guten 10 Minuten hinunter in das Bergdorf *Cavagnago* (1020 m). Bei der auch schon im 16. Jahrhundert erbauten St.-Anna-Kirche kreuzen wir die Poststraße nach Sobrio. Wir verlassen den Ort bei der Abzweigung Richtung Giornico, wandern aber geradeaus unterhalb der Poststraße, entlang steiler Wiesenabhänge, auf einem Feldweg wei-

ter. Bald geht der Wiesenweg in einen Pfad über, der durch den Kastanienwald über mehrere Gräben, stetig an Höhe gewinnend, zu den Weiden des Dörfchens *Ronzano* (1093 m) führt. Wir gehen unterhalb von Ronzano vorbei und sehen vor uns schon die Turmspitze der abgesondert im Gelände stehenden Kirche S. Lorenzo von Sobrio. Ein letzter kurzer Anstieg über den alten Kirchenweg bringt uns in den sonnigen Ort. *Sobrio* (1093 m) ist die vorderste Ortschaft auf der linken Talseite der Leventina. Nach der Besichtigung des malerischen Dorfes fahren wir am Spätnachmittag mit dem PTT-Bus zurück ins Tal nach Lavorgo, von wo Eisenbahn-Anschluß nach Faido besteht.

Touristische Angaben

Talort: Sobrio (1093 m).
Ausgangspunkt: Rossura (1056 m).
Anfahrt: Mit dem PKW auf der Autobahn N2 von Bellinzona über Biasca bis zur Ausfahrt Faido. Faido läßt sich von Bellinzona auch gut mit der Schweizer Bundesbahn erreichen. Von Faido bringt uns ein PTT-Bus, Strecken-Nr. 600.62, hinauf nach Rossura.
Rückfahrt: Von Sobrio mit dem PTT-Bus, Strecken-Nr. 600.68, zum Talort Lavorgo. In Lavorgo besteht Bahnanschluß zurück nach Faido oder Bellinzona.
Höhendifferenzen: Aufstiege: Tengia—Sorsello 135 m; Sorsello—Gianón (höchster Punkt) 154 m; Abstieg: Gianón—Anzonico 404 m.
Weglänge: Gesamtstrecke von Rossura nach Sobrio 12 km; Rossura—Tengia 0,8 km; Tengia—Sorsella 0,9 km; Sorsella—Gianón 1,6 km; Gianón—Anzonico 3,6 km; Anzonico—Segno 2,1 km; Segno—Cavagnago 0,7 km; Cavagnago—Sobrio 2,3 km.

Gehzeiten: Gesamtstrecke von Rossura nach Sobrio 3 Std. 45 Min.; Rossura (1056 m) – Tengia (1099 m) 13 Min. – Sorsello (1234 m) 22 Min. – Cò (1362 m) 25 Min. – Gianón (1388 m) 12 Min. – Ravatói (1376 m) 11 Min. – Casioni (1173 m) 22 Min. – Anzonico (984 m) 35 Min. – Segno (1090 m) 35 Min. – Cavagnago (1020 m) 11 Min. – Ronzano (1093 m) 27 Min. – Sobrio (1093 m) 12 Min.
Wegverhältnisse: Gepflegte Saumpfade, Feldwege und Waldpfade.
Einkehrmöglichkeiten: Ristorante in Rossura, Grotto Bellavista in Anzonico.
Karte: Topografische Nationalkarte mit Wanderrouten (Carta nazionale della Svizzera) 1 : 50 000, Blatt 266 T Valle Leventina.
Zusatzmöglichkeit: Fortsetzung der Strada alta in der unteren Leventina von Sobrio bis Biasca. Wegverlauf von Sobrio über Bidrè, Diganengo, Conzanengo, Pollegio, Pasquerio in 3 Std. 15 Min. nach Biasca.

Blick von der Strada alta auf die imposanten Bergspitzen der rechtsseitigen Leventina.

36 Von Olivone auf dem Sentiero basso di Blenio über Grumarone, Ponto Valentino, Acquarossa und Prugiasco nach S. Carlo di Negrentino

Zauberhaftes Blenio-Tal mit vielen Sehenswürdigkeiten vergangener Zeiten

Wanderung unter der mächtigen Pyramide des Sosto durch das von Bergketten beidseitig eingerahmte Blenio medio. In 3 Stunden und 50 Minuten geht's durch die herrliche Flußlandschaft des Brenno hinunter zum einstigen Thermalbad Acquarossa. Ein Abstecher in die Hanglagen oberhalb Prugiascos bringt uns hinauf zum großen Talrundblick und zur prächtigen romanischen Bergkirche S. Carlo, der kunsthistorischen Perle des Blenio-Tales.

Olivone, rätoromanisch Uorscha, liegt 16 Kilometer unterhalb des Passo del Lucomagno am Übergang des oberen ins mittlere Blenio. Es wird beherrscht von der kühnen Pyramide des Sosto (2221 m). Die schon 1136 erwähnte Pfarrkirche S. Martino von Olivone hat einen romanischen Campanile, ist aber in der ersten Hälfte des 17. Jahrhunderts umgebaut worden. Nahe der St.-Martins-Kirche finden wir das ehemalige Pfrundhaus von 1658, die Ca' da Rivöi. Um dieses für das Blenio-Tal so typische Bauwerk vor dem Verfall zu retten, begann man 1953 mit der Restaurierung und weihte es 1968 als Heimatmuseum ein, in dem Kultur und Tradition dieses Gebirgstales gezeigt wird (Tel. 092/701052). In der Umgebung von Olivone sind noch mehrere Häuser in der traditionellen Holzstrickbauweise zu sehen. Der Gebirgsort ist auch Ausgangspunkt für viele schöne Wanderungen ins Val Camadra, ins Val di Campo sowie zu den Pässen Greina und Cristallina.

Kurz vor Grumarone wird uns die ehemalige Römerstraße durch ein Bogenstück der alten Römerbrücke, die über den Brenno hinauf nach Aquila führte, wieder deutlich ins Gedächtnis gerufen. Durch Veränderung des Flußlaufes ist das gut erhaltene historische Bauwerk jetzt trockengelegt und wird so besser geschont; hoch darüber fällt uns ein schöner Kreuzwegbildstock ins Auge. Im Ort Grumarone steht die altehrwürdige St.-Anna-Kapelle von 1624; sie ist zu dieser Zeit innen vollständig ausgemalt worden. Daran

Die bedeutendste romanische Wandmalerei in S. Carlo in Negrentino ist die überlebensgroße Darstellung der Himmelfahrt Christi vor den Aposteln, die wahrscheinlich auf das Jahr 1050 zurückgeht.

Die romanische Bergkirche S. Carlo in Negrentino, hoch über Prugiasco, ist das bedeutendste Kunstdenkmal des Blenio. Die wertvollen Wandmalereien gehen bis ins 10. Jahrhundert zurück. Im Bild spätgotische Fresken der Seregnesen in der Südapsis.

schließt sich ein Holzbau aus dem 15. bis 16. Jahrhundert mit interessanten Wappen an.

Das schön gelegene Dorf Ponto Valentino mit seiner Pfarrkirche S. Martino hat noch einen Campanile der Vorgängerkirche aus dem 15. Jahrhundert. Hier finden an hohen Feiertagen die traditionellen Paraden der bekannten historischen Milizen mit ihren schmucken Uniformen statt.

Prugiasco ist ein typisches Tessiner Dorf, das bis 1798 noch zur Leventina gehörte. Oberhalb Prugiasco steht in einsamer Bergeshöhe das Kirchlein S. Carlo in Negrentino. Das romanische Gotteshaus aus dem 11. Jahrhun-

dert ist dem heiligen Ambrosius geweiht und zählt heute zu den sehenswertesten romanischen Bauwerken der Schweiz. Seine kunsthistorische Bedeutung verdankt es dem großartigen Freskenschmuck. Allem voran die wohl bedeutendste romanische Wandmalerei eines unbekannten Künstlers, die überlebensgroße Darstellung der Himmelfahrt Christi vor den Aposteln, die wahrscheinlich auf das Jahr 1050 zurückgeht. Die leuchtend bunten Malereien in der Apsisrundung des nördlichen älteren Schiffes sind das Werk von Lombardo da Giubiasco (1453–1483) und von Cristoforo da Seregno (1448–1480).

Nicht minder bedeutend ist die reiche Aus-
malung des kleineren Südschiffes, die von
Antonio da Tradate aus Arosio (1508)
stammt.

Der Wegverlauf

Wir starten an der Pfarrkirche S. Martino im
Dorfteil *Lavòrceno* (889 m) von *Olivone*.
Südwestlich des Orts vereinigen sich die beiden Brenno-Arme, die vom Passo del Lucomagno und vom Passo della Greina herabkommen. Vor deren Zusammenfluß über-
queren wir beide Oberläufe und finden jenseits der Brücken den Zugang zum *Sentiero
basso* (Wegweiser unter der blauen Tafel des
Vita-Parcours). Auf einem Güterweg, vorbei
an den Übungsplätzen des Vita-Parcours, gehen wir bis zu den Wiesen von *Oltera*. Am
Ende des Sträßchens beginnt ein schmaler
Weg, der zur westlichen der drei sichtbaren
Scheunen aufsteigt. Oben geht ein schöner
Weg weiter, der von den beiden anderen
Scheunen herüberkommt. Ein gut markierter
Pfad steigt nun durch den bewaldeten Hang
beständig steil an und fällt, oben angekommen, ebenso rasch wieder ab. So gelangen
wir zu den Heustadeln von *Vignee* (804 m),
die eine nach Süden verlaufende Zufahrt haben, die wir aber nicht benutzen, sondern
der gelben Markierung eines Pfades folgen,
der nochmals kräftig ansteigt, um dann erneut wieder steil abzufallen. Unser Sentiero
basso kommt unten bei einem schmalen
Teersträßchen heraus, auf dem wir nun
rechts des Brenno durch die Flußauen gemütlich hinunter nach *Grumarone* (740 m)
wandern. Wie ein schmales Band durchzieht
unser Flußweg die traumhaft schöne Landschaft. Nach gut 50 Minuten haben wir sie
vor uns, die schöne alte Römerbrücke, über
die vor langer Zeit der Saumweg nach Aquila
hinüberführte. Wir bleiben am rechten Bren-
no-Ufer, gehen an der neu erbauten Auto-
brücke vorbei und müssen nun einen Kilometer lang bis zur kleinen Ortschaft *Largario*
mit einer Straße vorliebnehmen. Kurz nachdem wir die wenigen Häuser des Ortes aus
dem Blickfeld verloren haben, biegt links ein
Weg ab, der uns durch eine Talenge hinunter
in die bewaldeten Auen des Brenno bringt.
Wir wandern jetzt über dem schäumenden
Fluß talwärts. Unser Weg verliert nur allmählich an Höhe, und bald tauchen rechterhand
die Rebhänge des Dorfes *Ponto Valentino*
(715 m) auf. Unterhalb des Ortes nehmen wir
für eine kurze Strecke ein Sträßchen, das uns
nach etwa 700 Metern bei einer Straßenkreu-
zung auf die linke Flußseite des Brenno hin-
überleitet. Das Sträßchen führt hinauf nach
Grumo, wir zweigen aber beim Gehöft
All'Acqua rechts hinunter in die *Talauen von*

**Typischer Tessiner
Wanderwegwei-
ser, hier auf dem
Sentiero basso di
Blenio bei Gruma-
rone.**

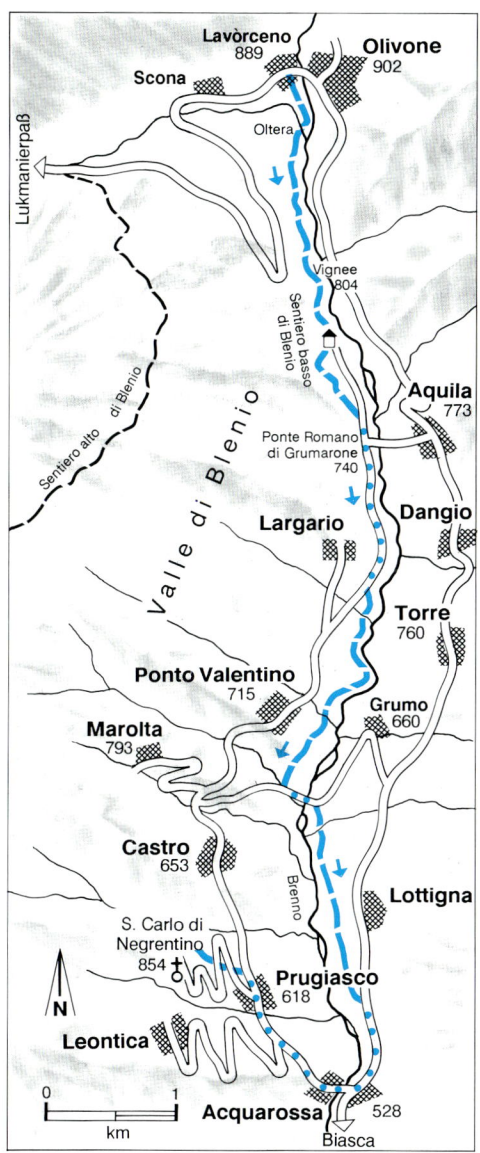

rer sollten jetzt noch den Abstecher hinauf zur romanischen *Bergkirche S. Carlo di Negrentino* (854 m) machen. Der knapp 1½stündige Hin- und Rückweg erfordert zwar einen Anstieg von 326 Höhenmetern, entschädigt aber reichlich durch den Kunstgenuß und auch wegen des großartigen Ausblickes hinab auf das Blenio medio. Um nicht oben vor verschlossenen Türen zu stehen, sollte man sich den Kirchenschlüssel in der Osteria vom Prugiasco ausleihen.

Touristische Angaben

Talort: Acquarossa (528 m).
Ausgangspunkte: Olivone, Ortsteil Lavòrceno (889 m).
Anfahrt: Auf der Autobahn N2 mit dem PKW über Bellinzona zur Ausfahrt Biasca und auf der Kantonsstraße Nr. 2 nach Acquarossa. Von Acquarossa mit dem Bus der Autolinee Bleniesi nach Olivone.
Höhendifferenzen: Abstieg: Olivone–Acquarossa 361 m; Auf- und Abstieg: Acquarossa–S. Carlo jeweils 326 m.
Weglänge: Gesamtstrecke von Olivone nach Acquarossa einschließlich S.-Carlo-Abstecher 13,5 km; Olivone–Ponte Romano di Grumarone 3,8 km; Ponte Romano di Grumarone–Ponto Valentino 2,6 km; Ponto Valentino–Acquarossa 3,5 km; Acquarossa–Prugiasco 1 km; Prugiasco–S. Carlo in Negrentino 0,8 km; S. Carlo in Negrentino–Acquarossa 1,8 km.
Gehzeiten: Gesamtstrecke von Olivone nach Acquarossa einschließlich S.-Carlo-Abstecher 3 Std. 50 Min; Olivone-Lavòrceno (889 m) – Ponte Romano di Grumarone (740 m) 55 Min. – Ponto Valentino (715 m) 37 Min. – Acquarossa (528 m) 55 Min. – Prugiasco (618 m) 16 Min. – S. Carlo di Negrentino (854 m) 32 Min. – Acquarossa (528 m) 35 Min.
Wegverhältnisse: Gepflegte Wanderwege, von Prugiasco nach S. Carlo steiler Wiesenpfad.
Einkehrmöglichkeiten: Osterias in Olivone und Acquarossa.
Karten: Topografische Wanderkarte 1 : 50 000, Val Blenio, hrsg. vom Verkehrsverein der Region; Topografische Landeskarten 1 : 25 000, Blatt 1253 Olivone und Blatt 1273 Biasca.

Lottigna ab. Vorbei an der Abzweigung, die aufwärts zum Dorf Lottigna geht, bleiben wir am Fluß und halten uns in Richtung Acquarossa. Nun ständig etwas an Höhe verlierend, gelangen wir nach geraumer Zeit zu einem Campingplatz und bald danach auf die Kantonsstraße. Wir gehen hinab zur Brenno-Brücke, überqueren erneut den Fluß und sind im früheren Thermalbad *Acquarossa* (528 m) angekommen. Kunsthistorisch Interessierte und nicht zu stark ermüdete Wande-

Anhang

Allgemeines zum Wandern im Tessin und zu den Gehzeiten

Im Kanton Tessin werden mehrere tausend Kilometer Wanderwege angeboten und unterhalten. Die hier empfohlenen Wanderungen in Gebirgstälern des Tessin sind so ausgewählt, daß allzu große Steigungen vermieden werden. Bergbahnen, Postbusse, Regionalbusse oder die Schweizer Bundesbahn bringen den Wanderer zumeist zum höchstmöglichen Ausgangspunkt, um unbeschwerliche Talwanderungen durchführen zu können. Trotzdem sind hin und wieder Steigungs- und Gefällstrecken unvermeidlich, denn das Tessin ist ein überwiegend von Bergketten unterschiedlicher Höhe durchzogenes Land. Aber gerade die mäßigen Höhen gewähren häufig großartige Ausblicke auf Täler und Seenlandschaften.

Ganz allgemein kann im Tessin von Mitte April bis Mitte November gewandert werden. Die beste Zeit für Talwanderungen in niedrigeren Regionen und den Seengebieten ist Mitte April bis Mitte Juni und Ende August bis Mitte November. In den heißen Sommermonaten sind längere anstrengende Wanderungen mit Steigungen nur bedingt zu empfehlen. In den höheren Bergtälern und Regionen können von Mai bis Ende Oktober die Bergwege gut begangen werden. Im Verlaufe des Oktober wird so manches Bergrestaurant geschlossen, einige Bergbahnen reduzieren ihren Betrieb oder stellen ihn zeitweilig ein. Ebenso wird ab Ende Oktober auch der Schiffsverkehr auf den Seen reduziert oder eingestellt.

Die Wartung der Wege, insbesondere die Instandsetzung beschädigter Wegstrecken, zum Beispiel nach ergiebigen Regenfällen oder Bergrutschen, sowie die Erneuerung der Markierungen und Wegweiser ist Wegwarten anvertraut. Überall im Tessin treffen wir diese einheitlich gestalteten Wegweiser in Form der gelben Sentiero-Zeichen an. Besonders ansprechend sind die älteren Sentiero-Tafeln aus Gußeisen, sie bezeugen die Beständigkeit und lange Tradition mancher Wegstrecken. Diese Hinweiszeichen machen Angaben zum Standort, zur Höhe, zum Nah-, Zwischen- und Endziel, zumeist mit Entfernungshinweisen.

Typisches Tessiner Grotto, hier in der Nähe des Ponte dei Salti im Verzasca-Tal.

Angegebene Marschzeiten sind in der Regel bei flachem, gut begehbarem Gelände auf eine Durchschnittsleistung von 4,2 Kilometern in der Stunde ausgelegt. Steigungen, Gefälle oder schwierigere Geländepassagen wurden berücksichtigt; Pausen sind nicht einkalkuliert. Die Sentiero-Zeichen stehen zumeist an Ortsausgängen und Abzweigungen. Zwischendrin sind gelbe Richtungszeiger, Rhomben oder Punkte Hilfen zur Wegfindung.

Bergrouten, die größere Anforderungen an Wanderer und Ausrüstung stellen, sind weiß-rot-weiß markiert. Die gelben Sentiero-Zeichen haben in diesem Falle weiße Spitzen mit rotem Balken. Weißgrundig mit rotem Querstrich sind auch die Richtungsanzeiger, Rhomben oder Pfeile der Bergpfade.

Die in diesem Wanderbuch angegebenen Gehzeiten können geringfügig von den Zeiten der Sentiero-Tafeln abweichen. Sie beruhen auf Zeiten, die der Autor selbst erprobt hat. Sie sind nachvollziehbar, wenn die Länge der Wegstrecke mit dem zu bewältigenden Höhenunterschied in Einklang gebracht wird. Folgende Richtwerte machen eine differenzierte Annäherungsrechnung möglich:

	km/Std.	Min./km
ebene Strecken auf gut begehbaren Wegen oder Pfaden	4,2	14,3
leichtes Gefälle auf gut begehbaren Wegen oder Pfaden	5,0	12,0
leichte Steigung, gut begehbar (bis 50 m Höhe/km)	3,8	15,8
stärkeres Gefälle, gut begehbar (bis 100 m Höhe/km)	3,8	15,8
stärkere Steigung, gut begehbar (bis 120 m Höhe/km)	2,8	21,4
sehr starkes Gefälle	2,0	30,0
sehr starke Steigung	1,5	40,0

Schwierige oder schwer begehbare Passagen verlängern die Gehzeiten. Fotostops, Besichtigungen und Pausen erhöhen die angegebenen Gesamtzeiten entsprechend.

Da die meisten Touren ein Mixtum aus ebenen und verschieden geneigten sowie unterschiedlich schwierigen Wegstrecken sind, ergeben sich fast immer andere Durchschnittszeiten pro Kilometer. Die Zeiten unter »Touristische Angaben/Gehzeiten« beziehen sich immer auf die Wegstrecke zwischen zwei Orten. Beispiel: Loco (678 m) – Niva

(490 m) 27 Min. besagt, daß man von Loco nach Niva 27 Minuten Gehzeit benötigt. Die Begehbarkeit der beschriebenen Touren wurde 1991 nachgeprüft, trotzdem muß der Vorbehalt gemacht werden, daß Unwetterschäden, Bergrutsche oder Verwitterung gefährdete Stellen schnell unpassierbar bzw. schwierig begehbar machen können. Durch griffige Profilsohlen und hohe Wanderschuhe – mindestens bei Bergstrecken – kann für jeden Fall vorgesorgt werden. Besonders bei längeren Wanderungen ist außerdem die Mitnahme von regenabweisender Kleidung, einer kleinen Wanderapotheke und einer Minimalverpflegung für den Notfall zu empfehlen.

Der Kanton Tessin regelt durch ein Fremdenverkehrsgesetz die Betreuung von Touristen nach hohen Qualitätsansprüchen. Sie erstreckt sich von der Unterkunft über den Veranstaltungskalender und das Hinführen zu den reichen Kunstschätzen des Kantons bis zur Erschließung sowie Pflege von Natur, Landschaft und Wanderstrecken. Die Oberhoheit für all diese Aufgaben liegt bei dem kantonalen Verband Ente Ticinese per il Turismo (ETT). Dieser überregionalen Touristikorganisation sind folgende fünfzehn Regionalverbände (Ente Turistico, ET) zur Seite gestellt, die den Touristen vor Ort individuell betreuen.

ET Ascona e Losone, Via B. Papio,
 CH-6612 Ascona, Tel. 093/355544
ET Bellinzona e dintorni,Via Camminata,
 CH-6500 Bellinzona,Tel. 092/252131
ET Biasca e Riviera, Ufficio Turistico,
 CH-6710 Biasca, Tel. 092/723327
ET Blenio, CH-6716 Acquarossa,
 Tel. 092/781765
ET Brissago e Ronco sopra Ascona,
 CH-6614 Brissago, Tel. 093/651170
ET Ceresio, Via Pocobelli 14, CH-6815 Melide,
 Tel. 091/686383
ET Gambarogno, CH-6574 Vira,
 Tel. 093/611866
ET Leventina, CH-6760 Faido,
 Tel. 094/381616
ET Locarno e Valli, Largo Zorzi, CH-6601 Locarno,
 Tel. 093/310333
ET Lugano e dintorni, Riva Albertolli 5,
 CH-6901 Lugano, Tel. 091/214664
ET Malcantone, CH-6987 Caslano,
 Tel. 091/712986
ET Mendrisiotto e Basso Ceresio,
 CH-6850 Mendrisio, Tel. 091/465761
ET Tenero e Valle Verzasca, Via ai Giardini,
 CH-6598 Tenero, Tel. 093/671661
ET Vallemaggia, CH-6673 Maggia,
 Tel. 093/871885
ET Valli di Lugano, CH-6950 Tesserete,
 Tel. 091/911888

Tessiner Wörter (Auswahl spezieller Begriffe)

Addolorato Schmerzensreich, mit Schmerzen erfüllt
Ambrosianischer Ritus Nach dem hl. Ambrosius (374 Bischof von Mailand). Weicht vom römisch-katholischen Ritus vor allem wegen der Untertauchtaufe ab

Canvett Vorratskeller, in Madra im Malvaglia ist die Besichtigung eines historischen Canvett möglich
Castrum Kastell oder Burganlage
Cima Berggipfel, Bergspitze

Dintorni Umgebung
Dosso Höhenrücken

Funicolare Standseilbahn

Grappa Tresterschnaps
Grotto Gaststättentyp im Tessin; einfach, gemütlich, zumeist mit Steintischen im Garten, Weinschänke

Insubrisch Von den keltischen Insubrern abgeleitete Klimabezeichnung der südlichen Täler und Seen des Tessin

Kornhisten Große Stangengestelle zum Ausreifen des Korns, Besonderheit im Malvaglia

Lauro Lorbeer oder Lorbeerbaum
Lepontier Keltischer Volksstamm; der Ortsname Leontica im Blenio medio ist lepontisch
Ligurier Vorderindogermanischer Volksstamm 5. Jh. v. Chr.

Magli Wassergetriebene Hammerschmiede
Maiensäss Hochalm mit Käserwohnung, Ställen und Brunnen, zumeist in Steinbauweise
Mäusesteine Steinplatten auf Fundamentsteinen, die Häuser vor allem von Mäusen abschirmen sollen
Merlot Tessiner Weinsorte, aus der Bordeaux-Rebe weiterentwickelt
Monti Maiensäss

Nevere Schneegrotte
Nostrano Einheimischer Tessiner Rotwein, zusammengekeltert aus den Rebsorten Bonarda, Freisa, Malbec und Nebiolo

Pieve Weitgehend selbständige Gemeinde, der ein politischer Rat vorsteht; desgl. Kirchengemeinde
Pizzo Bergspitze
Pne. Poncione
Praa Weidegebiet
Propstei Kirchengemeinde

Robbiole Ziegenkäse, Spezialität des Muggio-
Tales
Robiòla Käsesorte aus dem Val d'Isone
Runse Kleinerer Taleinschnitt mit Wildbach
Rustico Tessiner Steinhaus, in der Regel aus
Granitgestein, häufig mit Fresken verziert
Sambuco Holunder
Schneegrotte Erdschacht, der mit Kalksteinplatten
ausgelegt und mit Schnee gefüllt ist, um die
Milch frisch zu halten
Sentiero Wanderweg, -pfad
Sentierone Großer Wanderweg

Solari Bedeutendes europäisches Künstler-
geschlecht aus Carona
SS. Santi, die Heiligen
Sul Livello Auf Meereshöhe
Tobel Größerer Taleinschnitt mit Wildbach
Torkel Weinpresse
Val Tal in Kurzform, vor Eigennamen
Valle Offizielle Bezeichnung für ein Tal
Vallone Großes Tal
Vercasca Grünes Wasser, abgeleitet von
»verde acqua«
Vicinanca Dorfgemeinschaft